해외진출기업의 고용관계

| 박영범 |

한성대학교 출판부

| 책을 내면서 |

1980년대 후반 이후 급격히 상승한 인건비 및 노조활동의 강화에 따라 본격화되기 시작한 한국의 해외투자는 1990년대 이후 세계화의 가속화에 따른 국제경쟁의 격화, 이웃 중국의 개방화에 따라 더욱 늘어나는 추세이다.

그러나 동남아, 중국, 중남미를 중심으로 이루어지고 있는 인건비 절감을 목적으로 한 한국 중소기업의 해외투자는 현지 근로자의 노무관리와 관련하여 문제점을 노정시키면서 종종 해외 언론에도 보도되어 한국 대외이미지에도 상당한 타격을 주고 있다. 특히 최근 들어서는 중국의 사업 환경이 악화됨에 따라 야반도주하는 중소제조기업이 늘어나면서 현지에서의 모범적인 경영으로 해당 기업의 수익창출뿐만 아니라 한국의 국가이미지 제고에도 크게 기여하고 있는 삼성전자, 현대자동차 등 대기업 해외진출에도 악영향을 미치고 있다.

필자는 한국 기업의 해외투자가 본격화된 1990년대 중반 이후 중국에 진출한 한국 진출기업의 인력 및 노무관리(이하 고용관계) 실태 파악을 시작으로 현재까지(2008년까지) 필리핀, 인도네시아, 베트남, 말레이시아, 태국, 인도, 스리랑카, 방글라데시, 몽골 등 아시아 10여 개국의 100여 개 한국 진출기업들을 방문하여 조사연구를 진행하여 왔는데, 필자의 한국 해외진출기업의 고용관계에 대한 연구결과는 대부분 용역보고서 형태로 정리되어 일부 관계자들만이 활용하였다.

향후 글로벌 경제시대에 해외진출기업이 더욱 중요하여 짐에 따라 필자의 연구 결과가 폭 넓은 계층에서 읽혀지고 한국 해외진출기업의 인적자원관리 및 노무관리에 보다 보탬이 되었으면 하는 바람에서 필자는 지금까지의 연구 결과를 하나의 책으로 정리하였다.

1장을 제외한 2장부터 13장까지는 필자가 단독으로 혹은 다른 연구자와 공동으로 한 연구 결과 중 일부를 발췌하여 재정리한 것이다. 필자와 함께 관련 연구를 해 주신 한성대 김원중 교수, 차종석 교수, 충남대 김소영 박사, 김앤장법률사무소 우석훈 박사, 이화여대 정명호 교수, 한국노동연구원 김훈 박사, 이규용 박사께 감사드린다.

지난 20여 년간 필자가 현지 진출기업을 방문하여 조사하는 과정에서 많은 분들의 도움을 받았는데, 특히 KOTRA 현지 무역관 및 조사에 협조를 해 주신 현지 진출기업의 한국인 관리자분들께 감사드린다.

끝으로 한성대학교의 연구비 지원, 그리고 커뮤니케이션 측면에서 해외진출기업들의 유의사항을 정리하여 주신 마콜커뮤니케이션 컨설팅의 이보형 부사장께 감사드린다.

2010. 12

박영범

목 차

❙ 표 목차 ❙

❙ 그림 목차 ❙

❙ 상자 목차 ❙

제1장

한국 해외진출기업의 고용관계

과거, 현재 그리고 나아가야 하는 길

한국 해외진출기업의 고용관계

과거, 현재 그리고 나아가야 하는 길

제1장 한국 해외진출기업의 고용관계 : 과거, 현재 그리고 나아가야 하는 길

한국의 해외투자는 1980년대 중반 이후 본격화되었다. 1987년 해외투자건수는 91건으로 전년대비 배 이상 증가한 이후 1991년에 투자금액이 처음으로 10억 미국달러를 넘어섰다[1]. IMF위기 직후인 1998년에 건수 면에서는 전년대비 약간 줄어들었으나 금액 면에서는 증가세가 지속되었고 그 이후에도 활발한 해외투자가 이루어지고 있다. 특히 2006년 이후 투자가 더욱 증가하여 2006년도에는 전년대비 61% 늘어났고, 2007년도에는 전년대비 100억 달러 가까이 증가하였다. 그러나 2008년 미국의 리만부라더스 파산 이후 글로벌 금융위기로 2008년에는 소폭 증가하였고, 2009년에는 전년대비 15.4% 감소한 194억 달러에 그쳤다. 2010년에는 세계 경기회복으로 상반기 현재 전년동기 대비 8.0% 증가한 69억 2천만 달러의 투자 실적을 보이고 있었다.

1) 별도의 언급이 없으면 미국 달러는 달러로 칭한다.

2010년 9월 말 현재 업종별로 보면 제조업 투자(607억 달러)가 전체의 40%로 가장 많고, 국가별로 보면 중국과 미국이 각각 308억 달러로 가장 많고, 본 연구의 분석대상이 된 중국 등 11개국에 대한 투자는 전체 투자의 33%이다. 현재까지 이루어진 한국 해외투자의 60% 이상이 2006년 이후에 70% 이상이 대기업에 의해 이루어졌다.

| 그림 1-1 | 한국의 해외투자 추이

(단위: 달러)

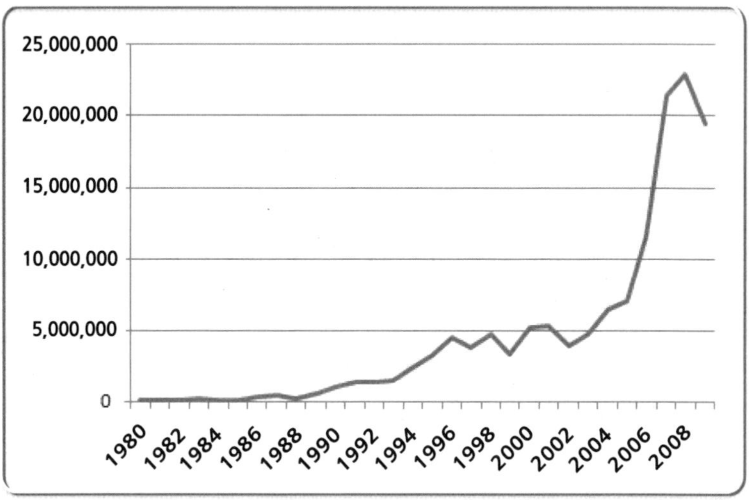

| 자료 : 수출입은행 해외경제연구소(http://keri.koreaexim.go.kr/) 해외투자통계

해외진출기업 진출 초기의 인력관리에 어려움이 있는 것은 대기업이나 중소기업이나 별 차이가 없으나 중소기업의 경우 충분한 사전준비 없이 진출하여 현지 사회에서 커다란 물의를 일으키는 경우

가 허다했다. 진출 초기 단계에 많은 문제점이 발생한다. 예를 들어 베트남의 경우 진출 초기에는 베트남 투자 외자기업의 노사분규 가운데 절반 이상이 한국계 기업에서 발생하였으며, 초기에 상당히 우호적이었던 한국 기업에 대한 이미지가 악화되었다. 1999년 이후 한국계 기업에서의 노사분규는 크게 줄어들었으며, 모범적 노사관계의 사례로서 한국계 기업이 소개되기도 하였으나 여전히 한국 기업들은 노무관리에 취약한 것으로 나타났다. 중국에 진출한 한국 기업은 노사분규가 1993~95년에 빈번하였으나 1997년 이후 줄어들었다.

해외진출 한국 기업 중 노무관리에 어려움 겪은 기업들은 예외 없이 철저한 사전준비 없이 단순히 인건비가 저렴하다는 이유만으로 진출한 경우이다. 특히 베트남, 중국 등 사회주의 국가, 회교국가 그리고 중남미 국가 등은 한국의 문화와 근로 관행 등이 상당한 차이가 나는데 이에 대한 이해 없이 무조건 진출하여 사소한 문제가 지역사회 전체에 파장을 불러일으키는 큰 사건으로 발전한 사례가 다수 있다[2].

예컨대, 구타의 범위에 대한 정의도 나라마다 매우 다르다. 상급자가 하급자의 머리를 살짝 건드리는 것과 같은 행위도 한국의 기준에는 구타라고 할 수 없으나 베트남이나 인도네시아 등에서는 심각한 인격 모욕으로 간주된다. 인도네시아에서는 기도 관련 관행을 이해하지 못한 한국인 관리자가 단순 실수를 한 것이 회사와 직원 간의 갈등으로 비화되어 한국인 관리자가 강제 추방된 사례

2) |표 13-2| 참조.

도 있다.

한편 한국 기업이라도 자본집약적인 기업이나 대기업에서는 노사분규가 거의 일어나지 않아서 정부나 주민들로부터 좋은 평가를 받고 있다. 인도의 경우 LG전자나 현대자동차 현지 공장의 경우 이들 기업의 직원이면 신분상의 제약인 카스트제도를 뛰어넘어 결혼 상대로 선택할 수 있을 정도이다.

해외진출 한국 기업, 특히 중소기업들은 대체적으로 노조에 대해 강한 거부감을 가지고 있다. 해외진출이 본격화된 1990년에 한국에서 노조활동이 활성화되고 강성노조의 출현으로 이들 기업들이 해외로 진출한 동기의 하나임을 고려할 때 이해할 수 있는 측면도 있으나 한국 기업들은 이와 같은 상황 변화에 잘 대처하지 못하고 있다.

노사분규로 어려움을 겪은 해외 진출 한국 기업들은 일반적으로 노조를 인정하지 않는 대(對)노조관을 가지고 있고, 이와 같은 사용자들의 대노조관이 정상적인 노사관계 형성을 어렵게 하고 노사갈등의 원인의 하나가 되고 있다.

특히, 중남미에 진출한 한국 기업의 경우 노조 결성과 관련된 기업내 문제가 국제적인 사건으로 비화한 사례도 다수 있다. 중남미 국가는 미국과 인접하여 있어 미국의 인권단체, 노조들의 다국적 기업에 대한 감시 활동이 활발하고, 중남미 국가의 근로자들의 권리의식도 상당하기 때문에 현지 외국인 기업들은 현지법을 잘 준수하는 것을 요구받고 있다.

그러나 한국 진출기업들은 현지법을 잘 준수하지 않을 뿐 아니라[3], 특히 강성노조 결성에 대해서는 무리한 수단을 강구하여서라도 저지하려고 하고 이것이 문제를 일으켜 ILO에까지 제소당하는 등 일개 중소기업의 문제가 국제적으로 한국의 이미지를 크게 훼손시키는 사례가 다수 발생하였다[4].

스리랑카, 인도네시아, 최근에는 중국 등에서는 현지 상황이 극도로 악화되어 철수하는 기업들이 다수 있으나 퇴직금 지급 등 현지법에서 정한 사용자의 의무를 준수하지 않아 현지에서 큰 사회 문제로 부각되는 사례가 있다. 한국의 일부 기업들이 임금을 체불하고 퇴직금을 지불하지 않은 채 야반도주하고, 동일한 기업주가 해외의 다른 지역에 공장을 설립하는 등의 행태를 보이고 있으나 우리 정부는 실효성 있는 대책을 마련하지 못하고 있다[5].

---

3) 해외 진출 한국 기업들은 현지법이 정한 근로기준을 잘 준수하지 않은 사례가 다수 있다. 이들 기업들이 주로 위반하는 현지 노동법은 근로시간 및 초과수당에 관한 것이다. 근로시간 관련 규정을 준수하지 않고 장시간근로를 시키거나 초과근무수당을 지급하지 않아 현지 노동부에 고발되고 노사분규의 원인의 하나가 되고 있다. 필리핀에 진출한 한 기업의 경우 일일 근무시간이 18시간인 사례가 있는 등 한국 기업들, 특히 중소제조기업들은 현지인 근로자들에게 장시간근로를 요구하고 있다. 개발도상국의 근로기준이 현실과는 괴리가 큰 부분이 많음으로 현지 기업들은 노동법을 잘 준수하지 않는 것이 사실이나 외국인투자기업은 노동법을 준수하여야 하고 항상 관심의 대상이다. 하지만 현지 노동법을 준수하지 않아 경우에 따라서는 분규가 발생하여 폐업 직전까지 가기도 한다.

4) | 상자 13-1 | 참조

5) 경영악화로 스리랑카 등으로부터 한국 기업들이 법적 의무를 다하지 않고 철수하는 사례는 노사 문제라기보다는 경영상의 문제 및 한국인 경영자의 경영윤리상의 문제이나 진출 시 퇴출할 때의 상황도 대비하여 진출을 결정해야 한다는 것을 보여주고 있다. 정리해고의 어려움, 정리해고시의 과중한 고용주의 부담이 경영을 더욱 악화시키는 원인으로 지적되고 있다.

특히 스리랑카에서는 랑카신텍스, CNH, 갑을랑카 등 한국의 대기업 계열의 투자 기업들이 야반도주함으로써 스리랑카와 한국 간의 외교적 문제로까지 비화하였다. 현지에서 남아 있는 한국 진출기업들은 스리랑카에서 큰 문제를 야기하고, 무단 철수한 기업의 책임자에 대해서 한국 정부가 법적인 제재를 해 줄 것을 요구하였으나 현실적으로나 법적으로 쉽지 않음으로 뚜렷한 해결책이 없었다. 스리랑카는 한국와는 달리 임금채권보장제도가 없고, 회사 파산시 임금채권에 대한 우선 변제가 되지 않으므로 더욱 심각하였다. 스리랑카 정부도 한국 정부에 대해 문제 해결을 요구하였으나 정부로서도 뚜렷한 대안을 제시할 수 없어서 양국 간의 외교 현안으로 남아 있다[6].

| 표 1-1 |에서 보듯이 1990년대 이후 해외에 진출한 한국 진출기업들의 고용관계 관행은 1960~70년대 한국 기업의 국내에서의 고용관계 관행과 유사하다. 한국 진출기업들의 해외투자가 본격화된 지 20여 년이 지났지만 이와 같은 고용관계 특성은 크게 변화하지 않았다. 특히 중소기업의 경우는 더욱 그러하다.

법에 의해 노조 결성이 의무화되어 있거나, 정부에 의해 장려되는 경우를 제외하면 노조나 근로자들의 집단적인 목소리가 정부에 의해 억제되고 있는 가운데 노사관계 측면에서 사용자가 절대적인 우위에 있다. 노조가 설립되어 있는 경우도 사용자의 노동법 준수 여부를 감시하는 것을 주요 활동 사항으로 하거나 정부에 의해 조직

6) 보다 자세한 논의는 7장을 참조.

결성이 유도되는 등 한국의 노조와 비교할 때 그 역할이나 기능이 취약하다. 노조를 대신하는 노사협의회와 같은 제도도 일부 기업을 제외하면 활성화되어 있지 않다.

생산 현장에서의 작업은 한국인 파견인력에 의해 관리・감독되나 인사관리 문제는 현지인 관리자에 의해 처리된다. 생산직과 관리직으로 이원화된 통제 구조 속에서 종업원들의 참여적인 역할은 기대되지 않으며 한국에서 파견된 관리직의 지도 하에 주어진 작업량을 달성하는 것이 현지 생산직의 주요 업무 내용이다. 제안 제도나 품질개선 활동이 시도되고 있으나 대부분 형식적이고 구체적인 성과는 크지 않다. 생산기술의 단계나 근로자들에게 요구되는 기능 수준이 높지 않으므로 대다수의 생산직 근로자들에게 정부에서 정하는 최저임금 수준이나 생계비를 충족시키는 선에서 임금이 지급되고 있다. 근로자들의 성실도나 업무성과에 따라 보수가 차별화되어 있으나 대부분 체계적인 평가시스템이 갖추어져 있지 않다. 대기업을 제외하고는 한국 내에서 이루어지고 있는 시혜적인 복지 혜택도 주어지지 않는다.

근로자들의 결근율을 감소시키고 정착률을 제고시키는 것이 인사관리상의 주요 목표이나 대부분의 기업에서 이의 달성을 위한 적극적인 조치는 이루어지지 않고 있다. 일부 기업에서는 정규직으로 채용할 경우 현지법상 고용안정이 보장된다는 점을 우려하여 견습직 제도를 활용하고 있다.

종업원들에게 요구되는 숙련의 정도가 그다지 높지는 않으나 교육이나 훈련에 대한 경영 측의 관심은 거의 없다. 일부 대기업을 제외하면 한국 기업에서 보여지는 조직원의 일체감 조성을 위한 프로그램도 존재하지 않는다. 평가시스템이 제대로 갖추어져 있지 않으므로 근로자들의 입장에서는 장기적인 관점에서 숙련 취득에 대한 유인동기가 없다.

| 표 1-1 | 해외진출 한국기업의 고용관계 : 요약

연도	국가	고용관리	육성관리	조직관리
2008	인도네시아	**채용** • 대중매체, 직원 추천 및 연고 활용 • 수습기간을 거쳐 정규직 채용 **이직 및 해고** • 고급인력은 이직률이 높음. • 이직의 가장 큰 이유는 임금 • 해고는 사실상 어려움.	**승진** • 체계적이지는 않으나 승진제도 운영 • 현지인은 승진에 상대적으로 덜 민감 **평가** • 평가제도 운영하며 인사관리의 주요 준거 • 대부분 평가 결과는 비공개 **보상** • 임금은 성과에 따른 차등 • 다양한 복리후생제도 운용, 특히 구내식당이 의미 있음. **훈련** • 대부분 상당히 소극적 • 외부 훈련기관도 없음.	• 경영자 대화, 팀회의, 사내게시판 등 다양한 경로로 소통 • 대부분 노조가 없고, 일부는 노조를 인정하지 않음. • 노조가 있는 경우 노조와 협력적 노사관계 구축 노력
2007	베트남	**채용** • 생산직은 직접 채용, 사무직은 헤드헌터나 공공기관 이용 • 이직률이 높으나 회사에 적합한 채용방법은 찾아내지 못함. • 대기업은 중간관리 우수 인력 확보가 관건	**승진** • 사무직, 생산직 승진 제도 운영 • 현지인은 승진이나 직위에 큰 의미를 두지 않음. **평가** • 평가제도를 운영하나 대부분 체계적이지 못함.	• 대부분 의사소통 미흡 • 한국인 중간관리자의 역량이 베트남 근로자 수준에 비해 미흡 • 노사관계는 전반적으로 양호

연도	국가	고용관리	육성관리	조직관리
		이직 및 해고 • 진출 초기 기업에서 높음 • 이직의 가장 큰 원인은 임금 • 해고는 사실상 어려움.	**보상** • 임금 외에 성과급 제도 운영 • 구내식당의 의미가 큼. **훈련** • 대부분 기업이 훈련에 소극적이나 일부 기업은 적극적 • 베트남 중간관리자의 육성이 시급하나 구체적인 대책 부재	• 노사분규는 주로 임금 때문에 발생
2004	필리핀	**채용** • 인력조달에는 큰 문제가 없음. • 수습기간이 지난 후 정규직 채용 여부 결정 **해고** • 해고하는 것이 매우 어렵기 때문에 제도적 정비가 필요 **이직 및 결근** • 높은 이직률과 결근율이 경영상의 애로요인인 회사가 있음. • 수당 등의 방법으로 해결	**승진 및 평가** • 공식적인 고과를 실시하는 기업과 그렇지 않은 기업으로 나뉨. • 고과를 실시하고 있지 않으나 임금인상률은 차이를 둠. **보상** • 생산직, 사무직 모두 최저임금이 중요한 기준임. • 생산직의 경우 근속에 따른 임금차이가 거의 없음. • 한국에 비해 회사에서 지급하는 복리후생 혜택은 많지 않음. 상여금도 일부 기업만 지급 **훈련** • 제품성격이나 회사규모에 따라 차이가 남. • 외부교육기관의 교육은 큰 효과가 없음.	• 조사대상 모두 노조가 없으나 의사소통의 활성화를 위해 노력 • 한국인 관리자들과 현지인 근로자의 마찰 해소에 역점
2004	몽골	**채용** • 신문공고보다는 지인 활용이 좋음. • 인력확보는 수월한 편이나 능력이 있는 중간관리자급은 때로는 스카우트 • 학력은 중요하지 않음. **해고** • 법적으로 해고는 어렵지 않으나 지역사회와의 관	**평가 및 승진** • 체계적인 고과를 하는 기업은 하나뿐임. • 현지인들은 승진보다는 임금에 관심을 보이므로 승진을 통한 인사관리가 어려움. **보상** • 물가상승률이 높아 임금조정이 수시로 이루어짐. • 사용자가 일방적으로 임금조정을 하는 노조가 있는 공기업은 노사협의로 함. • 상여금을 지급하는 회사와 그렇지 않은	• 체계화된 고충처리제도가 없으며 일반적으로 경조사에 역점을 둠. • 가불제도가 일반화되어 있음. • 노조문제는 중요사항이 아니며 노사협의회도 활성화되고 있지 않음.

연도	국가	고용관리	육성관리	조직관리
		계상 해고가 어려움. **이직 및 결근** • 회사에 대한 충성도가 낮아 이직 및 결근이 잦음. • 법을 위반하면서 결근관리하는 기업도 있음.	회사로 나뉨. • 식사제공외에 별다른 복지혜택 없음. **교육훈련** • 훈련에 소극적 • 외부 훈련기관의 훈련은 의미가 있음.	
2004	인도	**채용** • 사무직은 신문광고, 필요한 경우 헤드헌터 사용하나 주의를 요함. • 한국기업은 다국적 기업과 경쟁 • 학력이 주요 기준이나 학교의 질 차이가 큼. • 인근지역 주민의 정규직 채용은 노무관리상 주의 **이직 및 결근** • 이직률과 결근율이 높음. • 인도는 2-3년 후 이직이 일반화되어 있음. **해고** • 해고는 매우 어려움.	**평가 및 승진** • 모두 평가제도 운영, 대기업이 보다 체계적임. • 생산직 가장 중요한 평가기준은 근태 • 직위가 갖는 의미가 크므로 평가제도 의의가 큼. **보상** • 전 직원 일당 월급제, 대기업은 호봉시스템 운영 • 평가를 통한 임금 차등화 • 임금인상시 노사협의회 활용하기도 하나 사용자 주도로 결정 • 대기업은 모두 점심이나 작업복 제공, 중소기업은 일부 제공 **교육** • 대기업, 중소기업(대기업 협력업체이므로) 모두 훈련에 적극적	• 복수노조 인정, 인도 노조의 성향상 노조가 결성되지 않은 것이 최선 • 노사협의회 운영을 통해 노조결정 예방
2003	스리랑카	**채용** • 신문광고 등을 통해 모집 • 과거 공산당 가입자는 배제 • 지역에 따라서는 인력조달의 어려움이 있음. **이직 및 해고** • 봉제업은 이직률이 높음. 이직 방지를 위한 다양한 인센티브 운영 • 외국인 기업의 한계로 입	**평가 및 승진** • 절반 정도 기업에서 고과가 이루어지며 고과에 기준하여 승진이 이루어짐. **보상** • 사무직은 경력 등, 생산직은 최저임금에 따라 임금 결정 • 임금조정은 통상적으로 매년 1년, 혹은 필요시 이루어지며 고과에 따라 차등 인상 • 생산진 임금조정의 가장 중요한 기준은 결근이나 지각	• 노조결성 예방을 위한 노력, 그러나 법으로 정해진 종업원평의회 형식적으로 운영하는 기업 일부 • 대부분 체계화된 고충처리제도 운영하고 있지 않음.

연도	국가	고용관리	육성관리	조직관리
		사 초기 이직하는 경우 있음. • 해고가 매우 어려움.	• 한국와 같은 호봉제 있으나 한국 기업은 적용하지 않음. • 상여금 지급 • 기숙사나 통근비 지급이 일반적 • 회사에 따라서는 근무복이나 식사 제공 **교육** • 일부회사에서는 체계화된 교육 제공	
2001	방글라데시	**채용** • 고용인력부의 도움을 받을 수 있음 • 인력조달은 수월한 편이나 우수인력 유치에는 추가적인 임금인상이 필요함. **결근 및 이직** • 높은 결근율와 이직률이 경영의 애로요인임.	**평가** • 고과를 실시하여 임금인상이 반영 **보상** • 결근율과 이직률을 낮추기 위한 인센티브제도 운영하는 기업이 있음. 복지 혜택은 그 효과가 미지수임. • 복리후생제도는 취약함. **교육훈련** • 교육훈련을 통해 역량 제고를 시도하는 현지인의 기술 습득은 더딤.	• 현지인이 영어는 잘하나 억양으로 인해 한국인 관리자와 종종 문제가 발생함.
2001	태국	**채용** • 비숙련직은 공장의 근로자를 통해 구인 • 사무직은 수시채용 • 채용시 노사문제 고려 **해고** • 해고는 가능하나 업무 개선 기회 부여 및 객관적인 증거가 필요	**보상** • 근태가 문제이기 근태에 따른 수당지급 • 상여금은 고과에 따라 차등화	• 일부 기업 다양한 현지근로자 의식개혁 프로그램 운영
2001	말레이시아	**채용** • 비숙련직은 공장의 근로자, 사무직은 공고, 고위관리직은 헤드헌터 이용이 일반적 **해고** • 해고에 따른 정당한 근거 제시 필요	**보상** • 성과에 따라 임금 차등화 • 생산직은 출근율을 고려 • 대기업을 제외하면 복리후생 혜택이 국내 기업에 비해 적음.	• 노사분쟁시 정부가 적극적으로 개입 • 다문화 국가라는 것을 고려한 조직관리

연도	국가	고용관리	육성관리	조직관리
		이직 및 결근 • 이직률 및 결근율이 매우 높음. • 외국인 근로자 채용으로 공장 운영		
1996	인도네시아, 베트남, 말레이시아, 필리핀	**채용** • 생산직은 대체적으로 연고채용, 사무관리직은 공개채용 활용 • 일부 기업은 생산직은 경력직 선호 • 견습기간을 거쳐 정규직으로 채용 • 일부 기업 견습직원을 인건비 축소 방편으로 활용 **이직 및 결근** • 이직률과 결근율이 높음. • 잦은 결근에 대해 벌칙규정을 시행하나 실효성은 없음.	**평가 및 승진** • 평가제도나 승진제도는 체계화되어 있지 않음. • 한국인 결원이 생기면 현지인 승진이 관례 **보상** • 생산직 임금기준은 최저임금 • 성과에 따른 임금 차이 • 회사 경영실적에 따라 상여금도 차등화하는 회사 있음. • 임금인상률은 노조 혹은 근로자대표와 협의를 거치기도 하나 사용자가 일방적으로 결정 • 복리후생 혜택은 미약, 필리핀은 점심도 제공하지 않음. **교육** • 현업훈련이 위주, 배치전환이 없음. • 한국에 연수를 보내는 경우 그 효과는 긍정, 부정으로 나뉨. • 일부 기업을 제외하면 체계적인 훈련프로그램 없음.	• 진출 초기에는 한국인 관리자의 역할이 크나 인건비 부담이 커 어느 정도 기간이 지나면 한국인 관리자는 최소화 • 노조결성에 부정적임. • 일부 기업 노사협의회 운영 • 진출 초기에는 현지인과 문화적 차이로 갈등이 많음.
1994	중국	• 채용은 문제가 없으나 관리직의 이직률이 높음. • 시용기간을 거쳐 정규직으로 채용	• 개인 성과에 따라 임금인상을 달리하고 승진에 반영 • 임금인상은 경영층 단독으로 결정 • 부가임금은 제한적 • 한국인 관리자가 훈련을 담당 • 출근율이 하위직 승진의 가장 중요한 기준	• 일부 기업은 생산직과 사무직 간의 전직 가능 • 한국인 관리자가 경영의 핵심역할 • 노조문제는 없음 • 대기업은 제안제도 운영 • 일부 기업 노사협의회 운영

한국 해외진출기업들의 이와 같은 고용관계 특성은 현지의 노동정책 방향, 기업의 해외투자 동기 및 요구되는 생산기술의 단계로 보면 한국의 1960~70년대 국내 기업의 고용관계가 그러하였듯이 기업의 경영자 입장에서 보면 상당히 합리적인 측면이 있다. 그동안 종종 문제시되어 온 한국의 해외진출기업의 노사분규 사례는 일반적으로 한국 기업의 업무 강도가 현지 기업보다 강한 것 이외에는 진출 초기에 나타날 수 있는 문화 및 관습상의 차이를 극복하는 과정에서 나타난 갈등 및 한국인 관리자의 자질 부족 등에 의해 발생한 것으로 설명될 수 있다.

조사된 진출 기업들도 진출 초기에는 한국인과 현지인들의 크고 작은 갈등이 많았으며 일부는 심각한 분규로 발전하기도 하였으나 시간이 경과함에 따라 많이 해소된 상황이다. 그러나 아시아 주요 투자국의 정치경제 상황이나 한국의 1987년 이후의 경험을 고려할 때 한국 기업들이 보다 중장기적인 관점에서 해외투자를 추진한다면 현재의 고용관계 관행은 개혁되어야 한다.

아시아의 주요 투자 대상국은 지금까지 정부 정책에 의하여 노조활동이 억제되어 왔다. 그러나 이와 같은 환경은 변화하고 있다. 아시아 국가들의 경제발전이 진전됨에 따라 한국의 근로자들이 과거 그러하였듯이 자신들의 근로조건을 개선하기 위한 자주적인 활동에 보다 많은 관심을 가지고 있다. 필리핀과 같은 나라에서는 외국인 투자 업체가 강성노조들이 집중적인 공략의 대상이 되고 있다. 중국이나 베트남과 같은 사회주의 국가에서는 자국인 근로자들의 권익을 옹호하기 위하여 외국계 기업들에게 대하여 노조 결성을 의무화하고 있다. 더욱이 인도네시아 등 권위주의적인 국가에서는 향후 정치적 민주화와 함께 근로자들의 집단적 요구가 표출될 것이라는 것은 역사의 경험이다.

특히 한국 기업들이 제3세계 국가에 섬유, 봉제, 신발, 전자제품 조립과 같은 노동집약적 산업에 투자하는 현상이 향후에도 상당기간 지속될 전망이다. 최근에 들어 중국에서 노동권 및 근로자 보호를 강화하면서 추가 부담이 늘어나자 베트남으로 공장을 이전하는 것과 같이 한국 중소제조업 해외진출 기업들은 인건비가 저렴한 국가나 지역으로 공장을 이전하면서 해외공장 경영을 지속적으로 하는 경향이 있다. 따라서 노동집약적 중소제조업 해외진출 기업의 인력관리 및 노무관리와 관련된 문제는 향후에도 지속될 전망이다.

다국적 기업의 사회적 책임이 강조되면서 이를 어느 형태로든 규범화하려는 움직임이 가시화되고 있는 상황도 한국 해외진출기업의 고용관계 관행이 개혁되어야 하는 이유 중의 하나이다[7].

해외진출 한국 기업은 우선 현지 근로자들의 집단적인 목소리를 수렴할 수 있는 제도적인 장치를 마련하여야 한다. 현재는 노조활동이 억제되어 있거나 아시아 주요국의 고용 상황으로 볼 때 아직은 대다수의 근로자가 고용기회 자체에 대하여 만족해 하고 있는 상황이다. 한국계 기업의 기본적인 인사관리 전략은 현지인 관리자를 통하여 근로자들의 불만 사항이나 고충을 처리한다는 것이다. 그러나 현장에서의 작업은 한국인 관리자의 감독 하에 현지인 근로자 간에

---

7) 보다 자세한 논의는 제13장 참조

수행되고 있고 한국인 관리자는 국내의 한국 기업에서와 같은 업무의 강도나 질을 기대하고 있으므로 이와 같은 인사관리 방식은 생산현장에서의 효율성 제고에 크게 기여하지 못하고 종종 노사갈등의 소지가 된다[8].

한국인 경영층 및 관리자 그리고 현지인 근로자들이 공동으로 참여하는 정례적인 대화의 장이 마련되어야 한다. 현재 일부 진출 대기업에서 시행하고 있는 이와 같은 기회를 통하여 현지인 근로자들로 하여금 한국의 경영문화를 이해하도록 하고 한국인 관리자들도[9] 현지의 관습이나 문화를 이해하도록 하여야 한다. 노조의 기능이 활성화되지 않는 상황에서 사용자 측의 주도에 의한 유사노조 기능을 하는 제도적인 장치의 개발을 통해 현지 근로자들의 근로의욕을 고

8) 한국인 관리자들의 인건비가 상당 수준이기 때문에 한국인 관리자들은 주로 생산관리 부문에 채용되는데, 생산관리 전문가가 인력관리와 노사관리도 함께 담당함으로써 노무관리의 전문성이 매우 취약한 편이다. 현지 근로자와의 대화창구 역할을 할 노무관리 전담자 및 전담 부서의 전문성의 취약성으로 평소에 고충처리 관리가 제대로 이루어지지 않아 결과적으로 근로자들의 불만이 누적되고, 외부 단체 및 외부 세력의 선동과 충동에 의하여 조직적인 노사분규로 확대된 사례가 다수 있다.

9) 해외진출 한국 기업의 관리자들과 현지 근로자 간의 이해 부족 및 의사소통이 원활하게 되지 않음으로써 많은 문제가 발생한다. 한국 중소기업이 진출한 대부분의 국가들이 한국보다 소득 수준이 낮은 개발도상국이기 때문에 근로자들의 생산성이나 근로의욕이 낮은 것은 일반적이기는 하지만 한국인 관리자들이 한국식의 작업방식을 현지 근로자들에게 강요함으로써 노사갈등을 유발한다. 한국인 관리자들과 현지인과의 의사소통에 애로가 있는 것도 작업장에서의 한국인 관리자와 현지 근로자의 주요한 갈등요인이다. 제3세계 국가의 대부분의 근로자들은 물론이고 한국인 관리자들도 영어로의 소통능력도 취약하고 한국인 관리자들이 현지어를 모르기 때문에 작업을 지시·감독하는 과정에서 상호간에 이해를 하지 못하여 마찰이 발생하고 노사분규의 원인이 된다.

취시킴으로써 생산성 향상을 기대할 수 있으며, 향후 적대적인 강성 노조의 출현도 예방할 수 있다.

평가제도의 공정성을 제고시키도록 노력하여야 한다. 진출기업들은 어떤 형태로든 근로자의 성과를 평가하여 그 결과에 따라 보수를 차별화시키고 있다. 그러나 일부 대기업을 제외하면 체계적인 평가제도를 갖추고 있지 못하다. 근로자들이 평가제도를 공정하다고 인식할 때만이 평가제도 도입의 목적을 달성할 수 있다. 상당수의 국내 한국 기업들에서 1980년대 후반 노동조합의 힘이 강화된 후 과거 편파적인 평가제도의 운영이 문제시되어 제도 자체가 없어졌다. 대부분의 조사된 진출기업들의 성과 평가제도가 체계적이고 합리적으로 운영되고 있지 못하다. 현재 현지 근로자들에게 요구하는 기능수준의 정도가 그다지 높지 않으므로 합리적인 성과 제도의 개발과 운영에는 큰 자원이나 시간이 필요한 것은 아니다. 특히 현지 근로자들이 성과제도가 공정하고 합리적으로 이루어진다고 인식할 수 있도록 경영층이 노력하여야 한다.

과거 권위주의적인 노사관계 구도 하에서도 한국 기업들은 가부장적인 노사관계관에 근거하여 시혜적인 성격의 기업복지를 제공하여 왔으며 이것이 한국의 노사관계를 구미 제국의 그것과 구별짓는 특징의 하나가 된다. 조사된 기업들의 상당수가 현지의 관행을 따라 점심식사, 의복 등 구내외 한국 기업에서 일반적으로 보여지는 시혜적인 복지혜택을 제공하지 않고 있다. 노동강도가 강하고 관리자들의 태도가 고압적이며 권위주의적 한국 기업의 일반적인 특성으로 인하여 해외진출 한국 기업의 노무관리가 현지에서 종종 문제시되는 상황에서 근로자 입장에서는 한국적인 기업경영을 근로자들에게 받아들이도록 요구하는 것이 무리이다. 한국 기업에서 일하는 것이 매력이 될 수 있는 국내의 이와 같은 제도는 현지 진출기업에서도 시행하는 것이 바람직하다.

조사된 대부분의 진출기업들은 현지 종업원들의 교육이나 훈련에 대한 구체적인 프로그램과 관심을 별로 가지고 있지 않다. 한국 기업을 포함한 외국 기업에 종사하는 현지인들은 외국 기업들이 일정 기간이 경과하면 철수하리라는 인식이 일반적이어서 이와 같은 인식 하에서 조직에 대한 헌신은 기대할 수 없다. 적지 않은 한국 기업들이 이와 같은 전략 하에서 해외투자를 시작하는 것이 사실이며, 이와 같은 이유로 현지인들에게 대한 교육투자를 더욱 소홀히 한다. 그러나 일단 투자가 이루어진 이후의 철수는 쉽지 않다. 그러므로 한국 기업들은 보다 중장기적인 관점에서 현지 종업원들의 교육이나 훈련에 보다 많은 투자를 하여야 한다. 특히 현지인 중간관리층의 개발은 성공적인 현지화의 필수조건이다.

끝으로, 해외에 진출한 한국 기업들이 노무관리에 어려움을 겪고 노사분규가 다른 나라에 비해 잦은 것은 진출한 한국 기업들의 업종이 섬유, 봉제, 신발, 의류, 전자제품 조립 등 노동집약적인 산업이라는 구조적인 요인도 일부 있다. 그러나 비슷한 업종에 진출한 다른 나라 기업들에 비해 한국 기업들에서 노사분규가 빈번히 발생하고 문제가 된다는 것은 해외진출 한국 기업들의 노무관리를 포함한 인력관리를 지원하는 국가적인 체계가 구축되어야 한다는 것을 시사하고 있다.

해외진출기업과 커뮤니케이션

이보형*

1980년대 중반 이후 글로벌화 바람이 거세게 불면서 국내 기업의 해외투자도 급속하게 증가하고 있다. 특히 2006년 이후 급속하게 증가하여 2008년은 200억 달러 이상, 2009년 194억 달러를 투자하는 등 이제 국내 기업의 해외 진출도 낯선 일이 아니게 되었다. 하지만, 국내 기업이 어디에 투자를 하던 선진국과 후진국을 막론하고 현지 제도와 문화적 차이에서 큰 어려움을 겪고 있다.

| 그림 1-2 | 해외진출 시 기업의 애로 사항

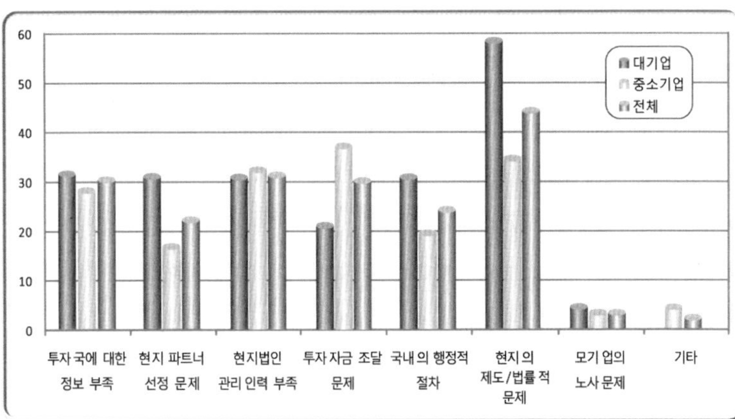

▌자료 : 수출입은행 (2007).

---

* 마콜 커뮤니케이션 컨설팅 부사장.

다행히 제도에 대해서는 현지의 전문가에게 도움을 받기가 상대적으로 용이하지만, 문화적 차이의 근간을 이루는 커뮤니케이션 부분은 관리자가 직접 수행해야 하기 때문에 그 어려움이 클 수밖에 없다. 특히, 한국의 경우 단일 민족이면서 단일 언어를 사용하는 하나의 문화권일 뿐만 아니라, 종교 간 갈등이 없는 문화적 단일성이 높은 사회에서 살고 있다. 때문에 다양한 민족과 문화, 종교 등이 얽혀 있는 집단에서의 커뮤니케이션에 대해 큰 어려움을 가지고 있다. 문화, 종교 등의 차이 등 다양성에 대한 학습이 되어 있지 않은 것이다. 또한, 한국의 직장 내 커뮤니케이션의 문제의 대부분은 압축성장과 빠른 민주화의 영향에서 기인한 세대 간 갈등에 초점이 맞춰져 있어, 국내 기업이 해외로 진출할 때 지금까지 경험하지 못한 다문화 · 다민족 · 다종교 간의 갈등 상황을 어떻게 커뮤니케이션적으로 극복할 것인가는 큰 과제가 아닐 수 없다. 예를 들어, 인도네시아 등 이슬람 문화권에서의 기도의 시간과 일과 시간의 조화나, 대부분의 동남아시아 국가에서 겪게 되는 시간에 대한 자기 규율, 가정사와 회사 일과의 경중에 대한 생각 등은 직장 내 불필요한 오해를 일으키는 대표적인 요인들이다.

1. 투자 지역의 문화와 관습, 그리고 변화

아시아 지역으로 투자하고자 하는 기업들은 '지역'으로서의 아시아가 아닌 역사적 · 문화적 개념의 아시아에 대해 잘 이해하고 준비를 할 필요성이 있다. 아시아는 민족, 역사, 언어의 다양성이 세계에서 가장 복잡한 지역이며, 이로 인해 문화도 매우 다양하고 역동적이다. 아시아를 연구하는 학자들은 아시아를 동북아시아, 동남아시아, 남아시아, 서아시아, 중앙아시아로 구분하고 있다. 이 중 동남아시아와 남아시아는 인건비 등의 생산비용뿐만 아니라, 시장의 발전 속도로 비춰볼 때 매우 매력적인 투자 대상이다.

이들 국가의 문화적 특성을 이해하기 위해서는 몇 가지 역사적 배경을 고려하여야 한다. 먼저 동남아시아의 대부분의 국가들이 중국의 영향을 받은 화교권 국가라는 점을 고려해야 한다. 이는 유교적 문화, 즉 가족 및 지역공동체에 중심의 문화를 형성하고 있으며, 의견 표출을 적극적으로 하지 않는 집단주의적 특징, 체면의 중요성 등이 강조되고 있다.

두 번째로 식민지 경험의 문제는 매우 중요하다. 태국을 제외하고 거의 모든 나라가 식민지 경험을 가지고 있으며, 2차대전 이후 건국과 경제발전에 있어 강력한 지도력이 작동한 경험을 가지고 있다. 이러한 점들은 동남아시아와 남아시아 대부분의 나라에서 강력한 민족주의 정서를 구축하고 있는 특성을 보여주고 있다. 또한, 강력한 지도력이 작동한 경험으로 인해 이들 나라 대부분이 소수의 국가 혹은 통치 엘리트 집단에 의해 정책결정이 주도되고 있다. 이로 인해, 회사 내에서도 지도자의 중요성이 매우 강조되고 있으며, 책임이 개개인으로 분산되기보다는 상급자에게 집중되는 현상을 보이고 있다. 또한, 이는 동일한 문화(종교를 포함하여)권 사람들 사이에서 결속이 타 문화권에 비해 강하게 나타나는 이유이기도 하다.

셋째, 기후로 인한 이들 국가들의 특성을 이해하여야 한다. 대부분이 열대의 풍성한 자연 혜택을 기반으로 문화가 형성되었기 때문에 자연을 극복하기 위해 치열해야 했던 중위도 국가인 한국나 사막지역의 문화와 달리, 편안함의 추구, 치열하지 못한 업무 성취욕구, 일의 우선순위에 대한 평가의 차이 등으로 나타나고 있다. 이는 커뮤니케이션적으로 당장의 상황을 모면하기 위한 사소한 거짓말이 많고, 문서화되지 않은 부분들에 대해 언제든 변경되어도 큰 문제가 없다는 인식, 긍정적인 답변이 다른 많은 내용을 내포하게 되는 현상 등으로 표출되고 있다.

넷째, 우리가 투자하는 지역들의 대부분은 민주화의 초기 단계에 있다. 각 정부에서 노조활동을 억제하고 있기는 하지만, 인터넷, 휴대전화, 방송 등 통신 환경의 발달은 사람들에게 정보의 평등화・세계화를 촉진시키고 있으며, 지속적인 투자유치로 산업화 과정에 있다는 점에 주목해야 한다. 이는 한국의 1980년대와 같은 환경을 만들고 있으며, 노동운동에 대한 근본적인 생각의 변화를 요구하고 있다.

마지막으로, 전 세계적으로 논의되고 있는 다국적 기업의 사회적 책임에 대한 강조이다. 한국 대부분의 해외진출기업들이 아시아권에 투자를 하는 이유는 저임금을 따라 생산기지를 만드는 것이었다. 하지만, 생산기지는 후진국에 있으나, 소비시장이 선진국에 있으며 선진국 내에서 벌어지는 기업에 대한 감시에서 벗어나 있을 수 없다. 대표적인 케이스가 나이키의 축구공 위탁생산 업체가 인도공장에서 유아를 고용했다가 선진국 소비자들로부터 비판을 받았던 사건이나, 스타벅스가 후진국의 커피 농장에 싼 값으로 커피를 매입했다가 소비자단체의 고소와 고발, 여론전에 밀려 공정거래 규약을 강제로 하게 된 사례들을 잊지 말아야 한다. 각 지역의 문화를 이해하는 것도 중요하지만, 소비시장의 문화 역시 함께 이해해야 하는 이유이기도 하다.

물론, 위의 특징들이 모든 나라에 공통으로 적용되는 것은 아니지만, 이러한 문화적 고려는 실제 현지화의 과정에서 어떤 커뮤니케이션적 접근이 필요할 것인지에 대한 중요한 고려점이 될 수 있다.

2. 커뮤니케이션 계획 수립

위와 같은 문화에 대한 이해, 사회적 환경에 대한 이해가 선행된다는 전제 하에, 기업은 어떻게 현지 근로자들과 커뮤니케이션을 할지를 계획하는 것은 매우 중요하다. 커뮤니케이션은 현지 근로자들의 의식을 개선하고 생산성을 향상시키며, 본사의 문화를 현지에 정착시키는 데 결정적인 역할을 한다.

커뮤니케이션 계획을 수립하기 위한 첫 단계로 회사와 근로자, 근로자와 근로자 사이 등 직장 내에서 이뤄지고 있는 커뮤니케이션 환경을 섬세하게 진단할 필요성이 있다.

커뮤니케이션을 단위별로 나눠보면 |그림 1-2|와 같이 메시지 발신자(주로 본사나 경영진), 메시지의 내용(회사 내의 정책 등), 메시지가 전달되는 채널(구두, 미팅 등 직접 커뮤니케이션과 e-mail, 게시판, 편지 등 간접 커뮤니케이션을 아우르는 개념), 수신자의 상황(언어문제, 교육의 정도, 직급, 문화적 환경 등), 그리고, 현재 전달되고 있는 커뮤니케이션으로 인한 기업 전반에 대한 이해도에 대한 확인이 우선되어야 한다.

| 그림 1-3 | 조직 커뮤니케이션 진단 모델

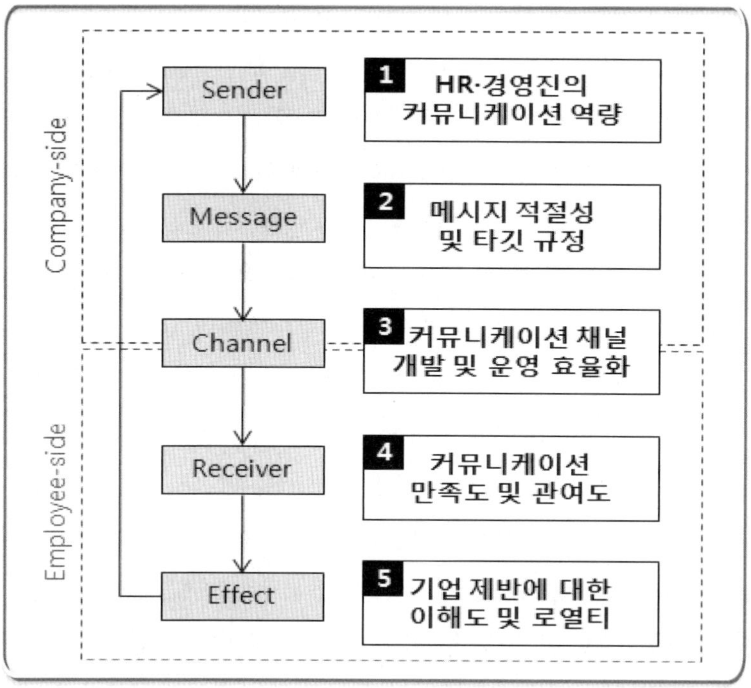

▍자료: 마콜 커뮤니케이션 컨설팅 (2010).

다문화 상황에서는 커뮤니케이션의 첫 출발점은 커뮤니케이터로서의 경영자, 중간관리자의 역량이다. 커뮤니케이터로서의 경영진이나 관리자의 태도 및 역량은 실제 커뮤니케이션 효과에 미치는 영향이 가장 큰 요소이기 때문이다. 이들의 언어나 문화적 습관이 수용자와 어떤 차이를 가지고 있는지 확인하는 것은 커뮤니케이션의 첫 출발점이 된다. 그리고, 이들이 커뮤니케이션 정책, 가이드라인을 가지고 의사소통을 하고 있는지, 언어 역량을 비롯해 메시지 전달의 기술과 수용자에 대한 이해가 있는지를 확인하여야 한다. 또한 이러한 역량을 가지고 있지 않은 관리자를 위한 교육 프로그램의 유무는 현지 근로자와의 커뮤니케이션의 성패를 가르는 핵심 요소이다.

커뮤니케이션 수용자(현지의 근로자)의 입장에서 보면, 조직에 대한 신뢰 및 커뮤니케이션 만족도, 참여 정도, 의사소통의 빈도나 자유도 등의 상황을 확인하는 것이 중요하다. 이는 회사에서 제공하는 커뮤니케이션을 수용할 준비가 되어 있는지를 알 수 있는 척도가 될 것이기 때문이다. 수용자들이 회사의 비전이나, 목표, 가치 등을 잘 이해하고 있다면 이들에 대한 회사의 커뮤니케이션 수용도는 급속하게 높아질 것이며, 이는 생산성 향상 등 발전적 방향에 커뮤니케이션 역량을 집중시킬 수 있는 발판이 된다.

노사관계적 측면에서 보면, 회사가 근로자에게 제공하는 혜택과 가치에 대한 만족도를 확인 및 고충처리 과정에 대한 확인이 필수적이다. 대부분의 노사관계가 악화되는 첫 원인은 회사가 근로자의 고충을 모르거나 무시하는 데서 출발되며, 이로 인해 불필요한 오해와 소문의 확산 등으로 인해 불만이 조직화되어 표출되는 결과를 낳는다.

발신자와 수용자의 두 가지 요소에 더해, 각 지역의 문화, 정치, 사회경제적 배경을 고려하여 커뮤니케이션 메시지와 타깃을 설정하여야 한다. 커뮤니케이션 메시지에 대한 진단은 메시지의 일관성, 하나의 목소리(One Voice)로 전달되고 있는지, 메시지의 변화의 속도, 메시지의 양 등에 대한 확인이 필요하다. 예를 들어 경영자의 메시지를 현장 관리자가 다른 의미로 해석해서 전달하고 있는지 여부, 지나치게 많은 메시지 양으로 인해 근로자들 사이에서 혼란이 일어나고 있는지, 메시지의 변화가 직원들의 수용도보다 더 빨라서 직원들이 이를 받아들이기에 어려움이 있는지 등을 확인하는 것이 필요하다.

커뮤니케이션 채널은 메시지의 종류나 관리자의 스타일에 따라 전략적으로 결정되어야 하는 요소이다. 채널은 직접 채널, 간접 채널로 나누어서 살펴볼 수 있다. 공식적이고 중요한 메시지가 전달되어야 하는 채널과 고충처리 등 쌍방향 커뮤니케이션이 필요한 채널은 분리되어야 한다. 또한, 평소 채널에 대한 다양한 조사를 통해 어떤 채널을 활용하는 것이 전략적으로 필요할지에 대해 연구하는 것이 중요하다.

이러한 커뮤니케이션에 대한 진단 활동은 현지 근로자와 효과적으로 커뮤니케이션하기 위한 기초 자료로 활용된다. 많은 경우, 채널에 대한 관리가 없이 단순히 게시판과 구두 전달만으로 문제를 해결해 오다가 위기 상황이 되면 모든 채널이 차단되면서 경영자와 근로자 사이에 커뮤니케이션이 되지 않아 위기를 증폭시키고 오랫동안 해결하지 못하는 경우가 발생하게 된다.

마지막으로 흔히 발생하는 실수는 오랜 현지 생활로 기반으로 현지의 사정을 잘 알고 있다는 것만으로 스스로 좋은 커뮤니케이터가 될 수 있다고 믿는 경우이다. 이러한 잘못된 믿음은 노무팀에서 흔히 발견되는데, 자신이 현지 근로자들을 잘 이해하고 있기 때문에 근로자들도 자신을 잘 이해하리라는 생각에서 출발하며, 이러한 전제로 커뮤니케이션을 하게 된다면 더 많은 불필요한 오해를 낳게 된다.

3. 직장 내 커뮤니케이션 채널 및 구조

커뮤니케이션을 양태적 측면에서 바라보면 크게 경영자로부터 근로자에 이르는 톱다운(Top-down)과 근로자에서 경영자에 이르는 보텀압(Bottom-up), 그리고 근로자들 사이에서 이뤄지는 옆에서 옆으로(side to side) 방식으로 나눠서 볼 수 있다. 대부분의 소통이 잘 되는 회사는 중간관리자의 역할이 매우 중요하며 이들을 중심으로 톱다운(Top-down)과 보텀압(Bottom-up) 방식의 커뮤니케이션의 핵심을 이룬다. 하지만, 해외진출기업의 경우 경영자와 현지인 중간관리자 사이의 소통에서 언어적 장벽과 문화적 이해의 차이로 정확한 커뮤니케이션이 이뤄지지 않고, 현지인 중간관리자에서 커뮤니케이션 병목 현상이 나타나게 된다. 특히, 언어의 문제에 있어서는 한국가 영어처럼 많이 사용되는 언어가 아니기 때문에 현지인이 한국어를 배우도록 촉진하는 것보다는 관리자가 현지 언어를 배우기 위한 노력을 보여주는 것이 매우 중요하다. 상급자들의 경우 단순히 회식이나 단합대회 등을 자주 가져서 친해지면 나를 이해할 수 있을 것이라는 식의 사고의 틀을 벗어나 보다 체계적인 접근이 필요하다. 또한, 한국 기업의 기본적인 인사관리 전략은 현지인 관리자를 통하여 근로자들의 불만 사항이나 고충을 처리해 간다는 것이다. 하지만 앞서 이야기했듯이 언어의 장벽이나 문화적 차이, 특히 한국인 경영자나 관리자가 요구하는 한국 기업에서와 같은 업무강도나 일에 대한 태도는 현지 근로자와 한국인 경영자 및 관리자와의 기대수준의 차이만 키울 뿐이다. 이러한 차이로 인해 종종 노사 갈등의 요인이 되기도 하며, 강성노조의 출현을 촉진하기도 한다.

이러한 문제를 극복하기 위해서는 한국인 경영자나 관리자와 현지인 근로자가 함께 참여해서 문제를 나누는 대화의 장이 필수적이며, 이러한 쌍방향 소통을 위한 다양한 채널을 구축하는 것이 필요하다. 또한, 유교문화권에 있는 아시아 지역의 특성을 고려할 때 가부장적인 리더십을 보여주기 위해 상급자들이 솔선해서 현지의 관습과 문화를 이해하는 데서 현지화를 위한 커뮤니케이션의 출발점을 삼아야 한다.

| 그림 1-4 | 효율적 커뮤니케이션을 위한 사내 의사소통 구조

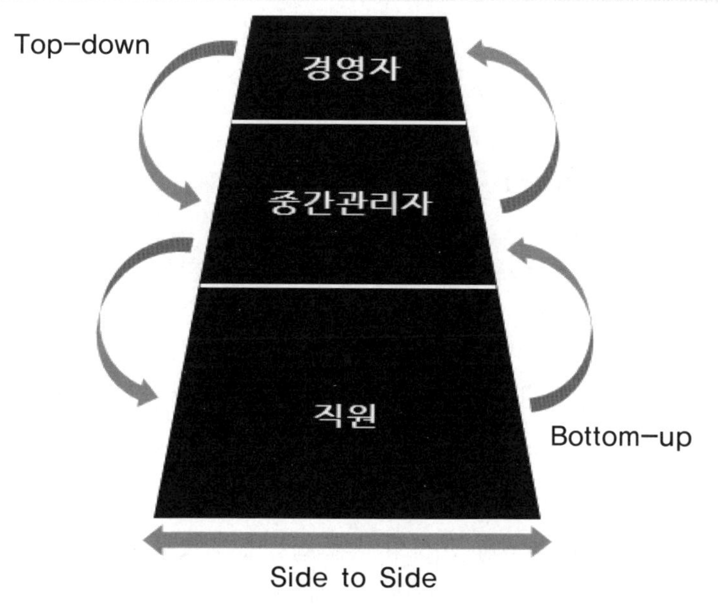

| 효과적인 사내 커뮤니케이션 실행을 위한 의사소통 구조 |

한 가지 더 주의할 점은 커뮤니케이션 채널에 있어서 비공식적인 채널을 활성화하여 오해를 일으키기보다는 공식적인 채널을 개발하고 적극적으로 활성화시킴으로써 의사소통의 문제를 해소해야 한다. 많은 경우 언어적 장벽으로 인해 현지인 중 한국어나 영어를 잘 이해하는 사람이 중용될 수밖에 없는 구조에서 실제 리더십이 있는 현지인과 중용된 사람 간에 갈등의 요소가 발생할 개연성이 높다. 이 경우 공식적인 채널이 활성화되지 못하고 비공식적 채널이 활성화되어 있다면 현지 근로자와 경영진 사이에 심각한 오해가 발생할 수 있다. 이런 이유로 회사의 공식적인 결정 등은 반드시 문서화하여 커뮤니케이션하고, 근거를 남기게 함으로써 서로의 오해를 없애고, 중간관리자로 인한 정보의 왜곡을 예방할 수 있다.

4. 커뮤니케이션 경로

가. 노무관계 커뮤니케이션의 핵심: 고충처리 커뮤니케이션

노무관계 커뮤니케이션의 핵심은 고충처리이다. 보통 직원들의 고충은 노사문제의 촉발점이 된다. 또한 고충은 방치하면 사람들의 고민처럼 다른 고충들을 빨아들이고, 새로운 고충을 만들어내는 특성이 있다. 때문에, 사람들은 회사에서 해결해 줘야 할 고충이 처리되지 않고 방치가 되면, 회사의 나쁜 점들을 모으게 되고 이로 인해 노사문제가 촉발되게 된다.

해외 공장의 경우, 문화나 관습을 이해하지 못해 고충을 이해하지 못하거나, 언어적 장벽 등으로 현지인 중간관리자에 의해 방치되는 경우가 많다. 생산원가를 줄이기 위해 저임금을 목표로 해외로 진출한 기업들의 경우에는 고충처리 자체의 필요성을 느끼지 못하는 경우도 있다. 하지만, 앞서 설명한 것처럼 많은 나라들이 경제발전과 함께 근로자의 의식수준도 향상되고 있음을 살펴야 한다. 또한, 가부장적 문화의 특징으로 인해 회사가 솔선하여 고충을 처리하기 위한 노력을 보이는 것이 중요하다.

커뮤니케이션적인 측면에서는 고충을 표현할 수 있는 채널의 개발이 중요하다. 고충처리는 크게 업무지휘 라인을 통해 처리하는 방법과 별도의 고충처리 채널을 만드는 방법이 있다. 아래 |표 1|은 두 방법의 장단점을 비교한 것이다.

| 표 1-2 | 고충처리 방법의 장단점

	업무지휘 라인의 활용	별도의 고충처리 채널
장점	• 업무지휘 기능의 강화 • 직원 설득의 용이성 • 상시적 커뮤니케이션 가능	• 투명한 커뮤니케이션 가능 • 전 직원에게 해결 결과를 빠르게 알릴 수 있음
단점	• 중간관리자에 의한 왜곡 • 불필요한 오해의 양산 • 전 직원에게 알리기 힘듦	• 관리 미비시 불만의 장으로 변질 가능 • 해결이 어려운 과제의 경우 문제를 키울 수 있음

한 가지 유의할 점은 어떤 형태의 고충처리 방안을 마련하더라도, 고충처리 결과에 대해서는 직원들에게 수평적으로 적용되고 있다는 점이 알려질 수 있도록 노력해야 한다. 인간사에서 불만과 불행은

항상 다른 사람과의 비교에서 오며, 직장 내에서도 마찬가지로 직원들 사이에서 서로 비교를 하게 되면 불만이 쌓이는 것은 인지상정이다.

나. 문화 통합을 위한 커뮤니케이션

사람들의 생각의 차이는 관습과 문화에 기인해서 나오게 된다. 때문에 경영진의 문화나 관습을 현지 근로자에게 알리고, 현지 근로자의 문화를 이해하려는 노력은 매우 중요하다. 재미있는 사례로 지난 2006년 한국에 부임한 제약회사 릴리의 랍 스미스 사장(한국명 우인성)이 한국 이름을 짓고, 한국인의 건강을 기원하면서, 곤룡포를 입고 고사를 지내서 화제가 된 적이 있다. 일회성 이벤트이기는 하지만, 한국 이름을 짓고 한국 문화인 고사를 지내는 행사를 함으로써, 빠르게 한국 사회에 적응하고 회사의 성과도 매우 높이는 효과를 가져왔다.

한국이나 해외나 마찬가지이다. 경영진이 그 문화를 이해하기 위해 노력하는 모습만으로도 현지인 직원들은 감동하고, 신뢰를 보내게 될 것이다.

전략적 사회공헌 활동도 현지 근로자의 마음을 얻고, 문화적 동질성을 회복시키는 좋은 방법이다. 현대모비스의 중국 공장인 장쑤 모비스 법인은 '아름다운 동행' 프로그램으로 공장 인근의 고아원, 장애아 수용시설, 양로원 등에 생필품을 전달하고 수술비 등을 지원하여 지역 내에서 좋은 평가를 받고 있다. 이는 현지 근로자들에게 좋은 회사를 다닌다는 자긍심을 줘 직원들의 사기를 진작시킬 뿐만 아니라, 실제 현지의 회사라는 이미지를 심어주는 데 큰 기여를 하고 있다고 한다.

| 그림 1-5 | 고사를 지내는 제약회사 릴리의 우인성 한국법인 사장

▌사진 출처 : 연합뉴스 2006년 9월 27일 '파란눈 CEO들의 고사지내기'

이 외에도 회사 내에서 '한국의 날 행사' 등을 마련하여 경영진을 이해할 수 있는 계기를 만들거나, 우수 직원들에게 한국 본사 방문의 기회를 제공하는 등의 활동은 경영진을 이해하게 하는 데 도움이 된다.

다. 현지 중간관리자와 긴장관계를 유지하기 위한 커뮤니케이션

앞서 이야기한 것처럼 현지인에 대한 커뮤니케이션에서 가장 힘든 부분은 현지 중간관리자에 의한 정보의 왜곡, 혹은 차단이다. 이를 해결하기 위해서는 한국인 경영진, 현지인 관리자, 현지인 근로자가 모두 모여서 대화하는 정기적인 대화의 장을 만들 필요가 있다. 또한, 현지인 관리자와 커뮤니케이션을 할 때는 일대일 미팅이 아닌 복수의 관리자와 이야기함으로써, 정보가 잘못 전달되거나 왜곡되는 현상을 막을 수 있다. 뿐만 아니라 공식적인 의사결정에 대해 메모하고 리포트를 작성하도록 하여, 의사결정 과정의 중요성을 알리도록 해야 한다.

5. 맺음말

'좋은 커뮤니케이션은 좋은 경영을 하는 것이다.'라는 말이 있다. '백문이 불여일견'이라는 속담처럼 커뮤니케이션을 잘하는 것은 커뮤니케이션을 할 내용이 좋아야 하는 것이 그 첫 번째일 것이다. 하지만, 원하던 원하지 않던 기업경영의 상황은 항상 유동적이며, 직원들의 모든 불만을 해소할 수 없는 것이 현실이다. 이러한 현실을 극복하기 위해서는 적절한 커뮤니케이션을 통해 회사와 직원 간의 이해의 폭을 넓혀 불필요한 오해나 노사 간 쟁점을 만들지 않는 것이 중요할 것이다.

해외에 투자하는 기업들도 마찬가지로 회사와 근로자 사이에서 발생하는 이슈는 비슷할 수밖에 없다. 다만 차이는 지금까지 우리가 경험하지 못했던 문화와 관습에서 살아온 사람들과 함께 일해야 한다는 사실이다. 이러한 차이를 극복하는 데 있어 커뮤니케이션에 대한 이해가 중요한 역할을 할 것으로 기대해 본다.

제2장

인도네시아 : 2008

인도네시아
2008

제2장 인도네시아 : 2008년[1)]

1. 경제 및 노동환경

인도네시아의 인구는 2억 3천만 명으로 중국, 인도, 러시아에 이어 세계 4위의 인구 대국이며, 풍부한 자연자원(동남아 유일의 OPEC 회원국)으로 성장잠재력이 큰 동남아시아의 회교국가이나 1997년 외환위기와 함께 찾아온 정치적 민주화로 정치적으로 큰 혼란을 겪으면서 경제적으로 침체하였다가 최근 들어 정치적인 안정을 찾고 경제도 회복되는 시점에 있다[2)].

한국 기업들의 인도네시아 투자 실적은 프로젝트 건수(1967년에서 2005년 누계기준 건)로는 대만에 이어 3위, 실행액(135억 달러) 측면에서는 7위로서 상대적으로 소규모이지만 활발한 투자가 이루

---

1) 박영범 · 차종석 · 김소영(2008)의 일부 내용을 발췌하고 정리하여 약간의 내용을 추가하였다.

2) 2009년에는 세계적인 경기침체에도 불구하고 연 4.5%의 경제성장률을 달성하였다.

어지고 있다. 특히 과거에는 섬유, 봉제 등 노동집약적인 산업에 한국 기업의 투자가 집중되었으나 최근에 들어서는 전자, SOC, 건설, IT 등의 분야에도 진출하고 있다[3].

인도네시아의 노동운동도 한국의 노동운동의 발전 과정과 유사하다. 수하르노 대통령 시절에는 파업이 금지되었고 경찰력을 동원하여 노조활동을 탄압하여 일부 과격한 비공인 노조활동이 격화되었고 그후 미국 등 선진국으로부터의 압력이 거세지자 1998년 6월 민간부문에 한하여 최소 20명의 종업원의 찬성으로 정부의 사전승인이 없이 노조 설립이 가능하여졌다.

정부의 정책 변화에 따라 새로이 설립된 기업 내 독립노조는 SPTP라는 개념으로 기업 내 복수노조가 허용되는 결과가 되었다. 복수노조가 인정됨에 따라 현재 수십여 개의 노조가 설립되어 경쟁하고 있으며 일부 노조는 과격화 성향이 있고, 종교 단체나 정당도 노조활동에 개입하고 있다.

2000년 이후 임금인상률은 매우 높다. 자카르타 지역의 임금인상률은 2006년 15.1%, 2007년 9.95%, 2008년 8.0%, 2009년 10.5%, 2010년 8.2%였다(www.kotra.or.kr).

2006년 말 현재 임금근로자 2,658만 명 중 200만 명이 노조에 가입되어 있어 노조결성률은 높지 않으나 전국노조는 86개이고 주노조는 931개, 지역노조는 2,977개, 단위사업장 노조는 15,933개여서 많은

---

3) 2009년도 인도네시아에 대한 한국의 투자는 6억 2천만 달러이고 당분간은 지속적으로 증가할 것으로 전망된다. 진출해 있는 한국 기업은 약 1,300개로 고용된 인도네시아 근로자는 약 50만 명이다.

노조가 난립되어 있다.

정부는 과격 노조운동의 침투를 막기 위해 일정 규모 이상의 사업장에는 SPSI를 조직하여 운영할 것을 적극 권장하고 있으나 SPSI는 한국식의 노조라기보다는 노사협희회 성격의 대의기구 성격이므로 합의와 소통에 기반하는 노사관계 질서의 형성을 원하고 있다. 그러나 과거와 같은 정부 주도의 노사관계 질서는 기대할 수 없지만 정부가 일정 정도 역할은 할 수 있다. 노조가 화합의 정신을 의미하는 빤차실라(Pancasila)의 원칙을 위배하여 활동을 하는 경우 정부는 노조를 해산할 수 있으며, 노조가 옥외집회를 하는 경우 정부의 허가를 받아야 하나 신생노조인 경우 정부는 집회 허가를 잘 내주지 않는다.

노조 결성이 민주화 이후 자유화되었으나 노동계는 정부가 여전히 친경영자 성향이라고 인식하고 있다. 특히 2006년에는 3월과 12월에 각각 노동법 개정안 반대, 최저임금 수준의 대규모 인상을 주장하는 시위를 벌였다. 노사분규가 대형화되고 장기화되는 경향을 보이고 있으며 정부의 파업에 대한 소극적 대응 및 조정능력 부족 그리고 과격 노동운동 세력의 조직화 등이 그 원인이다.

인도네시아 정부는 투자환경 개선 작업의 일환으로 노동법을 경영자 측에게 유리한 방향으로 개정하고자 2005년부터 시도하였으나 노동계의 반대로 지연되고 있다. 2006년 정부에 의해 국회에 제기된 노동법은 계약직 근로자, 아웃소싱, 장기휴가, 불법파업 근로자의 해고, 해고수당이 주요 쟁점이다. 현재의 노동법은 2003년 메가와티 대통령 시절 노동자들에게 유리하게 개정되었다.

| 표 2-1 | 인도네시아의 2003년 노동법과 2006년 개정안의 비교

	현행법(2003년)	**개정안(2006년)**
계약직 근로자	• 계약직 근로자는 2년 시한으로 채용하고 1년 연장 가능 • 계약직 근로자는 정규직 근로자의 업무를 대체할 수 없음.	• 계약직 근로자는 최장 3년간 체결할 수 있으며 연장할 수 없음. • 계약직 근로계약은 모든 업무에 체결할 수 있음.
아웃소싱	• 임시 보조업무에 한하여 아웃소싱 가능	• 모든 업무에 아웃소싱 가능
장기휴가	• 근속 7년과 8년차에 최소 2개월 가능	• 연차휴가 외의 장기휴가는 회사 규정에 따라 적격한 근로자에게 부여
불법파업	• 불법파업 근로자에 대한 해고는 장관령에 따름.	• 불법파업 근로자는 해고수당 없이 해고 가능 • 불법파업 근로자에 대해 고소 가능
해고 수당	• 8년 근속 근로자의 해고시 해고수당은 9개월 임금 • 25년 근속 근로자의 해고시 해고수당은 10개월 임금	• 6년 근속 근로자의 해고시 해고수당은 7개월 임금 • 25년 근속 근로자의 해고시 해고수당은 6개월 임금

| 자료 : 박영범 · 차종석 · 김소영(2008).

2. 고용관리[4)]

노동집약적 기업의 경우, 인력확보가 용이한 반면 선진국 수준의 노동법(최저임금, 고용계약)으로 인해 기업 부담은 높은 편이다.

한국에서는 일반적으로 계약 관념이 희박해 기업과 종업원 사이에도 입사 이후에는 고용계약서의 존재를 거의 의식하지 않는 경우가 많다. 그러나 오랫동안 서구적 전통의 영향력 하에 있었던 인도네시아에서는 고용관계에서는 당사자간 계약이 중시된다. 때문에 기업이 종업원을 고용할 때는 근로계약서, 그 기초가 되는 사규 및 단체근로협약의 존재는 매우 중요하다. 기업은 계약에 의해 종업원을 구속하는 동시에, 기업도 이를 근거로 구속된다.

인도네시아 근로기준법상 인사/노무 업무는 한국인이 담당하지 못하게 되어 있다. 대부분 현지인을 두고 한국인 경영자가 모니터링하는 방식을 취한다[5)].

---

4) 고용관계 실태 파악을 위해 약 40여 개 기업에 설문지를 사전에 배포하였으며, 이 중 15개 기업으로부터 설문지를 회수하였다. 2008년 2월 인도네시아를 방문하여 수도 자카르타에 머물면서 인근의 한국 기업 12개 업체와 심층면접을 시행하였다. 보다 자세한 내용은 | 표 2-2 |에 수록되어 있다.

5) 현지 인사담당자를 뽑을 때는 최고경영자가 최대한 관심을 갖고 주변의 평가를 통해 검증된 사람을 선발하여야 한다. 과거 어떤 기업에서는 인사팀장이 지원자들로부터 채용 커미션을 받고 채용하고, 혈연・지연 중심으로 사원을 채용하는 경우도 있었다.

가. 채용

일반적으로 대중매체(신문, 라디오, TV, 인터넷)와 직원 추천이나 연고를 많이 활용한다. 경력직이나 핵심 인력의 경우 헤드헌팅(head hunting) 업체를 이용하고 있다. 공장의 계약직은 사서함 제도를 활용하여 지원서를 받아 간단한 면접이나 테스트를 통해 채용한다.

채용을 할 때 생산직은 '연령', '업무 숙련도'를 중시하고, 사무직의 경우 '전문지식', '자격소지 여부'를 중시한다. 일부 기업은 채용 절차에 심리테스트, 인성 시험을 보고 있으면, 인터뷰 과정에서 외모, 태도, 인상을 보고 있다. 그러나 한국인이 면접을 통해 현지 지원자의 향후 조직 적합 여부를 정확하게 판단하기는 쉽지 않다.

선발 과정에서도 대부분 자신을 과대 포장하는 경우가 많고, 이직률이 높은 경우 본인의 의사보다는 징계나 능력부족 등의 이유로 자주 옮겨다닌 경우가 많기 때문에 주의를 요한다.

정규직을 해고하는 것은 상당히 어려움이 있기 때문에 초기에 수습기간(3개월)을 통해 지켜보고 정규직으로 뽑는다. 그러나 수습기간에는 열심히 하다가 정식 직원이 되면 태도가 돌변하는 사람도 간혹 있기 때문에 보다 철저한 검증 절차가 필요하다.

인도네시아인들은 가족 및 친지 간의 유대감이 강하고 잘 아는 사람끼리 가족 개념인 '형제(Saudara)'라고 상호 지칭하는 것이 일반적이다. 이러한 형제관계에 있는 사람들끼리 파벌을 형성할 가능성도 있으므로 종업원 채용시 가급적 한 사람을 통해서 여러 지원자를 소개받지 않도록 주의하고 있다.

| 표 2-2 | 인도네시아 진출기업의 고용관계 실태 (2008년)

<table>
<tr><th rowspan="2"></th><th rowspan="2">기업 개요</th><th colspan="3">인사노무관리</th><th rowspan="2">노사관계</th></tr>
<tr><th>고용관리</th><th>승진/보상관리</th><th>노무관리</th></tr>
<tr><td>회사 1</td><td>업종
인터넷
모바일

인원(명)
: 85

매출액($)</b>
: 300

<b>자본금($)
: 4.9백만</td><td>채용
· 온라인 사이트 및 대중매체를 통해 구인
· 상위 보직자는 헤드헌팅사를 활용해서 채용함.
· 업무 숙련도 및 경력, 직무지식/자격소지 기준으로 채용

이직
· 이직률 49.4%
· 이직원인: 타사에서 더 높은 임금을 지불하고 스카웃하기 때문</td><td>평가 및 보상
· 고과기준: 업무 능력과 근태 성적에 따라 평가
· 고과 결과: 당사자 개인에게 공개
· 승진: 부서 상급자가 심사하는 인사고과 성적에 의해 결정됨.
· 평균초임 1,936($)/년

동기부여 및 복리후생
· 고정상여금(보너스), 우수사원 표창, 비금전적 보상(식품, 현물 등).
· 각종 복리후생 제공
· 건강 보건에 관한 지원 및 경조비 지원</td><td>평균근무시간 40시간/주

의사소통
· 경영자와 직접 의사소통하는 핫 라인 운영
· 부서/과, 팀/반별 정기적 회합 문화/가치관 차이 有
· 현지 근로자의 책임감 및 공공질서 의식 취약
· 애사심보다 개인적인 욕구가 더 강하며 근태사항이 취약함.

교육훈련방식
· 근로자의 이직률이 너무 높아 교육훈련을 하지 않고 있음.</td><td>노조
· 노동조합 無
· 쟁의발생 無
· 우호적 관계
· 노조/대표기구를 안정하지 않고, 임금 및 단체교섭을 하지 않음.
· 개별적 고충처리가 요청되면 사장이 직접 면담 실시</td></tr>
<tr><td>회사 2</td><td>업종
TV브라운관 부품 제조업

인원(명)
: 800명

매출액($)</b>
: 1억 6천

<b>자본금($)
: 9,700만</td><td>채용
· 대중매체와 직원 추천 및 연고 이용
· 사무직은 직무지식/자격소지, 조직의 적합성 중시, 생산직은 태도, 학력 및 연령을 중시

이직
· 이직률은 0.1%</td><td>평가 및 보상
· 고과기준: 사무직은 업무능력, 실적, 지식향상도. 생산직은 태도, 업무능력, skill향상도
· 고과결과: 임금인상, 승진결정에 활용, 비공개
· 평균초임은
고졸 3,200($)/년,
대졸 6,000($)/년

동기부여 및 복리후생
· 동기부여: 고정/비정기 상여금, 우수사원 표창, 개인별 보상
· 의료, 급식, 경조비 제공</td><td>평균근무시간 40시간/주

의사소통
· 부서/과, 팀/반별 정기적 회합, 경영자가 정기적으로 현장 순시하면서 근로자와 대화
· 언어문제, 문화와 가치관 차이 존재
· 능동적 측면 부족, 주인의식 부재, 질서 준수 의식 낮음

교육훈련
· Mind Up 교육
· 혁신학교 프로그램 운영</td><td>노조
· 산업별노동조합 존재(70%)
· 쟁의발생 有
· 노동법을 정확히 이해하지 못한 상태에서 해고, 절차 및 내용상의 문제 발생
· 노조/대표기구를 인정하고 법률에 의한 최소한의 교섭을 함.</td></tr>
</table>

	기업 개요	인사노무관리			노사관계
		고용관리	승진/보상관리	노무관리	
회사 3	**업종** 의류제조업 **인원(명)** : 1,350명 **매출액($)** : 6천5백만 **자본금($)** : 2백만	**채용** · 대중매체 이용 및 직원 추천, 연고 활용 · 사무직: 즉시활용 가능성, 숙련도 및 경력 생산직: 즉시활용 가능성, 숙련도 및 경력 중심 **이직** · 이직률 10% · 원인: 임금, 복리후생 등의 처우 문제	**평가 및 보상** · 고과기준: 사무직은 업무지식 및 성과에 대한 평가, 근태사항. 생산직은 기능 및 업무 지식에 대한 평가 및 근태사항 · 고과결과: 임금, 승진에 반영, 당사자 개인별 공지 · 평균초임 대졸 2,200($)/년 **동기부여 및 복리후생** · 동기부여: 비정기적 상여금, 작업팀별 보상/인센티브 적합 · 다양한 복리후생(의료, 급식, 경조비, 통근버스 등)	평균근무시간 60시간/주 **의사소통** · 최고책임자와 전체 근로자와의 회의 및 부서/과, 팀/반별 정기적 회합 · 문화적·종교적 차이 · 낙천적인 면이 강해 적극성 및 책임감이 다소 약함. **교육훈련방식** · 사내 직업훈련 · OJT	**노조** · 산업별노동조합 (100%) · 쟁의발생 有 **현지진출기업 당부사항** · 노동법에 규정된 해고수당의 기업부담 과다 · 오해의 소지가 없도록 해고의 사유를 잘 설명해야 함.
회사 4	**업종** 봉제수출업 **인원(명)** : 1,200 **자본금($)** : 70만	**채용** · 직원 추천이나 연고, 학교나 교육훈련기관에 요청 · 채용 시 즉시활용 가능성, 숙련도 및 경력 순으로 중시 **이직** · 이직률 3% · 원인: 높은 근무강도 및 작업규율	**평가 및 보상** · 고과기준: 사무직의 경우는 근태사항, 업무능력 기준으로 평가하고, 생산직의 경우는 평가가 없음. · 임금구성 : 호봉급(50%) 직능급(30%), 직무급(20%), 업적급(10%) · 평균초임 1,300($)/년 **동기부여 및 복리후생** · 고정 상여금(보너스), 경영성과에 따른 성과급, 각종 복리후생 · 작업팀별 보상이 효과적이라고 생각 · 건강보건 비용과 경조비 지원	평균근무시간 50시간/주 **의사소통** · 최고책임자과 회의 및 정기적 순시, 부서/과, 팀/반별 정기적 회합 · 문화와 가치관 차이 존재 · 문화나 가치관의 차이에 기인하는 내면적인 의사소통 부족 **교육훈련방식** · OJT	**노조** · 기업별노동조합 (25%) · 쟁의발생 有 **현지진출기업 당부사항** · 잔업시 높은 추가 근로비 지급(150~200%) · 높은 해고비용 · 대화를 통한 조정이 요구됨.

	기업 개요	인사노무관리			노사관계
		고용관리	승진/보상관리	노무관리	
회사 5	**업종** 금융업 **인원:** 66명 **매출액($)** : 1천8백만 **자본금($)** : 8천6백만	**채용** · 대중매체 이용 · 숙련도/경력, 직무 지식/자격소지 순으로 중시 **이직** · 이직률 3% · 원인: 임금과 장기적인 비전이 복합적으로 작용	**평가 및 보상** · 고과기준: 업적평가(실적), 역량평가(노력도/태도 등), 근태평가 · 고과결과: 고과에 따라 승진 및 승급 결정하고, 전체 직원에게 공개함. · 임금 구성: 호봉급(80%), 직무급(20%) · 평균초임 4,000($)/년 **동기부여 및 복리후생** · 고정상여금(보너스), 경영성과에 따른 성과급. · 개인별 보상/인센티브가 적합. · 주거, 의료, 급식, 경조비, 통근버스 지원	평균근무시간 55시간/주 **의사소통** · 최고책임자의 순시 및 핫 라인 운영, 부서/과, 팀/반별 정기적 회합도모. · 문화와 가치관 차이 · 애로사항: 책임회피 및 적극성 결여, 해고하기 어려움. **교육훈련방식** · 사내직업훈련	**노조** · 기업별노동조합 (95%) · 쟁의발생 無 · 고충처리는 개별 면담 및 인사고과 때 서면 제출 **현지진출기업 당부 사항** · 적법한 해고 절차 준수 · 노동법 숙지 (이해)
회사 6	**업종** 전자 부품 제조업 **인원(명)** : 500 **매출액($)** : 2,000만 **자본금($)** : 1,500만	**채용** · 대중매체, 직원 추천/연고 이용 · 학력 및 연령을 채용기준으로 가장 중요시 **이직** · 이직률 10%(관리직) · 원인: 임금, 복리후생 등 처우문제	**평가 및 보상** · 고과기준: 업적, 성격, 벌점(징계)으로 평가 · 고과결과: 임금 및 승진 결정에 영향. 희망자에 한해서 개인별 공개 · 임금 구성: 호봉급(50%), 업적급(50%) · 평균초임 1,700($)/년 **동기부여 및 복리후생** · 고정상여금(보너스), 우수사원 표창 및 각종 복리후생, 생산성 목표달성에 따른 성과급 · 작업팀별·소속부서별 보상이 적합. · 건강보건 비용과 경조비, 교통비 지원	평균근무시간 45시간/주 **의사소통** · 최고책임자의 순시 및 핫 라인 운영, 부서/과, 팀/반별 정기적 회합도모. 문화와 가치관 차이 존재 **교육훈련 N/A** · 사내직업훈련, 외부 교육훈련	**노조** · 노조 없음 · 쟁의발생 無 · 개별 고충함을 회사 곳곳에 설치하여 자유롭게 건의 및 면담을 요청함.

	기업 개요	인사노무관리			노사관계
		고용관리	승진/보상관리	노무관리	
회사 7	**업종** 제지업(신문용지) **인원(명)** : 1,304명	**채용** · 대중매체 및 직원추천이나 연고 이용 · 사무직: 학력/연령, 직무지식/자격소지 여부 · 생산직: 직무지식/자격소지, 숙련도 및 경력 **이직** · 이직률 1% · 원인: 개인사정	**평가 및 보상** · 고과기준: 업적, 근무태도, 자질 및 역량 · 고과결과: 임금인상, 승진결정에 영향을 주고, 비공개함 · 임금 구성: 호봉급(10%) 직능급(30%), 직무급(30%) 업적급(30%) · 평균초임 3,000($)/년 **동기부여 및 복리후생** · 고정상여금 및 각종 복리후생, 우수사원 표창 · 작업팀별, 소속부서별 보상이 적합 · 건강보건, 급식, 운동시설, 경조비, 교통비 지원	평균근무시간42시간/주 의사소통 · 경영자의 현장 순시, 부서/과, 팀/반별 정기적 회합 · 문화/가치관 차이 존재 · 관리상의 애로사항 : 애사심과 책임감이 상대적으로 저조 **교육훈련** · 외부 교육훈련	**노조** · 산별노동조합 (99%) · 쟁의발생 無
회사 8	**업종** 합판생산 **인원(명)** : 1,051명 **매출액($)** : 5천7백만 자본금($) : 3천5백만	**채용** · 생산직은 직원 추천 및 연고 이용, 학교나 교육훈련기관에 요청 · 사무직은 학교나 교육훈련기관에 요청, 국가/정부기관의 지원 **이직** · 이직률: 7.8% · 원인: 근무강도나 작업규율	**평가 및 보상** · 고과기준 : 사무직의 경우는 업무처리 능력, 다양한 아이디어 제시. 생산직의 경우는 생산실적이 기준임. · 고과결과 : 임금인상, 승진에 중요하게 반영, 비공개임. · 임금 구성: 호봉급(70%), 직능급(5%), 직무급(20%) 업적급(5%) · 평균초임은 2,347($)/년 **동기부여 및 복리후생** · 비정기적 상여, 각종 복리후생 · 개인별 보상이 적합 · 다양한 복리후생 제공	평균근무시간65시간/주 **의사소통** · 최고책임자의 회의와 현장순시, 사내외 관련 정보를 제공하는 사내(전자)게시판 · 문화와 가치관 차이, 종교적 신념/의식 차이 존재 · 회사가 어려울 때 단결력이 부족함. **교육훈련** · 사내직업훈련, 외부 교육훈련, OJT	**노조** · 기업별노동조합 (55%) · 쟁의발생 無 **현지진출기업 당부사항** · 근로시간 및 잔업/기본 시간이 초과되는 경우 반드시 잔업 수당을 주어야 함. · 인도네시아의 문화와 종교를 인정하고 인도네시아인이 되어 생각한다면 큰 어려움이 없다고 판단됨.

	기업 개요	인사노무관리			노사관계
		고용관리	승진/보상관리	노무관리	
회사 9	**업종** :목재가공 **인원(명)** : 1,712명 **매출액($)** : 1억 **자본금($)** : 1천만	**채용** · 직원 추천이나 연고 및 대중매체 활용 · 채용 시 학력 및 연령, 숙련도 및 경력을 중시 **이직** · 이직률 0% · 자진 퇴사를 하게 되는 경우는 대개 가족 및 개인 신변 문제로 인한 퇴사임(이혼/재혼/부모님 간병/본인 건강 등)	**평가 및 보상** · 평가가 시행되고 있지 않음. · 임금: 호봉급(90%), 나머지(10%) · 평균초임 3,500($)/년 **동기부여 및 복리후생** · 고정상여금(보너스), 우수사원 표창 · 개인별 보상이 효과적 · 다양한 복리후생 제공	평균근무시간 72시간/주 **의사소통** · 경영자의 현장 순시, 부서/과, 팀/반별 정기적 회합, 정기적 소식지 발간, 사내 전자게시판 운영 · 노사관계에 대한 이해의 차이, 문화/가치관 차이 존재 · 가족중심 문화, 종족중심 문화가 매우 발달해 있어 회사일보다 더 중요시하는 경우가 많음. **교육훈련** · 사내직업훈련 · OJT	**노조** · 산업별노동조합(94%) · 쟁의발생 有 · 쟁의조정 정부는 조정능력이 떨어짐. 군부대나 경찰을 동원하여 치안을 확보한 뒤 노사간 직접 면담을 통해 협상해야 함.
회사 10	**업종** 합판제조업 **인원(명)** : 1,811 **매출액($)** : 9천 6백만 **자본금($)** : 3천 5백만	**채용** · 사무직은 직원추천이나 연고, 대중매체 활용, 생산직은 학교나 교육훈련기관 요청, 직원 추천이나 연고 활용 · 사무직은 학력 및 연령 중시. 생산직은 숙련도 및 경력을 중시 **이직** · 이직률 0.1% · 당사 지역에서 임금이 가장 많이 지급되는 관계로 이직이 없음.	**평가 및 보상** · 고과기준: 결근, 충성도, 숙련도, 창조성, 협동 · 고과결과: 임금인상, 승진/승급 결정에 영향, 비공개 승진: 현장에서의 통솔력, 충성도, 결근 등을 고려하여 결정 · 임금은 호봉급(100%) · 평균초임 2,780($)/년 **동기부여 및 복리후생** · 동기부여: 고정상여금(보너스), 각종 복리후생 · 조직 전체 차원의 보상/인센티브가 적합 · 다양한 복리후생 제공	평균 근무시간 65시간/주 **의사소통** · 경영자의 현장 순시, 부서/과, 팀/반별 정기적 회합 · 노사관계에 대한 이해의 차이 존재, 집단행동 성향 · 종교를 일보다 우선시, 개인 대소사가 일보다 우선시 **교육훈련** · 사내직업훈련 · 품질관리 교육 및 산업안전 및 보건 교육 실시.	**노조** · 전국단위 노동조합(100%) · 노사관계 매우 나쁨. · 쟁의발생 有 · 쟁의조정 현지 분쟁조절기관의 역할은 전무함. 따라서 노조와 대화로 풀어야 함. **현지진출기업 당부사항** · 현지인들과 인도네시아 노동법 적용 실태에 대해 100% 이해를 하고 진출해야 함.

<table>
<tr><th rowspan="2"></th><th rowspan="2">기업 개요</th><th colspan="3">인사노무관리</th><th rowspan="2">노사관계</th></tr>
<tr><th>고용관리</th><th>승진/보상관리</th><th>노무관리</th></tr>
<tr><td>회
사
11</td><td>업종
농장업(팜오일, 팜커르넬 생산)

인원(명)
: 2660

매출액($)</b>
: 3천 5백만

<b>자본금($)
: 2.7백만</td><td>채용
· 직원 추천 및 연고, 학교나 교육훈련기관에 요청
· 사무직은 직무지식 및 자격소지 여부. 생산직은 직원/관계자의 추천 중요하게 고려

이직
· 이직률 5%
· 원인: 임금 및 복리후생 등 처우문제</td><td>평가 및 보상
· 고과기준 : 작업숙련도, 작업태도, 기본평가, 처벌, 출근율
· 고과결과: 임금, 승진, 감봉에 영향
· 임금 구성: 호봉급(70%), 직능급(10%),직무급(10%), 업적급(10%)
· 승진: 필기시험 및 인사고과를 토대로 결정
· 평균초임 2,920($)/년

동기부여 및 복리후생
· 동기부여: 비정기적 상여금, 비금전적 보상, 각종 복리후생
· 개인별 작업팀별 보상이 적합
· 다양한 복리후생 제공</td><td>평균근무시간 57시간/주

의사소통
· 경영자의 현장 순시, 핫라인 운영, 부서/과, 팀/반별 정기적 회합, 사내게시판 활용
· 언어와 문화/가치관 차이, 노사관계에 대한 이해 차이 존재
· 종교 및 종족 관련 문제를 너무 크게 다루어서 업무를 뒤로 미루는 경우가 많음.

교육훈련
· N/A</td><td>노조
· 기업별노동조합 (26%)
· 쟁의발생 有
· 쟁의조정
노조대표기구와 협의

현지진출기업 당부 사항
· 노무관리 전문인력(현지인) 확보, 각종 노동관련 법규 이해, 언어숙달</td></tr>
<tr><td>회
사
12</td><td>업종
합판제조업

인원(명)
: 1,763

매출액($)</b>
: 5천 7백만

<b>자본금($)
: 3백만</td><td>채용
· 직원 추천 및 연고,
· 직무지식/자격소지 여부, 숙련도 및 경력 중시

이직
· 이직률 0.5%
· 원인: 개인적인 사유나 가족문제로 이직하기 때문에 이직률은 현저히 낮음.</td><td>평가 및 보상
· 고과기준: 작업숙련도, 근무태도, 학력, 출근율, 징계 횟수
· 고과결과: 임금, 승진, 승급, 교육 반영, 비공개
· 임금 구성: 호봉급(10%), 직능급(30%),직무급(30%), 업적급(10%)
· 평균초임 3,101($)/년

동기부여 및 복리후생
· 생산성 목표달성에 따른 성과급 및 비금전적 보상 등.
· 조직 전체 차원, 작업팀별 보상이 적합
· 다양한 복리후생 제공</td><td>평균근무시간 60시간/주

의사소통
· 경영자가 현장 순시하면서 근로자와 대화, 부서/팀별 회합.
· 언어 및 문화 차이, 노사관계에 대한 이해 차이
· 열대 지방의 특징상 게으르고 업무 처리가 느리며 책임감이 떨어짐.

교육훈련
· OJT</td><td>노조
· 기업별노동조합 (100%)
· 쟁의발생 有
· 쟁의조정
지속적인 대화

현지진출기업 당부사항
· 인도네시아 역사 및 문화에 관련된 자료 수집을 통한 사전 정보 습득 필요</td></tr>
</table>

	기업 개요	인사노무관리			노사관계
		고용관리	승진/보상관리	노무관리	
회사 13	**업종** 플라스틱 부품 제조업 **인원(명)** : 750 **매출액($)** : 1천 9백만 **자본금($)** : 2백만	**채용** · 민간 취업알선 업체 활용 · 사무직은 즉시활용 가능성. 생산직은 숙련도 및 경력 중시 **이직** · 이직률 1% · 원인: 근무강도나 작업규율	**평가 및 보상** · 고과기준: 근태 · 고과결과: 임금, 승진, 승급에 반영, 당사자 개인별 공개 · 임금구성: 호봉급(5%), 직능급(80%), 직무급(10%), 업적급(5%) · 평균초임 2,000($)/년 **동기부여 및 복리후생** · 우수사원 표창, 감사패, 고정상여금(보너스) · 개인별 보상/인센티브가 적합 · 다양한 복리후생 제공	평균근무시간 50시간/주 **의사소통** · 부서/과, 팀/반별 정기적 회합 · 노사관계에 대한 이해의 차이 존재 · 현지 근로자의 책임감 부족 및 프로의식 결여 · 맹목적인 종교 행위가 많음. **교육훈련** · OJT, 신입사원 교육, 품질관리 교육	**노조** · 노조 없음. · 쟁의발생 無 · 노조/대표기구를 인정하지 않고, 임금 및 단체교섭을 하지 않음.
회사 14	**업종** 의류(여성복) 제조업 **인원(명)** : 1,359 **매출액($)** : 4백만 **자본금($)** : 1.5백만	**채용** · 민간 취업알선 업체, 직원 추천 및 연고 활용 · 즉시활용가능성, 숙련도 및 경력 중요 요소 **이직** · 이직률 NA · 원인: 결혼, 임신	**평가 및 보상** · 고과기준: 사무직의 경우는 업무에 대한 전문지식 및 근무태도, 생산직의 경우는 기술적인 부분과 리더십 · 고과결과: 임금 결정에 반영, 당사자 개인별 공개 · 임금 구성: 호봉급(70%), 직능급(10%), 직무급(10%) 업적급(10%) · 평균초임 1,000($)/년, **동기부여 및 복리후생** · 생산성 목표달성/경영성과에 따른 성과급, 비정기적 상여금. · 개인별·팀별 보상이 효과적 · 건강보건, 급식, 교통비 지원	평균근무시간 45시간/주 **의사소통** · 경영자가 현장 순시하면서 근로자의 대화, 핫라인 운영 · 문화와 가치관 차이 존재 · 주인의식이 다소 부족함. · 개인으로 있을 때는 큰 문제를 일으키지 않으나 집단으로 행동할 때는 과격해짐. · 여러 사람 앞에서 질책당하는 것을 극히 싫어함. · 본인의 잘못을 잘 인정하지 않음.	**노조** · 산업별노동조합 (95%) · 쟁의발생 無 · 쟁의조정 우선 노조와 대화를 통해 해결함. **현지진출기업 당부 사항** · 수출을 하는 공장의 경우 현지 노동법뿐만 아니라 바이어가 요구하는 조건도 충족해야 하므로 선진국과 별 차이가 없음.

	기업 개요	인사노무관리			노사관계
		고용관리	승진/보상관리	노무관리	
회사 15	**업종** 의류제조업 **인원(명)** : 1,200 **매출액($)** : 1천2백만 **자본금($)** : 15만	**채용** · 대중매체, 직원 추천이나 연고 활용 · 숙련도 및 경력, 즉시 활용 가능성 중시 **이직** · 이직률 5% · 원인: 임금, 복리후생 등 처우문제	**평가 및 보상** · 고과기준: 사무직은 성실, 근태. 생산직은 숙련도, 성실, 근태 · 고과결과: 임금, 승진, 승급에 반영, 비공개 · 임금구성: 호봉급(10%),직능급(90%) · 평균초임 1,320($)/년 **동기부여 및 복리후생** · 동기부여: 고정상여금 및 경영성과에 따른 성과급, 각종 복리후생 · 개인별 작업팀별 보상 적합 · 의료서비스, 경조비 지원	평균근무시간 60시간/주 **의사소통** · 경영자의 현장 순시, 핫라인 운영 · 문화와 가치관 차이 존재 · 행동이 느림, 나태함, 창의성, 자발성 부족 · 애로사항: 언어, 문화, 종교, 인간관계 **교육훈련** · OJT	**노조** : 산업별노동조합(45%) · 쟁의발생 有 · 쟁의조정 회사노조 및 지역노조협회 위원들과 협의 **현지진출기업 당부 사항** · 현지 노동법 숙지, 투자 진행 과정 숙지 · 투자촉진법, 조세법, 관세법, 노동법, 산재보험법, Social compliance, 기타

▎자료 : 박영범 · 차종석 · 김소영(2008).

나. 이직 및 해고

이직률은 업종별로 차이가 난다. 특히, IT업체나 금융업체와 같이 대졸 고급인력이 많은 조직에서는 이직률이 높고, 의류 봉제업체나 장치 산업에서는 이직률이 높지 않다.

이직의 가장 큰 이유는 역시 임금 문제인데 더 많은 임금을 제공하는 기업으로 이직하는 인력을 잡기는 어렵다. 임금 등 처우문제 이외에도 근무 강도나 근무 분위기, 복리후생 및 시설 여건도 근로자들의 이직 결정에 영향을 준다.

인도네시아 신노동법은 근로자의 동의와 노사분쟁해결위원회, 노동부의 허가가 없는 해고는 엄하게 금하고 있기 때문에 범법 사실이나 중대한 과실이 아닌 경우를 제외하고는 사실상 어렵다. 또한 해고할 경우 많은 보상금(퇴직금 + 해고보상금 + 근속보상금 + 손해보상금)을 제공해야 하는 부담이 있다.

경고장 3번 이상 발급하는 경우 해고가 가능하기 때문에 일부 기업들은 근태 상황이 아주 안 좋은 사람에게 규정 위반에 해당하는 사항을 명확히 파악하여 연속적으로 경고를 하고, 자진 퇴사하는 방향으로 협상을 한다.

3. 육성관리

가. 승진

인도네시아에 진출한 대부분의 한국 기업이 승진 제도를 갖고 있다. 승진은 인사고과 결과뿐만 아니라 리더십 측면을 고려하여 이루어진다. 회사 2의 경우, 현장직은 조장 → 반장, 사무직은 계장 → 파트리더 → 그룹장으로 직위가 구성되어 있으며, 직책수당의 차이도 있다. 현지인 그룹장이 3명 있는데 앞으로 더 양성하고자 하고, 리더십과 애사심을 주로 보고 있다. 회사 6의 경우, 현장의 직급체계가 leader → foreman → supervisor로 이루어져 있는데, supervisor는 핵심 인력에 해당하는 것으로 15~20명의 부하를 관리하는 책임자이다. supervisor가 공석이 생기면 대개 foreman들 중에서 업무실적, 통솔력, 전문성을 기준으로 승진시킨다. 결정은 그 위의 현지 매니저가 다른 supervisor와 협의해서 결정한다.

한국인 관리직과 현지인 관리직으로 구성원 위원회를 조직하여 승진/승격에 관한 인사고과에 대해 협의하는 구조를 만들어 운영하는 기업도 있다. 승진 및 승격 결정에 대한 종업원의 납득을 쉽게 얻을 수 있다는 장점이 있다.

인도네시아 근로자들은 한국인만큼 승진에 민감하지 않다. 승진하는 것보다 임금인상에만 관심을 갖고 있다. 승진에 따른 책임이나 부담을 원치 않는다.

나. 평가

현지 근로자 평가에서는 평가자의 주관적 판단에 의한 것보다는 객관적인 사실에 근거한 평가가 요구된다. 업종이나 회사에 따라 차이는 있지만 기술직의 경우, 작업량, 작업의 질, 전문지식, 근무태도,

판단력, 직무태도, 성격 등을 평가 항목으로 사용한다. 하위 직급의 경우, 근태 상황에 높은 비중을 두고 평가하고 있다.

인사고과는 대개 1년에 한 번 실시하고, 고과기준은 기업에 따라 차이가 있지만 대부분 업적, 태도, 자질 및 역량을 반영하고 있다. A사는 1년 한 번 실시하지만 고과 시기가 개인마다 차이가 있다. 즉 개인별로 만 1년을 주기로 평가가 실시되어 사장은 3일에 한 번씩 직원을 평가하게 된다.

고과 결과는 대부분 임금 결정, 승진·승급 결정에 중요한 자료로 반영되어 있다.

조사대상 기업들 중에서 많은 기업이 고과 결과를 비공개로 하고 있으며, 일부 기업의 경우 결과를 당사자 개인에게 통보하고 있다. 고과 결과를 피드백(feedback)하는 경우, 현지인이 민감하게 반영하여 상사에게(심지어는 사장에게 직접) 자신의 평가 결과에 대해 의문을 제기하고 자신의 주장을 한다.

인도네시아인은 다른 사람을 나쁘게 평가하고 싶지 않은 성향 때문에 부하 직원 평가시 인사고과에 차이를 두는 것을 꺼린다. 따라서 현지 관리자에게 서로 경쟁하고 협력하여 능력을 향상시킨다는 취지를 충분히 설명하고 인사고과를 실시할 필요가 있다.

다. 보상

인도네시아인은 기본적으로 일한 대가로 받게 되는 임금을 근로의 대가라고 생각하기보다는 자신의 정신적·사회적 욕구를 충족시켜 주는 수단으로 받아들인다. 다시 말하면 신을 믿고, 인간으로서의 품위를 지킬 수 있는 물질적 바탕이라고 생각한다.

임금 결정의 기준은 기업에 따라 약간의 차이는 있지만, 대부분 근속 연수(호봉), 직무수행 실적(업적급), 직무별 가치(직무급), 직무수행 역량(직능급)이 골고루 반영되어 있다.

기본급 이외에 고정상여금(보너스), 비정기적 상여금, 경영성과에 따른 성과급, 우수사원 표창 및 감사패, 각종 복리후생을 제공하고 있다. 신노동법에 의하면 임금은 기본금 + 고정급(제수당)으로 하며, 기본급이 전체 임금의 75% 이상이 되어야 한다고 규정하고 있다.

동기부여 효과 측면에서 보면, 작업팀별 또는 소속 부서별 보상/인센티브를 제공하는 것이 효과적이다.

노조는 복리후생 제도에 민감하게 반영하는데, 대부분 기업들이 주거, 의료, 급식, 운동시설, 경조비, 교통비 지원 등 다양한 복리후생 프로그램을 제공하고 있다. 특히, 경조사 지원의 경우에 인도네시아 근로자들은 인간적으로 감동하는 부분이 있기 때문에 노사 신뢰관계 형성에 좋은 효과를 준다.

대부분의 현지 기업들은 구내식당을 갖고 있으며 급식을 제공하고 있는데, 급식의 질이 근로자들에게 여러 가지로 중요한 의미가 있다. 많은 경우, 노사분규도 급식 문제로 시작되는 경우가 많다. 인도네시아 사람들은 축구를 아주 좋아하는데, 축구장 같은 운동시설을 제공하는 것도 애사심을 높이는 데 기여하는 측면이 크다.

라. 교육훈련

많은 진출기업들은 교육훈련에 대단히 소극적이다. 노동집약적 기업은 교육훈련에 대한 투자가 거의 없고, 일부 중·대기업이나 IT 및 전자부품 기업들은 1인당 교육훈련 투자비가 연 평균 40달러 정도이다. 교육훈련 투자가 소극적인 기업들은 업무가 단순하기 때문이거나 또는 이직률이 높기 때문에 필요성이 없다는 주장을 한다.

일반으로 제공되는 교육훈련 프로그램은 신입사원 교육, 품질관리 교육, 산업안전 및 보건 교육 등이다. 신입사원 입문 교육은 신규 입사자를 조기에 적응시킨다는 측면과 채용이 확정된 인력의 능력과 자질을 최종적으로 확인한다는 측면을 동시에 갖고 계획된다.

그리고 외부 전문기관에서 개최하는 주제별 강좌에 참여할 수 있는 기회를 제공하고 있다. 그러나 일반적으로 외부 전문기관의 교육기회가 많지 않고, 충실한 내용 또한 기대하기 힘든 실정이다.

사내 변화관리 교육을 실시하는 기업들은 교육이 현지인의 긍정적인 마인드 고취 및 조직 변화에 많은 기여를 한다고 평가한다. B사의 경우, LG의 혁신학교 프로그램을 도입하여 현지인들에게 제공하였는데, 반응이 좋았다. 행동 변화를 통해 마인드 변화를 가지고 온 부분이 있었으며, 2년 동안에 전 사원들이 교육을 받았다. G사는 정기적으로 1박 2일 동안 현지 관리자들을 중심으로 매월 실적을 분석, 평가, 목표 설정을 하는 워크숍을 실시하고 있는데, 이 과정을 통해 현지 관리자들이 보다 책임감을 가지고 행동하고 있다.

4. 조직관리

가. 의사소통

한국 기업들이 현지인 근로자와 의사소통하기 위해 다양한 커뮤니케이션 방식을 사용하고 있다. 주로 사용하는 커뮤니케이션 채널은 전체 근로자와 회의, 정기적인 현장 순시, 핫라인 운영, 부서 및 팀/반별 정기미팅, 사내(전자)게시판 등이다. |표 2-2|의 회사 2는 커뮤니케이션 활동으로 법인장 중심의 경영 회의를 주 1회하는데 이때 영어로 회의를 한다. 현지인 그룹리더도 영어로 발표한다. 또한, 법인장의 지침은 인니어로 통역하여 전 사원들에게 전달되고 있다.

인도네시아에 진출한 기업의 한국인들은 언어 문제가 심각한 것 같지는 않다. 다만 문화나 가치관의 차이, 또는 의사소통 역량 부족으로 인하여 아래와 같은 문제가 발생하여 어려움을 느끼고 있다.

"한국에서 외대 나와서 인도네시아어 하더라도 언제 어디서 무슨 일이 생길지 모른다. 과거에 비 오는 날 공장 천장 구멍에서 물이 똑똑 떨어지는데, 현지 직원에게 올라가서 막으라고 지시했는데, 그 현지인은 자신을 원숭이 취급했다고 칼 들고 복수하겠다며 달려든 적이 있었다."

"한 사람만 있을 때 야단 치는 것은 다 받아들이지만, 여러 사람 앞에서 야단 치면 자존심을 상하게 했다고 죽음을 불사한다."

인도네시아인들은 보통 자라면서 부모들한테조차도 심한 꾸지람을 거의 듣지 않고 자랐기 때문에 외국인인 한국 관리자가 남들 앞에서 크게 꾸짖는 것을 인격적인 모독과 현지인에 대한 경멸이라고까지 오해할 수도 있다. 따라서 큰소리로 말하기보다는 설득력 있게 지시하여 이해시키는 것이 중요하다. 문제가 발생하면, 무엇이 잘못되었으며, 어디에 문제가 있는지를 차분하게 그리고 명확하게 설명해야 한다. 그리고 이렇게 하면 된다는 분명한 대응방안도 제시하여 주는 것이 바람직하다.

인도네시아의 문화/가치관에 대한 형식적인 정보(형식지)가 아닌 현장의 구체적인 경험(암묵지)을 많이 숙지하는 노력이 필요하다. 또한 역으로 한국인의 문화/가치관이 인도네시아인들에게 어떻게 이해되고 받아들여지고 있는지를 이해하는 노력이 필요하다.

나. 근무태도 및 문화적 차이점

현지 인도네시아 근로자들의 근무태도에 대해서는 조사 기업 대부분이 현재 큰 문제는 없으나 수동적 근무태도, 애사심 부족, 개인주의적 성향, 종교와 가정 중시, 집단주의 행동 등에 대해 대부분의 한국인 관리자들이 실망하고 있다.

시급을 다투는 중요한 일이 있어도 실무담당자가 해결하기 위한 최선의 노력을 하지 않고 방치하는 경우가 많으며, 지시를 하여야만 작업을 하고 책임의식이 부족하다는 것이 한국인 관리자들의 평가이다. 작업의 일정한 기준을 정해도 어느 정도 시간이 지나면 해이해지고 관리자의 감독이 소홀해지면 근로자의 근무태도가 나빠진다.

한국인에 비해 신속한 행동, 판단능력은 현격히 떨어지기 때문에 한국인 기준으로 볼 때는 다소 해이하다거나, 느슨하다고 볼 수 있지만, 전반적으로 볼 때는 현지인 고유 스타일로 생각할 수 있다.

애사심과 단결력이 상대적으로 저조하며 회사에 대한 애사심보다는 개인적인 욕구가 더 강하며 현지인 직원 간의 업무 협조가 잘 안 된다. 이와 같은 개인주의 성향은 결근이 많고 지각이 잦은 것으로 나타난다. 가족은 물론이고 이웃의 조그마한 일이 있어도 결근을 한다. 또한 종교의 영향을 많이 받으므로 작업보다는 종교 활동을 더 중요시 여기는 경우가 많다.

개인으로 있을 때에는 큰 문제를 일으키지 않으나 집단으로 행동할 때에는 상당히 과격해진다. 많은 사람들이 있는 곳에서 질책 당하는 것을 극히 싫어하고, 본인의 잘못을 잘 인정하지 않는 경향이 있다.

다. 노사관계

인도네시아 진출 한국 기업의 경우, 노동조합이 없거나 있더라도 대부분 강성노조는 아니다. 일부 기업은 노조/대표기구를 전혀 인정하지 않고, 임금교섭 및 단체교섭을 하지 않고 있으며, 일부 기업은 노조/대표기구를 활용하여 근로자와의 갈등을 해결하는 데 도움을 받고 있다.

노동쟁의 발생 시 현지 분쟁조정기관의 역할이 전무하다고 할 수 있다. 당사 소재 지역의 노동지소는 당사의 노조를 통제하는 것이 불가능하다. 따라서 회사가 직접 노조와 대화를 통해 풀 수밖에 없다.

종족별로 살펴보면, 기본적으로 먼 지역 출신자들은 공장 내에서 자체적인 비공식 그룹을 형성할 가능성이 높다. 수마트라 출신자들은 노동운동 참여가 두드러진 반면 대체로 중부 자바 출신 인력들은 성실하다고 알려져 있다. 결집력이 강하고 적극적인 바탁족은 각 부문별로 분산 배치하면 조직에 활기를 불어넣을 수 있다.

|표 2-2|의 회사 2는 원활한 노조관계를 유지하기 위한 활동으로 연 1회 정기회의(노무담당자와 노조), 공장의 조직 활성화(공장의 총괄) 활동 등을 실시하고 있다. 1회 정기회의에서는 '제 역할 다하기', '회사 생존을 위한 노조의 역할'과 같은 주제로 노조 임원들에게 발표하도록 하는데 회사 측에서 세부 실행계획을 수립하는데 많은 도움을 주고 있다.

제3장

베트남 :

2007

베 트 남
2007

제3장 베트남 : 2007년[1)]

1. 경제 및 노동환경

베트남은 중국과 함께 사회주의 체제를 유지하면서 적극적인 대외개방정책을 통해 시장경제와 사회주의경제 체제를 혼합하는 경제 및 사회개발을 추진하고 있는 국가 중의 하나이다.

1980년대 도이모이개혁을 추진한 이후 경제가 급속히 성장하여 지난 10년간 연평균 8%대의 경제성장을 시현하여 1인당 GNP가 10년간 2배 증가하였다. 베트남은 아세안 4국 및 중국에 비해 사회간접시설, 시장 접근성 및 법적 · 조세적 제도의 투명성 측면에서는 열세에 있으나 안정된 사회 · 정치 환경, 충분한 성장 잠재력에서 매력적인 투자 지역으로 부상하여 2000년대 초반까지 괄목할 만한 외국인 투자유치 실적을 구현하고 급성장하였다[2)].

---

1) 박영범 · 정명호 · 김소영(2007)의 일부 내용을 발췌하고 정리하여 약간의 내용을 추가하였다.

2) 글로벌 금융위기에도 불구하고 베트남 경제는 2009년에 5.32% 성장하였다.

한국 기업들의 베트남 투자 실적은 2005년 현재 프로젝트 건수(누계기준 1,042건)로는 대만에 이어 2위, 실행액(24억 달러) 측면에서는 4위로서 상대적으로 소규모이지만 활발한 투자가 이루어지고 있다[3].

2006년 2월 외국인 투자기업에 대한 최저임금이 40% 대폭 인상되었으나 여전히 중국, 태국 등에 비해 낮은 수준이다. 2006년 근로자 월평균 임금은 135달러(2005년 물가기준)이며 임금은 연평균 10% 수준으로 상승하고 있다. 베트남의 최저임금 제도는 국내 기업과 외국인투자기업의 최저임금이 다른 이원적인 시스템으로 이루어져 있다.

최근 인도, 방글라데시, 캄보디아 등 주변 국가들이 경제개발에 박차를 가하고 있으며, 평화적 정권교체에 성공한 인도네시아 등이 저렴한 인건비라는 베트남의 장점에 경쟁국으로 부상하고 있다.

노동가능 인구가 연평균 2.5%로 빠르게 증가함에 따라 일자리창출이 중요한 정책과제로 부각되고 있다. 매년 100만 명 이상의 인구가 늘어나고 있다.

정부의 고속성장 정책, 노동력 해외수출 등에 힘입어 2006년에 신규 고용창출이 160만 명이나 되었다. 이에 따라 실업률이 2002년 6.0%에서 지속적으로 감소하여 2005년 5.3%, 2006년에는 4.4%까지 감소하였다.

풍부한 노동력에도 불구하고 호치민 등 남부 지역에서는 인력부

---

3) 프로젝트 실행액은 누계기준으로 2009년 현재 205억 달러로 일본에 이어 2위로 올라섰다.

족현상이 나타나는 등 고용시장의 지역 편차가 크다. 특히 엄격한 호적등록 제도로 거주이전의 제약, 지역별 산업단지 조성 등으로 임금이 적어도 생활비가 적은 고향 인근 회사에 취업하는 노동자가 증가하면서 외국인 투자가 많은 남부 지역에 원활한 노동공급이 이루어지지 못했기 때문이다.

양질의 노동인력을 공급하기 위해 2006년 베트남 정부는 직업훈련에 전년대비 30% 증가한 2,300만 달러를 투자하였다. 전국에 1,900개의 직업훈련기관이 있으며 작업훈련 이수자는 134만 명이며 2007년 직업훈련 목표는 140만 명이다.

2006년 11월 국회에서 '직업훈련법'을 제정하였는데 이 법은 직업훈련기관의 설립 주체, 운영 자율권, 직업훈련기금 조성 등에 외국자본에 문호개방, 훈련비 자율책정, 직업훈련 사업주에 세금경감 등 상당히 혁신적인 내용을 포함하고 있다.

노사관계도 아직 초보적 수준으로 대결적 노사문화가 존재한 적이 없기 때문에 노사관계는 안정적이다. 1995년 노동법이 시행된 이후 합법 파업은 (조사 시점인 2006년까지) 한 건도 없으며, 현재까지는 노동조합을 통하지 않는 작업거부 등 농성 수준의 파업만이 있어왔다. 이는 파업에 돌입하기까지 20일을 기다려야 하는 복잡한 절차, 기업경영에 우호적인 노조 등에 기인한다.

베트남의 노동조합은, 정부와 기업에 대해 대립/투쟁적이 아닌 화해/협력적인 관계이다. 사회주의 속성상 공산당/노동당과 노동조합이 사실상 동일체이기 때문에 베트남 노동법의 체제도 노사 대립이 아닌 노사간 협력의 패러다임을 갖고 있다. 대부분의 경우 한국식 강성노조는 찾아볼 수 없다. 노동조합은 정부 정책에 따라 노동자를 통제하는 정부 기구로서의 성격이다. 그렇지만 아직도 한국의 과격 노조 이미지 때문에 베트남 내에서 노동조합을 허락하지 않는 기업들이 베트남 정부의 감시대상이 되고 있다.

베트남 노동법은 노동자에 대한 법적 보호, 인권/인격에 대한 보호는 대단히 잘 되어 있지만 기업인에게 유리한 측면이 많다. 베트남 노동법에 파업권이 보장되어 있지만 베트남 근로자들에게 파업은 아직도 낯선 개념이다. 베트남 근로자들의 파업은 노동조합의 지도 아래 발생하는 일은 거의 없다. 또 노동법에 규정된 절차를 제대로 지키지도 않는다. 파업에 대한 법률 규정은 매우 엄격하여 합법적 파업은 대단히 힘들다고 할 수 있다. 파업을 결정하는 절차도 대단히 엄격히 규정되어 있다.

노사분규의 주요 원인은 임금체불, 잔업수당 및 상여금 문제, 과다한 잔업시간 및 근무목표 할당 등 경제적 이유와 일방적 해고, 인격모독, 문화적 차이에서 오는 갈등 등이 있다. 노사분규가 발생하는 경우 지역노동연맹, 지방노동관서, 투자기획부, 경찰 등 관계 직원이 사건을 조사하여 적절하게 중재하는 방식으로 문제가 해결되고 있다.

2006년 11월 노동법 개정안이 국회를 통과 (2007년 7월부터 적용)하였는데 개정 법률은 지금까지의 법령상 근거가 없었던 분쟁해결 절차를 공식화했으나 노사관계는 특별히 달라진 점이 없는 것으로 평가된다.

2. 고용관리[4)]

가. 채용

1) 채용 및 구인 수단

각 기업이 독자적으로 근로자를 직접 모집하거나 TV, 라디오, 신문, 잡지광고 또는 개인적인 접촉방법, 학교나 국가기관을 활용하고 있다. 일부 민간 취업알선업체(headhunter)를 활용하기도 한다.

과거에는 베트남 내 외국기업체, 기관, 조직 및 개인이 베트남 근로자 고용을 원하는 경우 반드시 인력공급 조직을 통해야만 고용이 가능하였다. 외국인 투자기업이나 개인이 베트남 근로자를 채용할 경우 지방인민위원회에서 설립한 인력공급 조직에 요청하였고, 외국공관, 국제기구 또는 이에 속한 개인이 베트남 근로자를 채용할 경우 외교부 산하의 인력공급 조직에 요청하였다.

주된 채용 수단은 생산직과 사무직에 따라 약간 상이하다. 단순생산직의 경우, 인력공급이 부족하고 이직이 심한 편이기 때문에 단순히 회사(공장) 앞에 공고문을 게시하여 이를 보고 찾아오는 지원자

4) 현지 기업의 인사 및 노무관리 실태 파악을 위해 약 150여 개 기업에 설문지를 배포하였으며, 이 중 18여 개 기업으로부터 설문지를 회수하였다. 베트남 현지방문은 2차에 걸쳐 이루어졌다. 1차로 2007년 4월 호치민, 하노이시를 방문하여 베트남 노동부 등 관계기관, KOTRA 무역관, 한국진출기업을 방문하여 사전 조사를 하였다. 2차로 연구진이 2007년 6월 호치민을 방문하여 동 지역의 대표적인 한국 기업 7개 기업의 대표자와 심층면접을 시행하였다.

들을 간단한 면접이나 테스트를 거쳐 채용하고 있다. 1970년대 경제개발 시대의 국내 공단 상황과 유사하다.

사무직의 경우 민간 취업알선업체(headhunter)나 국가기관에 요청하는 경우도 상당히 있다. 취업알선업체에서 인력공급을 받는 경우는 정해진 견습기간(통상 2개월)을 지나면 약 15%의 수수료를 지급하고 있다. 그러나 알선업체의 인력의 질이 특별히 우수한 것은 아니며, 오히려 일부 업자의 경우 알선한 근로자들을 한꺼번에 빼내 다른 곳으로 이직시키는 경우도 있으므로 주의가 필요하다. 헤드헌팅 회사를 이용하는 경우, 공급하는 인력이 질에 비해 요구 수준이 높은 편이다. 고급인력의 경우 헤드헌터를 쓰는 것이 좋다. 최근에 활성화되기 시작한 인터넷의 채용 사이트를 활용하는 기업이 늘어나고 있다.

각 기업이 입사지원서에 필요한 사항을 기재토록 한 후, 자체 인터뷰 및 선발 절차를 이용하여 서류심사, 기술, 인성테스트 및 면접 등을 실시하고 있다. 면접의 경우 그룹면접(생산직)이나 1:1면접(대졸 사무직)을 한다.

생산직의 경우 일반적으로 채용공고를 통해 지원한 지원자들의 서류에 문제가 없을 경우 면접 후 2개월간 채용하여 특별한 문제가 없으면 정해진 기간 동안(예: 1년) 노동계약을 체결한다. 현행 베트남 노동법상 1~3년 기간의 근로계약은 1회에 한하여 연장되고 그 이후는 사실상 종신 고용된다. 면접은 과거 타사 근무경력, 기술수준 등을 간단히 묻고, 필요한 경우 능력을 테스트하기도 한다. 그러나 대부분의 생산직은 단순업무이기 때문에 특별한 기술이 없더라도 문제가 되지 않는다.

삼성전자와 같은 대기업의 경우 사무직에 한해 국내와 동일한 채용 과정을 거치고 있다. 그러나 아직까지 채용이 전사적인 주요 문제라기보다는 인원이 필요한 부서의 결원을 충원하는 수준의 문제로 처리되고 있다. 생산직과 사무직 모두 채용공고 · 1차 면접 · 2차 면접 · 신체검사이며, 사무직은 같은 절차에 삼성적성검사(SSAT)가 추가된다. 적성검사는 2차 면접 후 합격된 시점에서 결격 사항의 필터링(filtering) 개념이며, 5～10%가 탈락한다. 생산직은 필요인원을 생산관리 담당자에게 신청하면 인사팀이 인원을 공고하고, 입사지원자를 면접한 후 신청부서에 배정한다. 사무직은 생산직과 동일하나 생산관리 총책임자 및 법인장의 최종 면접 후 신청 부서에 배정한다.

건강진단은 체질이나 체력 등이 채용 후 문제가 될 수 있으므로 반드시 실시하고 전과나 범죄기록 조회도 필요한 사항이다

이직률이 높기 때문에 면접 시 1차 필터링이 중요하다. 그러나 면접의 예측력은 거의 없다. 지원자들이 고용기회가 많기 때문에 면접에 대비한 준비를 거의 하지 않으며, 경력이나 기술수준을 허위로 대답하는 경우도 있다.

많은 기업에서 생산직 채용 시 가장 중요한 고려 사항은 '즉시 활용가능성'이다. 현재 인력수급이 곤란하고 채용 후에도 이직이 많아서 결원이 생겼을 때 즉시 채용 후 즉시 활용하는 것이 필요하기 때문이다. 숙련도나 경력 역시 중요한 요소이지만 단순생산직의 경우 쉽게 필요한 기술습득이 가능하기 때문에 채용 후 바로 활용할

수 있는 인력이 더 중요하다고 할 수 있다. 기업에 따라 선발 기준의 중요도가 조금씩 차이가 있다.

보다 장기적인 근무기간을 기대하는 사무직의 경우에는 '조직에의 적합성'을 가장 중요한 요인으로 응답한 기업이 많다.

생산직의 경우도 진출 초기에 이직 문제로 곤란을 겪은 기업일수록 조직 적합성을 중시한다. 한 제조업체의 경우 어느 정도의 기술수준이 필요해서 신규인력을 한국에 연수를 보내 기술을 습득하도록 했는데 이후 타 업체로 이직을 경험한 후 조직적합성 위주로 채용하고 있다.

그러나 조직적합성을 알아보는 구체적인 방법은 미흡해 보이고 아직은 출신지역, 과거 근무경험 등을 통해 유추하는 수준이기 때문에 다른 선발요소에 비해 특별히 변별력이 있다고 생각되지 않는다.

외지인과 현지인 중 어느 쪽을 선호하는지의 여부는 기업별로 다르다. 어떤 기업는 명절 귀향(歸鄕) 이후 복귀하지 않는 근로자들 때문에 인근 지역 출신을 선호하는 데 반해 다른 기업은 외지인을 더 선호한다. 외지인을 선호하는 기업은 공장 지역이 호치민 외곽지역이므로 근로자들이 거칠고 생계에 연연하지 않는 측면이 있다는 것을 이유로 제시한다.

주로 무경력자를 채용하고 있는 기업도 있었다. 과거 국영기업 출신자들은 사회주의적 습성 때문에 활용 가치가 높지 않다고 판단하고 있기 때문이다.

진출 기업들이 인력 채용과 관련된 애로사항은 크게 두 가지로 나누어 볼 수 있다. 첫째는 전반적인 베트남 투자 과열로 인력난이 심각하다는 것이고, 둘째는 베트남 근로자들의 개인 특성 및 태도와 관련된 것이다.

현재 베트남 일부 지역(특히, 호치민)을 중심으로 저임금 인력의 구인난이 실화되고 있으며, 향후 높은 임금인상 요인으로 작용할 것이다. 호치민 일대의 경우 지금까지 대부분 산업 기반이 취약한 중부 농촌 지역으로부터 인력 조달을 하였으나 현재는 중부와 북부에 공장이 많이 설립되어 인력난이 심해졌고 향후 인력난이 더욱 심각하여 질 전망이다. 특히, 숙련노동자와 중간관리자를 구하기가 어렵다는 점이 애로사항이다. 관리자들의 경우 채용에도 어려움이 있으나 이직을 하지 않도록 하는 것이 더 어려운 일이다.

삼성전자의 경우, 차장급, 과장급 중간관리자의 우수인력 확보가 관건인데 이직이 많다. 삼성에서 나간 사람이 주로 가는 곳은 유니레버 등 글로벌기업 혹은 IT기업으로서 이직을 방지하기 어렵다. 현재 베트남어로 관리할 수 있는 관리자가 매우 절실한 실정이다. 삼성전자가 국내에서의 인식과는 달리 베트남 현지에서는 글로벌 기업들에 비해 열등한 중소규모 회사로 인식되고 있다.

노동집약적 업종의 경우 한국 기업들끼리 숙련인력 채용 경쟁 및 기존 인력의 스카웃 등이 일어나고 있으나, 현지 진출 기업 간의 조정도 원활하지 않다. 한국 기업들의 투자협의회 등에서 조정을 하는 것이 하나의 방안이나 잘 되고 있지 않다. 반면에 대만 기업들은 협의를 통해 서로 간에 인력을 빼가는 것은 하지 않고 있다.

진출 기업들은 베트남 근로자들의 개인주의적 성향과 낮은 근로의욕 등을 문제점으로 인식하고 있다. 대부분의 기업들이 근로자들의 소극적인 근무태도와 정신자세, 애사심 부족 등에 애로를 느끼고 있다.

나. 이직

이직률은 기업별로 상당히 편차가 큰 편이다. 대체로 진출 초기 기업은 매우 높은 이직률을 보이고 있고, 상시적으로 인력 조달에 골몰하고 있다. 현지 경험이 오래된 기업들은 나름대로 이직 원인을 파악해서 필요한 대처를 하고 있기 때문에 이직률을 낮은 수준으로 유지하고 있다.

이직 원인은 표면적으로는 다양하게 나타난다. 예를 들어 한 기업이 이직 원인을 파악하기 위해 퇴사자 설문조사를 해본 결과, 임금 문제가 30% 정도이고, 그 밖에 귀향(歸鄕), 학업 등이 있으며, 의사소통 문제, 강압적인 근무규율 등이 파악되었다. 한국인 관리자가 욕을 잘하기 때문에 베트남인들이 기피하는 경향도 있다.

이직의 근본적인 배경은 인력난(공급부족)이며, 특히 입사 초기에 이직이 많다. 신규 진출 기업의 경우 재무적인 여유가 부족하기 때문에 업계 평균 이상의 임금을 지급하기 힘들고, 따라서 근로자들의 출신 지역 안배 등으로 소극적인 이직 대책을 갖고 있으나 근본적인 대책이 되지 못한다. 삼성전자와 같은 기업도 상당히 높은 이직률을 보이고 있다.

이직률이 낮은 기업들은 선제적인 임금 인상이나 근로자들의 경력기간 활용 등으로 이직 관리를 하고 있다.

귀향 후에 복귀하지 않는 근로자들이 상당수 있고, 고향(연고)이 같은 근로자들은 그룹을 지어 이동하는 경향이 강하기 때문에 회사로부터 원거리에 고향을 둔 근로자보다는 회사 인근 지역 출신 근로자를 고용하면 어느 정도 이직을 줄일 수 있는 측면이 있다. 연고지에서의 공장 설립으로 연고지를 찾아가는 경우는 대안이 없다.

귀향 등은 표면적인 이유이고, 근본적인 원인은 역시 임금 문제인데 이직을 막기 위해 임금을 올릴 경우 기존 종업원의 임금도 함께 올려야 하기 때문에 쉽지 않은 부분이다. 능력이 있는 사람은 보다 높은 임금을 제공하는 기업으로 신속하게 이동하고 현장의 생산인력도 신입공을 벗어나면 경력입사를 통한 임금인상 요인으로 이직이 심하게 발생하고 있다

다. 해고

베트남은 사회주의 국가로서 노동자 권익보호에 신중하므로 노동법에 일시해고 요건 등이 규정되어 있지만 사실상 해고가 매우 어려운 실정이다.

해고 시 가장 중요한 점은 법적 근거 마련이고 노조의 합의 및 노동법에 부합되어야 한다. 심지어 적법한 해고일지라도 노조와 마찰을 일으킬 수 있다. 따라서 법에 근거한 해고와 증빙서류 보관이 중요하다.

부득이하게 해고가 필요한 경우에는 근로자 본인의 잘못이 있어

시인서나 진술서를 받아두어야 한다. 근로자의 잘못이 있으면 즉시 진술서(report)를 받아 이를 근거로 삼고 노조와 징계위원이 위원회를 열어 처리한 후에 정부 부처의 노조, 노무담당 부서에 신고해야 한다. 즉 특별한 사유와 물적 증거, 본인의 인정이 있어야 안전하다. 특히 해고 시의 유의사항은 외국 기업이므로 법을 철저히 지켜야 한다는 것이다.

그러나 베트남 근로자들은 자존심이 매우 강하고 잘못을 인정하지 않으려 하기 때문에 쉽지 않다. 현행범이나 물증이 확실한 경우를 제외하고는 본인의 잘못에 대한 인정을 받기 어렵다.

법적인 해고 사유가 미흡하기 때문에 사규에 의해 해고 기준을 만들면 해고를 할 수는 있으나 이 또한 쉽지 않다. 어느 진출 기업은 사규에 경고장을 3회 받으면 해고가 가능하도록 규정했으나 근로자들이 규정을 잘 이용하여 실질적으로 이 규정을 적용할 수 없다.

일부 기업은 약간의 편법으로 해고를 하거나, 해고한 후 벌금을 내는 경우도 있다. 한 기업은 인사고과 결과가 나쁘면 계약기간이 만기된 직원에 대해 재계약을 하지 않고, 공식적인 해고는 하지 않으며 다른 방법을 사용한다. 예를 들어, 총무부로 전직을 시켜 해고를 유도하는 경우도 있다.

| 표 3-1 | 베트남 진출기업의 고용관계 실태 (2007년)

	기업 개요	인사노무관리			노사관계
		고용관리	승진/보상관리	노무관리	
회사 1	**업종** 제약업 **인원(명)** : 361 **매출액($)** : 7,230 **자본금($)** : 1억4천만	**채용** · 대중매체 및 교육훈련기관을 통해 구인 · 사무직은 학력 및 연령, 직무지식 / 자격소지, 생산직은 직무지식/자격소지, 숙련도 및 경력 기준으로 채용 **이직** · 이직률 30% · 이직원인: 고용불안과 장기적 비전 부재	**평가 및 보상** · 인사고과: 사무직, 생산직 적용. 생산직은 근태, 업무수행 능력에 따라 평가. · 승진: 업무능력 및 경력에 따라 결정 · 평균초임 680($)/년 **동기부여 및 복리후생** · 생산성 목표달성에 따른 성과급, 우수사원 표창, 복리후생 등 사용. 작업팀별 보상이 적합 · 경조비, 교통비 지원	평균근무시간 45시간/주 **의사소통** · 부서/과, 팀/반별 정기적 회합, 경영자와의 핫라인 운영 실시. · 문화/가치관 차이 有 · 현지인 근로자의 책임감 및 숙련도 부족으로 인한 생산효율의 저하. · 수동적이며 느림. **교육훈련방식** 사내직업훈련, 선임/동료 근로자 간의 비공식 현장훈련 실시	**노조** · 기업별 노동조합 (50%) · 쟁의발생 無 · 쟁의조정절차 :노사대표&노동중재위원회 조정
회사 2	**업종** 레미콘 제조업 **인원(명)** : 160명 **매출액($)** : 600만 **자본금($)** : 360만	**채용** · 대중매체와 직원 추천 및 연고 이용 · 숙련도 및 경력 고려, 생산직은 조직 적합성을 중시 **이직** · 이직률은 1% 미만	**평가 및 보상** · 전직종 인사고과 적용. 잘못을 감점하는 단순한 방식. 임금인상, 승진결정에 활용 · 승진: 업무능력 및 경력 · 임금 구성: 호봉급(10%), 직능급(70%),직무급(10%) 업적급(20%) · 평균초임은 1,200($)/년 **동기부여 및 복리후생** · 동기부여: 고정/비정기 상여금, 경영성과에 따른 성과급과 각종 복리후생을 사용. 조직 전체 차원의 보상 적합. · 급식 등의 식사제공과 경조비 지원	평균근무시간 80시간/주 **의사소통** · 부서/과, 팀/반별 정기적 회합, 경영자가 정기적으로 현장 순시하면서 근로자와 대화 · 언어문제 존재 · 지속적으로 체크하고 시정해야 함. · 적극적이지 않음. **교육훈련** · N/A	**노조** · 지역별노동조합 (100%) · 쟁의발생 無 **현지진출기업 당부사항** · 한국적 노조관념 버릴 것 · 노동집약적 사업은 현지의 고용 및 노무관리지침수용 · 비노동집약적 사업일 경우 숙련공 모집에 애로사항 있음: 현지근로자의 한국 연수 통한 교육 고려

	기업 개요	인사노무관리			노사관계
		고용관리	승진/보상관리	노무관리	
회사 3	**업종** 의류제조업 **인원(명)** : 2,400명 **매출액($)** : 1,752,000 **자본금($)** : 8,259,515	**채용** · 직원 추천 및 연고, 대중매체 이용 · 사무직: 숙련도/경력, 학력 및 연령 · 생산직: 숙련도/경력, 직원/관계자 추천 순서로 중시 **이직** · 이직률 11% · 원인: 임금, 복리후생을 비롯한 근무 강도 등의 전반적인 문제	**평가 및 보상** · 인사고과 주요기준은 근무태도와 자질 및 역량 · 임금 구성: 호봉급(80%), 직능급(10%),직무급(5%), 업적급(5%) · 평균초임 950($)/년 **동기부여 및 복리후생** · 동기부여: 고정상여금, 비금전적 보상과 복리후생 사용. 작업팀별 보상 적합 · 건강보건 비용과 경조비, 식사 제공	평균근무시간 60시간/주 **의사소통** · 최고책임자와 전체 근로자와의 회의 및 부서/과, 팀/반별 정기적 회합 · 언어문제와 문화적 차이 어려움 · 회사에 대한 충성도가 낮음 **교육훈련방식** · 외부 교육훈련	**노조** · 기업별노동조합 (38%) · 쟁의발생 有 **현지진출기업 당부 사항** · 현지 언어, 문화, 법 숙지 · 한국적 사고 탈피
회사 4	**업종** 이동통신업 **인원(명)** : 1,200 **자본금($)** : 2억	**채용** · 대중매체 및 민간 취업알선 업체 이용 · 채용 시 숙련도/경력, 직무지식/자격소지 순으로 중시 **이직** · 원인: 임금, 복리후생 비롯한 고용불안, 장기비전 부재 등의 전반적인 문제	**평가 및 보상** · 업적, 자질 및 역량 등 종합평가로 임금, 승진, 해고 등 분야에 활용 · 임금 구성 : 호봉급(20%) 직능급(30%),직무급(30%), 업적급(20%) · 평균초임 2,500($)/년 **동기부여 및 복리후생** · 비정기적 상여금, 경영성과에 따른 성과급을 비롯한 금전적/비금전적 보상 및 복리후생 사용. 작업팀별 보상이 효과적이라고 생각. · 건강보건 비용과 경조비 지원	평균근무시간 40시간/주 **의사소통** · 부서/과, 팀/반별 정기적 회합, 근로자 설문조사 실시. 문화와 가치관 차이의 문제 존재 · 신뢰도 책임감 떨어짐 **교육훈련방식** · 사내직업 훈련 및 외부 교육훈련	**노조** · 기업별노동조합 (90~100%) · 쟁의발생 無

	기업 개요	인사노무관리			노사관계
		고용관리	승진/보상관리	노무관리	
회사 5	**업종** 이동통신업 **인원:** 55명 **자본금($)** : 2억4천만	**채용** · 대중매체 이용 · 숙련도/경력, 조직 적합성 순으로 중시 **이직** · 이직률 15% · 원인: 업무 부적응.	**평가 및 보상** · 인사고과는 사무/관리직에 적용. 업적, 근무태도, 역량 등 종합평가 · 승진: 공석 발생, 연간 평가 통한 승진 및 임금인상 · 임금 구성 : 호봉급(20%), 직능급(30%), 직무급(30%), 업적급(20%) · 평균초임 2,400($)/년 **동기부여 및 복리후생** · 고정/비정기 상여금, 경영성과에 따른 성과급을 비롯한 복리후생 사용. 개인별 보상이 적합 · 건강보건 비용과 경조비 지원	평균근무시간 40시간/주 **의사소통** · 부서/과, 팀/반별 정기적 회합도모. 문화와 가치관 차이, 언어 문제 존재 · 애로사항: 애사심, 책임감 떨어짐. **교육훈련방식** · 사내직업훈련	**노조** · 없음 **현지진출기업 당부 사항** · 현지 언어, 문화, 법 숙지
회사 6	**업종** 봉제완구 제조업 **인원(명)** : 2,050 **매출액($)** : 1,800만 **자본금($)** : 500만	**채용** · 민간취업알선업체, 직원 추천/연고 이용 · 사무직: 직무지식/자격소지 및 조직 적합성, 생산직: 숙련도/경력과 즉시 활용 가능성 순으로 중시 **이직** · 이직률 15% · 원인: 처우문제 및 관리방식에 대한 불만, 귀향(결혼)	**평가 및 보상** · 사무/관리직 인사고과. 자질 및 역량 순으로 평가. 임금에 활용 · 승진: 공석 발생, 연간 평가 통한 승진 및 임금인상 · 임금 구성: 호봉급(85%), 직능급(5%), 직무급(5%) 업적급(5%) · 평균초임 2,400($)/년 **동기부여 및 복리후생** · 생산성 목표달성에 따른 성과급, 고정상여금, 경영성과에 따른 성과급 실시 · 소속부서별 보상이 적합 · 건강보건 비용과 경조비, 교통비 지원	평균근무시간 56시간/주 **의사소통** · 부서/과, 팀/반별 정기적 회합도모. 문화와 가치관 차이, 언어 문제 존재 · 언어문제, 책임의식 부족 **교육훈련 N/A** · 단순업무	**노조** · 기업별노동조합 (100%) · 쟁의발생 有

	기업개요	인사노무관리			노사관계
		고용관리	승진/보상관리	노무관리	
회사 7	**업종** 전시장임대 및 관련 서비스 **인원(명)** : 3명 **자본금($)** : 300만	**채용** · 대중매체 및 직원추천이나 연고 이용 · 사무직: 학력/연령, 숙련도/경력, · 생산직: 숙련도/경력과 조직 적합성	**평가 및 보상** · 근무태도, 자질 및 역량 등으로 인사고과 실시. 초기 3년 후 연봉 승급 및 이후는 연봉협상 · 임금 구성 : 호봉급(30%) 직능급(30%),직무급(10%) 업적급(30%) · 평균초임 3,600($)/년 **동기부여 및 복리후생** · 고정 상여금 및 각종 복리후생 제공. 작업팀별 보상이 적합 · 사택, 식사제공 및 경조비, 교통비 지원	평균근무시간40시간/주 **의사소통** · 부서/과, 팀/반별 정기적 회합, 근로자 설문조사 실시. · 문화/가치관 차이 존재 · 관리상의 애로사항 : 사업 이해도 부족 · 문화적 차이점 : 외국 회사에 대한 지나친 기대 **교육훈련** · N/A	**노조** · 노조 없음 · 쟁의발생 無
회사 8	**업종** 의류제조업 **인원(명)** : 2,828 **매출액($)** : 4,237,000 **자본금($)** : 204만	**채용** · 대중매체와 직원 추천 및 연고 이용 · 사무직은 학력 및 연령, 생산직은 숙력도 및 경력 중시 **이직** · 이직률: 19.8% · 원인: 임금, 복리후생 등 처우 문제	**평가 및 보상** · 인사고과 시행 안함. · 승진: 사규 및 임금체계에 따름. · 임금 구성: 호봉급(5%), 직능급(60%), 직무급(30%), 업적급(5%) · 평균초임은 652.5($)/년 **동기부여 및 복리후생** · 생산성 목표달성에 따른 성과급 사용. 작업팀별 보상이 적합 · 의료서비스 비용 및 급식 등의 식사 제공	평균근무시간 60시간/주 **의사소통** · 부서/과, 팀/반별 정기적 회합, 근로자 설문조사 실시. · 언어문제로 인한 업무전달의 어려움과 현지인의 책임감 부족이 애로사항 · 문화적 차이점: 수평개념에 익숙해 있어 상하관계 확립이 어려움. **교육훈련** · N/A	**노조** · 지역별노동조합 (99%) · 쟁의발생 有 · 쟁의조정 방법: 노조가 대표성 갖는 경우가 드물기 때문에 관공서통해 근로자 의견 수렴·조정 **현지진출기업 당부 사항** · 배트남의 노동법 및 관행 숙지 · 인사노무 관리자는 경험 풍부하고 현지어 가능한 한국인이 적합.

	기업 개요	인사노무관리			노사관계
		고용관리	승진/보상관리	노무관리	
회사 9	**업종** :조리기구 제조업 **인원(명)** : 361명 **매출액($)** : 100만 **자본금($)** : 500만	**채용** · 대중매체 및 민간취업알선 업체 활용 · 채용 시 숙련도 및 경력을 가장 중시 **이직** · 이직률 20% · 원인은 관리방식에 대한 불만과 고용불안 및 장기적 비전 부재	**평가 및 보상** · 인사고과 실행 안함. · 임금 구성: 호봉급(70%), 직능급(20%), 업적급(10%) · 평균초임 600($)/년 **동기부여 및 복리후생** · 생산성 목표달성에 따른 성과급 및 복리후생 등 사용. 개인별 보상이 효과적 · 사택 및 의료서비스 비용, 구내식당, 경조비 제공	평균근무시간 48시간/주 **의사소통** · 경영자와 근로자의 대화, 부서/과, 팀/반별 정기적 회합, 경영자와의 핫라인 운영 · 언어, 문화/가치관 차이에 따른 의사소통문제 · 인식 차이로 인한 관리상의 어려움. **교육훈련** · N/A	**노조** · 기업별노동조합 (80%) · 쟁의발생 有 · 쟁의조정 : 해고조치 및 조업 중단 **현지진출기업 당부 사항** · 현지인 근로자에 대한 동등한 처우 및 인간관계 유지
회사 10	**업종** 의류제조업 **인원(명)** : 8,200 **매출액($)** : 150,000,000 **자본금($)** : 24,000,000	**채용** · 대중매체와 직원 추천 및 연고 이용 · 숙련도 및 경력, 직무지식/자격소지 여부가 채용 중요 요소 **이직** 이직률 4% · 원인: 근무강도가 높고 작업규율이 엄격함.	**평가 및 보상** · 사무직은 자질 및 역량, 생산직은 근무태도가 인사고과 중요평가요소 · 연초 승진 적합성 고찰 사무직 : 기초평가 및 업무능력 평가 따라 승진 생산직 : 직급 체계 · 임금은 호봉급(50%), 직능급(20%),직무급(20%) 업적급(10%)으로 구성 · 평균초임 685($)/년 **동기부여 및 복리후생** · 생산성 목표달성에 따른 성과급 및 비금전적 보상, 고정상여금 시행. 소속부서별 보상이 적합 · 식사제공, 문화 오락비용 보조	평균근무시간 58시간/주 **의사소통** · 경영자와의 핫라인 운영, 근로자 설문조사 및 사내 소식지 발간. 언어문제 존재 · 업무이해 부족 시 질문없이 진행하고 문제 발생 시 이해부족 표시. 책임감 부족 · 의사표현 방식의 차이, 사건 발생시 단체행동 양상보임 . **교육훈련** · 품질관리 교육 및 노사관계 등 사내직업훈련 실시	**노조** · 기업별노동조합 (50%) · 쟁의발생 無 · 쟁의조정 인사 및 고충처리 위원회 가동후 당사자 면담/지역 노동국에 중재요청 **현지진출기업 당부 사항** · 공식 절차 준수 · 합법적 사측 권한 최대보장/법적 근거 공유 · 노동자 의견 반영에 대한 긍정적 자세

	기업개요	인사노무관리			노사관계
		고용관리	승진/보상관리	노무관리	
회사 11	**업종** 오토바이/자동차 부품제조업 **인원(명)** : 442 **매출액($)** : 800만 **자본금($)** : 400만	**채용** · 직원 추천 및 연고 · 사무직은 직무지식 및 자격소지 여부, 생산직은 조직 적합성 중요하게 고려 **이직** · 이직률 5% · 원인: 임금 및 복리후생 등 처우 문제	**평가 및 보상** · 인사고과: 근무태도 중시 · 임금 구성: 호봉급(90%), 직무급(10%) · 승진: 일정연수 근로자 중 인사고과 상위 10%를 인사부의 추천, · 평균초임 720($)/년 **동기부여 및 복리후생** · 경영성과에 따른 성과급, 고정상여급 등 적용. 조직 전체 차원의 보상이 적합 · 의료서비스 비용, 경조비 및 교통비 지원	평균근무시간 48시간/주 **의사소통** · 부서/과, 팀/반별 정기적 회합, 사내게시판 활용 · 언어와 문화/가치관 차이에 따른 의사소통 문제 · 의사소통의 문제로 근로자와 직접 접촉 어려움 · 상하관계 불분명. 평등의식 때문에 조직을 무시하는 경향 **교육훈련** · N/A	**노조** · 기업별노동조합 (99%) · 쟁의발생 無 · 쟁의조정 : 노동국과 협의 **현지진출기업 당부 사항** · 베트남인을 무시하는 경향이 있는데 주의할 것. · 인건비만 보고 진출하면 안 됨.
회사 12	**업종** 의류제조업 **인원(명)** : 580 **자본금($)** : 200만	**채용** · 직원 추천 및 연고, 교육훈련기관 이용 · 즉시 활용가능성, 숙련도 및 경력 중시 **이직** · 이직률 12% · 원인: 근무강도, 작업규율	**평가 및 보상** · 인사고과 실행 안함 · 승진: 개인의 능력평가 · 임금 구성: 호봉급(10%), 직능급(80%),업적급(10%) · 평균초임 960($)/년 **동기부여 및 복리후생** · 생산성 목표달성에 따른 성과급 및 비금전적 보상 등. 작업팀별 보상이 적합 · 의료서비스 비용, 급식 등 식사 제공	평균근무시간 50시간/주 **의사소통** · 경영자가 현장 순시하면서 근로자와 대화, 부서/팀별 회합. · 언어문제, 노사관계에 대한 이해 차이 · 직업의식 부족, 개인주의 강함 · 내일을 준비하지 않고 오늘에 만족 **교육훈련** · N/A	**노조** · 노조 없음 **현지진출기업 당부 사항** · 개인주의적인 근로자를 인내로 교육

	기업 개요	인사노무관리			노사관계
		고용관리	승진/보상관리	노무관리	
회사 13	**업종** 신발제조업 **인원(명)** : 1,384 **매출액($)** : 16,377만 **자본금($)** : 1,200만	**채용** · 직원추천이나 연고, 학교 등의 교육훈련 기간 활용 · 직무지식/자격소지, 즉시활용 가능성 중시 **이직** · 이직률 2.05% · 원인: 임금/복리후생 등의 처우 문제	**평가 및 보상** · 인사고과 N/A · 임금 구성: 호봉급(60%), 직능급(10%),직무급(20%), 업적급(10%) · 평균초임 스태프 1,240($)/년, 작업자 702($)/년 **동기부여 및 복리후생** · 고정/비정기 상여금 및 복리후생 등 사용. 개인별 보상이 적합. · 의료서비스 비용, 문화오락 비용, 교통비 보조	평균근무시간 48시간/주 **의사소통** · 경영자가 현장 순시하면서 근로자의 대화, 부서/과, 팀/반별 정기적 회합, 사내 소식지 및 게시판. · 언어 문제 · 현지 근로자의 목표달성의 의지 부족 **교육훈련** · 사내직업훈련 실시	**노조** · 지역별노동조합 (100%) · 쟁의발생 無 · 쟁의조정 : 정부 관련기관의 입회 하에 구체적 설득 절차
회사 14	**업종** 신발제조 및 수출업 **인원(명)** : 4,662 **매출액($)** : 22,100만 **자본금($)** : 4,336,000	**채용** · 대중매체와 민간취업알선 업체 이용 · 조직적합성, 숙련도 및 경력이 중요 요소 **이직** · 이직률 46% · 원인: 임금/복리후생 등의 처우문제	**평가 및 보상** · 전 직종 인사고가 실행 · 중요 평가요소 : 업적, 자질/역량 · 승진 사무직: 직급별 일정수준 이상 고과점수 획득/동일 직급 체류 생산직: 추천제 · 임금구성: 호봉급(3%), 직능급(90%),직무급(3%) 업적급(생산5%/사무20%) · 평균초임 사무직 1,350($)/년, 생산직 593($)/년 **동기부여 및 복리후생** · 생산성 목표달성/경영성과에 따른 성과급, 비정기적 상여금. 개인 팀별 보상이 효과적 · 급식 등 식사제공	평균근무시간 68시간/주 **의사소통** · 경영자가 현장 순시하면서 근로자와 대화, 사내 게시판 활용 · 언어 문제 · 잘못을 쉽게 인정하지 않고, 애사심이 매우 낮음 **교육훈련** · 이직률이 너무 높아서 교육훈련 효과 없음.	**노조** · 기업별노동조합 (100%) · 쟁의발생 有 · 쟁의조정 노사 간 대화/노동부에 조정 요청 **현지진출기업 당부 사항** · 현지 노동법 철저히 이행 · 노사 문제 이슈 : 급식의 질과 양 신경 쓸 것

<table>
<tr><th rowspan="2"></th><th rowspan="2">기업 개요</th><th colspan="3">인사노무관리</th><th rowspan="2">노사관계</th></tr>
<tr><th>고용관리</th><th>승진/보상관리</th><th>노무관리</th></tr>
<tr><td>회
사
15</td><td>**업종**
전자제조업

인원(명)
: 500

매출액($)
: 3억3천만

자본금($)
: 1,500만</td><td>**채용**
· 민간알선업체(헤드헌터), 대중매체 활용
· 숙련도 및 경력과 학력 및 연령 고려

이직
· 이직률 15%
· 원인: 처우문제 및 근무여건, 관리방식에 대한 불만 등</td><td>**평가 및 보상**
· 업적, 자질 및 역량 순으로 인사고과 실시
· 임금 구성: 직능급(30%) 직무급(30%),업적급(40%)
· 승진: 표준 직급별 승격 기준 운영
· 평균초임 2,400($)/년

동기부여 및 복리후생
· 동기부여: 고정상여금 및 경영성과에 따른 성과급, 우수사원 표창
· 작업/팀별 보상 적합
· 의료서비스 및 문화 오락비용, 경조비, 교통비 보조</td><td>평균근무시간 44시간/주

의사소통
· 최고책임자와 전체 근로자 회의, 부서/과 및 팀/반별 정기적 회합 등
· 언어/문화 차이가 문제
· 공동체/주인의식 부족

교육훈련
· 외부 교육훈련 및 선임/동료로부터 비공식 현장훈련 실시</td><td>**노조**
· 노조 없음
· 쟁의발생 無

현지진출기업 당부 사항
· 저임금근로자 처우 개선</td></tr>
<tr><td>회
사
16</td><td>**업종**
의류제조업

인원(명)
: 5,000

매출액($)
: 9,700만

자본금($)
: 600만</td><td>**채용**
· 민간 취업알선업체 및 대중매체 활용
· 숙련도 및 경력, 직무지식/자격소지 여부 순으로 고려

이직
· 이직률 6%
· 원인: 귀향</td><td>**평가 및 보상**
· 인사고가 평가요소
: 업적, 근무태도 등
· 승진: 평소 업무태도 및 성과, 어학실력 등 고려하여 우수자 선발
· 임금 구성: 호봉급(15%), 직능급(50%),직무급(25%) 업적급(10%)
· 평균초임 1,200($)/년

동기부여 및 복리후생
· 동기부여: 고정 성과급 및 생산성 목표달성/경영성과에 따른 성과급 소속부서별 보상이 적합
· 의료서비스 비용, 경조비, 교통비 지원, 급식 등 식사 제공</td><td>평균근무시간 60시간/주

의사소통
· 사내 게시판 활용
· 언어로 인한 정확한 업무 전달/확인 어려움
· 애사심과 업무성취 의지 낮음.

교육훈련
· 외부 교육훈련 실시
· 이직률 높아 교육훈련 효과 없음.</td><td>**노조**
:기업별노동조합 (50%)
· 쟁의발생 有
· 쟁의조정
: 회사노조 및 지역 노조협회 위원들과 협의

현지진출기업 당부 사항
· 현지 노동법 및 문화를 미리 알고 올 것.</td></tr>
</table>

	기업 개요	인사노무관리			노사관계
		고용관리	승진/보상관리	노무관리	
회사 17	**업종** 가방제조업 **인원(명)** : 10,600 **매출액($)** : 11,000만 **자본금($)** : 1,000만	**채용** · 대중매체 활용, 학교나 교육훈련기관에 요청 · 직무지식/자격소지, 학력 및 연령, 숙련도 중시 **이직** · 이직률 7% · 원인: 임금, 복리후생등 처우 문제	**평가 및 보상** · 전직종 인사고과실행 업적, 근무태도, 목표달성 정도 중시 · 승진: 근무평가+사무직 매년승진/생산직은 기술평가테스트고려 · 임금구성: 호봉급(25%), 직능급(25%),직무급(20%), 업적급(30%) · 평균초임 2,024($)/년 **동기부여 및 복리후생** · 동기부여: 고정 상여금, 생산성 목표달성에 따른 성과급. 작업 팀별 보상이 적합 · 의료서비스 비용, 문화오락 비용, 교통비 보조	평균근무시간 60시간/주 **의사소통** · 사내 소식지 및 게시판, 부서/과, 팀/반별 정기적 회합 · 언어/문화 차이로 인한 인식 차이 · 실수에 대해 사과하지 않고 미소로 때우려고 함. **교육훈련** · 사내직업훈련 실시 및 외부 교육훈련 실시	**노조** · 기업별노동조합 (약 43%) · 쟁의발생 有 · 쟁의조정 : 노조와 협의하여 공지사항 전달/노동분쟁처리기관에서 중재
회사 18	**업종** 부동산 서비스업 **인원(명)** : 70 **매출액($)** : 290만 **자본금($)** : 725만	**채용** · 직원추천 및 연고, 대중매체 활용 · 즉시 활용 가능성과 숙련도 및 경력, 학력 등 중시 **이직** · 이직률 0% · 원인: 임금/복리후생 등의 처우문제, 고용불안과 장기 비전 부재	**평가 및 보상** · 전 직종 인사고과 실행 · 중요 평가요소 사무직은 자질/역량. 생산직은 근무태도 중시 · 승진결정: 동일근무 7년 이상, 최근 고과 3년간 B+이상 · 임금 구성: 호봉급(30%), 직능급(30%),직무급(33%) 업적급(10%) · 평균초임 1,080($)/년 **동기부여 및 복리후생** · 동기부여: 고정 상여금, 비정기적 상여금제 적용. 작업팀별 보상이 적합. · 의료서비스 비용 및 경조비 보조	평균근무시간 44시간/주 **의사소통** · 최고책임자와 전체 근로자 회의, 경영자와의 핫라인 운영 · 관리상 어려움: 문제가 있어도 언급을 하지 않음. · 자체적으로 학벌, 직무에 대한 차별이 심함. **교육훈련** · 외부 교육훈련. · 적합한 교육기관이 없거나 질이 낮아서 교육훈련이 어려움.	**노조** · 기업별노동조합 (100%) · 쟁의발생 無 · 쟁의조정 : 노조와 직접 대화 **현지진출기업 당부 사항** 문서화해야 징계 및 해고 가능

▎자료 : 박영범 · 정명호 · 김소영(2007).
주 : N/A는 자료 없음을 의미.

3. 육성관리

가. 승진

대부분의 기업들에서 생산직, 사무직 모두 승진 제도를 적용하고 있으며, 승급은 사무직에만 적용되는 경우가 많다.

승진 결정은 인사고과 결과에 의거하며, 보통 직무수행 능력과 근속연수를 감안하여 결정하고 있다. 직급별 승진·승격 기준에 따라 운영하는 곳도 있으나 특별한 기준 없이 경영자가 평소 업무태도, 업무성과, 어학실력 등을 고려하여 우수자를 선발, 승진시키는 단순한 방식도 있다.

많은 기업들이 승진에 의한 직위의 의미가 한국과 상당히 다르다는 점을 강조하고 있다. 베트남 근로자들이 승진이나 직위를 별로 중요하게 생각하지 않고 권한보다는 경력경로(career path)상의 한 과정으로 생각한다는 것이다. 심지어 승진자가 관리 부담 때문에 다시 원 직급으로 돌아가기를 희망하는 경우도 있다고 한다. 이는 베트남이 아직도 사회주의 문화와 평등의식이 강하기 때문에 생기는 현상으로 한국인 관리자들은 파악하고 있다.

베트남 근로자들은 유교문화권의 영향으로 연장자가 상사가 되는 것이 일반적 형태로 받아들여지고 있다. 그러나 승진·승급에서 뚜렷한 객관적 근거를 가지고 인사 제도를 운영하면 연공에 관계없이 승진 제도를 운영할 수 있다.

현지 진출 기업들은 생산직의 경우도 적극적으로 승진 제도를 운영하고 있으며, 인사고과 결과를 승진·승급에 반영하려 노력하고 있다. 승진 결정은 생산직은 현장 임원, 사무직은 최고경영자가 주로 결정권을 가진다.

승진한 직원은 팀내 타 근로자에 대한 평가 권한이 있지만 관리가 서툰 면이 많다. 관리 스트레스로 팀 리더를 스스로 그만두는 사람도 있다. 전반적으로 승진에 대한 욕구나 기대가 강하지 않은 편으로 보인다. 전반적으로 근로계층이 젊은 이유로 인해서 승진경로가 짧아질 수 있는 가능성도 있다. 이것 역시 경제개발 시대의 국내 사정과 유사하다.

나. 평가 및 보상

조사 기업에 따라 생산/사무직 모두 인사고과를 실시하는 경우도 있고, 사무직만 실시하는 경우도 있다. 생산직의 경우 단순한 근무태도 평가로 대체하는 경우도 있다.

한국과 유사하게 인사부서에서 인사고과를 주관하고 고과 기준과 방법도 구체적으로 규정하고 있는 기업도 있지만 아직 체계적인 인사고과가 없이 한국인 관리자의 자의적인 평가에 의해 근로자들의 처우를 결정하는 경우도 있다.

인사고과에서 중요시하는 요소로는 근무태도, 자질 및 역량, 목표달성 정도 등이다. 인사고과 요소는 생산직은 업적(성과) 위주이며, 사무직은 업적, 자질 및 능력(역량)으로서 국내와 유사하다. 기업에 따라 고과 기준 및 가중치는 상이하다.

고과 결과의 공개는 합리적인 인사관리에서 매우 중요한 요소이다. 그러나 현재까지 결과 공개는 대단히 미흡한 실정이며, 일부 기업의 경우 결과를 공개하고 있지만 고과 면담(appraisal interview)과 같은 체계적인 형태의 피드백은 없다.

생산직 일반노동자의 임금수준(2006년 현재)은 월 평균 60~80 달러 수준이고, 사무직은 80~150달러 수준으로서, 직무수행 능력에 따라 차이를 두고 있다.

성과급 형태는 근로의욕 유발 측면에서는 효과가 있으나 지급 기준 등을 상세히 규정해야 하고, 글로벌 기업의 바이어들이 감사를 통해 지급 기준을 확인하고 있어서 한국 기업들은 통상 시간급 형태를 사용하고 있다. 대만 기업은 성과급도 잘 활용한다.

베트남에서 상당 기간 사업을 지속한 기업들은 근로자들의 생산성이 높아지고, 이직률도 안정된 결과로 비교적 경쟁력 있는 임금을 지급하고 있고, 이것이 다시 낮은 이직률로 연결되는 선순환 구조를 가지고 있다.

임금수준 결정 기준은 생산직은 업무능력과 과거 근무경력, 사무직은 학력과 경력으로 요약될 수 있다. 기타 난이도가 높은 직무의 경우 직무급 개념의 가급(加給)을 주는 경우도 있다. 사무직은 영어 및 전산 능력 등에 따라 차등을 두기도 한다.

사회주의 전통이 강한 베트남에서는 성별 임금 차이는 없고, 여성 근로자들이 근무태도나 업적이 좋기 때문에 임금수준이 높은 경우도 있다.

임금 이외의 보상으로는 각종 상여금과 목표달성 성과급이 대표적이다. 성과급을 현지인들이 선호하는 현물로 지급하는 경우도 있다. 현물의 종류는 식용유, 주방 제품 등 생활에 필요한 물건들이며, 이것 이외에도 급식, 의료, 교통 서비스 등을 제공하기도 한다.

과거 베트남은 사회주의 국가로서 정부가 주민들의 복지를 책임지도록 되어 있었지만 이러한 완전복지 제도는 개방(도이모이) 정책과 더불어 상당한 변화가 있었다. 복지의 상당 부분이 개인과 기업의 부담으로 전가되고 있기 때문에 단순히 임금수준만 보고 투자를 결정해서는 안 된다.

대부분의 현지 기업들은 구내식당을 설치하여 급식을 제공하고 있는데, 급식의 질이 근로자들에게 여러 가지로 중요한 의미를 지니게 한다. 많은 경우 노사분규도 급식 문제에서 비롯되는 경우가 허다하다. 따라서 형식적으로 급식 제공 요건만 채우는 것보다는 양질의 급식을 제공하고 다른 부분에서 경비를 절감하는 것이 필요하다. 관리의 용이함을 이유로 급식을 식비(현금) 지급으로 대체하는 것은 좋지 않은 방법이다.

급식에 추가적인 비용을 들이는 기업은 낮은 이직률 등 좋은 효과를 거두고 있으며, 역사가 오래되고 복리후생이 양호한 기업은 자체 고용한 의료진과 사내병원까지 운영하는 경우도 있다.

우수한 복리후생 제도와 경조사 기념, 생일파티 등 한국식 관리가 좋은 인력을 고용하고 유지하는 데 긍정적인 효과를 가질 것이다. 특히 대부분의 베트남 근로자의 연령대가 젊은 세대인 것을 감안하면 이러한 효과는 더욱 의미가 크다 하겠다.

하노이 근교의 한 전자 기업은 공장 마당을 공원처럼 꾸며놓은 양호한 조경으로 근로자들의 호응을 받고 있다.

다. 교육훈련

태광비나의 예는 나이키의 엄격한 감사 제도(auditing) 하에서 관리시스템을 잘 갖추고 있는 경우이다. 독일의 SAP가 만든 전사적 자원관리(ERP) 제도와 같은 선진적인 관리시스템을 도입, 실시함으로써 현지인 직원들이 경영방식을 예측하고 따를 수 있는 조건이 마련되어 있으며, 나름대로 성실한 근무태도를 가진 것으로 보인다. 시스템 중심의 관리(경영)가 베트남 진출 기업에서 추구해야 할 하나의 방향으로 생각된다.

1) 교육훈련 방식

베트남 근로자들은 교육열이 높고 손재주가 뛰어나지만 산업발달 수준이 낮아 기업이 필요로 하는 기능과 기술을 가진 인력과 사회적 훈련기관이 많지 않다. 따라서 기업 내 내부교육이 중요하다.

그러나 많은 기업이 교육훈련에 대단히 소극적이다. 현재 베트남 진출 기업의 주력 업종이 단순제조업(봉제, 신발 등)으로서 업무가 단순하여 교육훈련의 필요성이 크지 않다. 매우 높은 이직률도 교육훈련 부진의 주된 이유이다.

교육훈련의 내용은 신입교육이나 중간관리자 교육 등이며, 일반 직무교육은 선임자나 동료들을 통한 비공식적 입직훈련(on · the · job training) 형태이다. 이 밖에 노사관계, 영어, 한국어 등 필요 항목에 대한 교육이 실시되고 있다. 특히, 글로벌 기업의 하청 공장에서는 산업안전 교육, 소방 교육 등이 매우 중요하며, 주기적인 감사를 받기 때문에 반드시 실시해야 한다.

대부분의 현지진출 기업들이 신입사원 교육과 중간관리자 교육을 실시하고 있다.

삼성전자의 경우, 선임자에 의한 비공식훈련 외에 외부 교육훈련도 실시한다. 신입 교육, 관리자 교육 외에 교육훈련이 강한 삼성답게 품질관리, 영업, 산업안전, 노사관계, 전산, 한국어 등 각종 교육을 시행 중이다. 작년(2006년)에 효과적이었던 교육은 신입 오리엔테이션, 리더십, 영업/판매교육 등이다.

나이키의 하청 생산을 하고 있는 태광비나는 전체 관리프로세스를 ERP(전사적 자원관리) 시스템으로 전화하고 이를 운영하기 위한 SAP 솔루션을 도입하여 필요한 교육을 실시하고 있다. 이러한 선진적인 관리시스템 교육은 현지인 근로자나 관리자들에게 본인의 시장가치를 높여주기 때문에 호응을 얻고 있다. 많은 기업들이 베트남인 중간관리자 육성에 필요성을 절감하고 있으나 구체적인 교육 프로그램은 부재한 실정이다. 이러한 ERP와 같은 관리시스템 도입이 하나의 방향일 수 있다.

4. 조직관리

가. 의사소통

공식적인 의사소통 제도로는 경영자가 현장을 순시하면서 근로자들과 대화하거나 팀/반별 회합이 주된 것이고, 기타 사내게시판이 활용되는 정도이다. 전반적으로 의사소통이 상당히 부족한 것으로 판단된다. 제안 제도 역시 대부분 형식적으로 운영되고 있다.

일부 기업은 의사소통 방법으로 경영자와의 대화, 반/팀별 회합, 소식지, 사내게시판 등이 활용되고 있으며, 제안 활동 등이 비교적 활발히 이루어진다. 제안에 대해 포상하고 있으며, '품질 마일리지' 제도라고 하여 품질향상에 기여한 경우 본인 자리에 깃발을 꽂아주며, 나중에 마일리지를 현금으로 환산해 준다.

의사소통에서 최대의 난제는 언어 문제이다. 한국인 경영자나 관리자들이 베트남어에 능숙하지 못하고 베트남 근로자들과 영어로 의사소통하기도 어렵기 때문에 지시나 방침이 제대로 전달되지 않는 경우가 많다.

삼성전자의 경우도 관리에 있어서 의사소통이 가장 중요하다고 응답하였다. 영어를 하는 우수인력이 제한적이기 때문에 관리자의 베트남어 구사 인력이 매우 중요하다. 한국인과 베트남인 간의 의사소통을 위해서 언어 교육을 강조하고 있다. 베트남인에게는 한국어와 영어를, 한국인에게는 베트남어와 영어를 교육하고 있다.

나. 중간관리자 문제

중간관리자의 부족과 역량 문제가 심각하다. 대기업을 제외하고는 보통 노무담당자를 따로 두고 있지 못하고 기술자나 중간관리자들이 노무관리를 담당한다. 기술자나 중간관리자들은 노무관리에 대한 경험이 없거나 적은 경우가 많아 베트남 근로자들을 위압적으로 다루어 노사분규의 빌미를 제공하는 예가 많다.

베트남 근로자들은 학력 수준이 높다. 현지의 기업인이나 전문가들의 견해에 따르면 한국인 중간관리자 또는 기술자들이 베트남 현지 근로자들보다 학력 수준이 떨어지는 예도 많다. 그렇지만 중간관리자들 또는 기술자들이 현지 근로자들에게 명령하는 지위에 있게 된다. 처음에 베트남 현지 근로자들이 한국인 중간관리자나 기술자들의 말을 듣다가 차츰 이들의 말을 무시하게 된다고 한다. 베트남 근로자들이 기술자나 중간관리자에게 질문하면 차근차근, 이론적으로 설명해 주지 못하기 때문이다. 베트남 현지 근로자들은 대졸 학력을 가진 사람들도 상당히 많다.

다. 근무태도 및 문화적 차이점

근로계약 위반 사항이 발생한 경우 반드시 문서로 남기며 본인의 서명을 날인을 받도록 하는 것이 필요하다. 규정에 의한 징계는 잘 수용하는 편이다.

근무태도에 대해서는 현재 큰 문제는 없으나 개인주의적 성향과 수동적 근무태도, 주인 의식과 애사심 부족 등에 대해 대부분의 한국인 관리자들이 실망하고 있다.

결근율은 기업별로 매우 상이한 편이다. 결근율을 낮추기 위해서는 근태를 고과에 반영하고, 근태에 대한 해고 규칙을 엄격하게 적용하거나 만근수당을 지급하는 것이 효과적이다.

언어 외에 문화적 차이도 어느 정도 문제가 된다. 베트남 근로자들은 원리원칙에 충실한 편이지만 자신의 잘못에 대해 사과를 잘하지 않는 경향이 있다. 잘못을 인정하는 뜻으로 웃음을 짓는 경우가 있으나 한국인 관리자는 이를 비웃는 것으로 오해하여 문제가 심각해지기도 하다. 또한 개인 면담에서 해야 될 얘기를 남들 앞에서 면박을 주거나 자존심을 상하게 하는 경우도 있다. 험악한 얼굴 표정 때문에 베트남인과 관계가 악화되기도 한다.

베트남은 사회주의의 영향으로 회의 문화가 잘 발달되어 있으며 회의를 할 때 말보다는 문서화하고 규정을 활용해야 한다. 일방적 지시보다는 대화와 토론을 유도하고 합리적으로 설득해야 한다. 절대로 고함을 지르거나 욕설을 해서는 안 된다. 한국말을 몰라도 욕설한다는 사실은 잘 알아차리기 때문이다. 베트남 근로자들과의 면담에서 한국식 경영의 특징을 '고함지르기(shouting)'라고 할 만큼 고함지르기가 만연해 있다.

베트남 근로자는 식사 중에는 일을 시키지 않는 등 베트남의 관습 중 사소하게 보이는 것이라도 관리자들이 존중해 주길 희망한다.

라. 동기부여

일반적으로 베트남 사람들은 일을 배우려고 하는 동기가 강하므로 동기부여가 잘 된다면 현지 기업 활동에 크게 도움이 될 수 있으나 사회주의의 특성 때문에 개인적 성취동기가 부족하여 지시된 일 외에 자신이 알아서 일을 처리하는 능력이 부족하다. 인센티브 시스템의 부재로 인한 책임 의식 부족과 근로 자세가 해이한 경우가 많다.

동기부여 수단으로는 역시 성과급, 상여금과 같은 금전적인 수단이 주가 되고, 각종 인센티브와 복리후생도 요구된다.

효과적인 인센티브 방식에 대해서는 기업별로, 개별 경영자의 관리 방침이나 경험별로 응답의 차이가 크다. 그러나 대체로 작업팀별 보상 방식이 적합하다는 의견이 우세하다. 일부 기업은 인센티브 효과가 불분명한 조직 전체 인센티브 방식을 쓰고 있다. 이것이 사회주의 문화에 더 잘 맞는다고 생각하는 경우도 있다. 그러나 운영 여건만 된다면 개인별 인센티브가 더 효과적일 것이라는 인식도 있다. 향후 베트남에서 어떤 방식의 인센티브가 더 좋은 것인지에 대한 다양한 실험이 필요하다.

한 기업은 인센티브제 도입으로 노무관리를 개선하였다. 평등주의 사고에 젖어 있던 노동자들에게 능력급의 의미를 교육하여 노무관리 개선에 이용하였다. 우선 근로자의 수당을 능력급으로 차별화하였다. 또 개인별 인센티브와 제안 제도를 활성화하였다. 그 외에도 한국어, 영어, 컴퓨터를 하는 것에 대해서 인센티브를 제공하기로 하였다. 이리하여 베트남의 동종업종 공장에 비해서 적은 인원을 사용하는 공장이 되었다.

마. 노사관계

노조가 없는 기업도 있고, 일부 기업은 노조를 적극 잘 활용한다. 대부분의 조사 기업이 현재 노사관계가 양호한 것으로 자평하고 있다. 전반적으로 한국 기업들에서 노사관계가 점점 우호적인 방향으로 변해가고 있다. 경영자들은 기업 내에 노동조합이 있는 것이 노무관리와 생산관리에 도움이 된다는 사실을 인정하고 있다. 그러나 임금교섭이나 단체교섭은 활발하지 않은 것으로 보인다.

조사대상 기업 중 쟁의발생 경험이 없는 기업이 다수이고, 일부 기업이 쟁의를 경험하였다. 쟁의조정은 회사와 노동자 간의 대화로 해결하고, 해결되지 않을 경우 관할 성(省)의 노동부에 조정을 요청한다.

노사분규 발생 경험을 보면 주로 임금 때문에 발생하고, 공단 한 곳에서 파업이 발생하면 도미노 현상이 생긴다. 파업을 안 하면 다른 공장의 파업자들이 와서 파업을 하도록 강요한다. 근로자의 명찰을 보려고 하다가 구타로 오해하여 파업이 발생하기도 한다.

공식적인 고충처리 제도와 절차가 완비된 기업은 많지 않으며, 관련 부서장이 개별 면담을 하거나 노조와의 협조를 통해 해결하고 있다. 개별적 고충처리를 위해 고충처리 우편박스, 고충상담(노조사무실), 인사부서에 직접 면담과 같은 방식이 있다. 한국인 관리자와의 갈등 완화를 위해 연 1회 부서별 축구대회를 실시하고 있는 기업도 있다.

제4장

필리핀 : 2004

필 리 핀
2004

제4장 필리핀 : 2004년[1)]

1. 경제 및 노동환경

가. 경제환경

면적은 300,800㎢로 한반도의 1.3배이며 약 7,100여 개의 섬으로 구성되어 있다. 고온다습한 아열대성 기후로 건기(11월・5월)와 우기(6월・10월)가 뚜렷이 구별된다. 인구는 약 8천4백만 명이며 말레이계가 주종을 이루고 있으나 과거 식민통치를 여러 번 받아와서 여러 종족 간의 혼혈이 많다. 공용어는 타갈로그어이고, 상용어는 영어다. 종교는 인구의 89.2%가 가톨릭이고, 그 외 신교 5.43%, 이슬람교 5.7%이다.

마르코스 집권 후 정권의 부패와 이에 따른 경제구조의 왜곡 및 비효율의 누적은 장기 독재에 따른 정치적 불안정과 결부되어 약 30년간 국가발전이 정체되고 급기야는 아시아의 우등생에서 아시아

---

1) 박영범・우석훈(2004b)의 일부 내용을 발췌하여 정리하고 약간의 내용을 추가하였다.

의 환자로 불리는 낙후된 나라로 전락되었다.

1980년대 후반 아키노 대통령의 취임으로 정치적 안정과 더불어 경제도 회복기를 접어들 것을 기대하였으나 1980년대 말에서 1990년대 초에 걸친 군사쿠데타와 태풍, 지진 등의 자연재해로 또 다시 마이너스 성장을 나타냄으로써 경제성장 격차가 더욱 벌어지게 되었다[2].

마르코스가 독재의 권좌에서 축출된 1980년대 중반 이후 필리핀 정치는 안정을 찾지 못하고 있다. 특히 필리핀 정부는 다른 후진국이 그렇하듯이 부패의 만연이 큰 문제임을 다시 한번 느끼게 해주었다. 에스트라다 대통령은 크고 작은 뇌물 스캔들로 국민에 의해 축출되었다. 아로요 행정부에서도 대통령 남편의 뇌물수수건이 끊임없이 제기되는 등 뇌물사태와 관련하여 완전히 자유롭지 못하다.

필리핀은 1949년 공식 수교 이래 아세안 국가 중 북한과 수교하지 않고 한국을 지지하는 유일한 국가였으나 2000년 7월 아세안 국가 중 마지막으로 북한과 공식 수교되었다.

필리핀에 대한 한국의 투자는 1980년부터 시작되었으나 본격적인 투자는 1988년 이후에 이루어졌다. 현재(2004년 8월)까지 총 투자건수는 658건, 총 투자금액은 7억5백만 달러로 건당 투자금액은 1,070만달러이다.

2000년을 고비로 투자금액이 급격히 감소하고, 건당 규모도 축소되었다. 이는 투자처로서의 필리핀에 대한 매력을 점차 국내 기업들이 잃어가고 있음을 의미한다. 필리핀에 대한 한국의 투자는 필리핀에

---

2) 2000년 이후 매년 4~6%의 성장을 하였으나 2009년에는 글로벌 금융위기 여파로 성장률은 0.9% 증가에 그쳤다.

직접 투자한 나라 중에서 10위권에 들었으나 2003년 현재 16위이다[3].

총 투자금액 중 업종별로 보면 제조업이 투자액 기준 75%, 투자건수 기준 77%를 차지하고 있으며, 부동산 및 서비스업이 투자액 기준 15%, 투자건수 기준 5%, 건설업이 투자액 기준 5%, 투자건수 기준 4.8%를 차지하고 있으며, 나머지 업종이 투자액 기준 5%, 투자건수 기준 12.2%를 차지하고 있다.

한국 진출기업들은 주로 경제자유구역에 위치하고 있으며 특히 Cavite Economic Zone, Bataan Ecnomic Zone에 진출한 기업이 많다.

나. 노동환경

2004년 4월 현재 실업률은 13.7%로서 전년도에 비하여 1.5% 증가하였다. 불완전고용률이 18.5%에 이르고 있어 일자리창출이 정부정책의 주요 과제이다.

필리핀은 전국 어느 지방도 문맹률이 10% 이하이고 전문학교를 포함한 고등교육 기관이 전국에 산재해 있어 전국 어디에서나 노동력 확보는 별반 어렵지 않다.

일반 노무자도 최소 고졸 인력, 많은 경우 전문학교 내지 대학 졸업자로 충당할 수 있다. 노동력 확보와 관련하여 카비데, 라구나, 메트로마닐라 등 공장 밀집 지역은 미소한 월급 차이에도 쉽게 이직을

3) 한국인 관광객의 증가에 따라 2005년에는 음식・숙박업에 대한 투자가 급증하여 10년 만에 가장 높은 투자증가율을 보였다. 2006년에는 한진중공업이 수빅만 조선소 건설에 참여하여 제조업에 대한 투자가 늘어났다. 글로벌 금융위기 여파로 2009년에는 한국 투자가 급감하였다.

하는 등 이직률이 높고 노조 세력도 영향을 미치는 등 불리한 면도 있다.

숙련노동자의 해외 유출이 많고 노동자의 고용은 주로 신문, 광고에 의존하고 있다. 노동력의 평가 측면에서는 낮은 문맹률, 영어 능통, 높은 교육수준과 직업습득 능력 등으로 임금에 비해 노동력은 양호한 것으로 평가되고 있다.

1953년에 제정된 산업평화법(Industrial Peace Act)은 노동조합주의와 단체협상에 대한 근로자의 권리를 공식 인정하고, 노사관계 제도를 강제중재에서 단체협상으로 전환시켰다.

필리핀 노사관계의 지평에서 한 가지 중요한 특성은 근로자 단체 내의 뿌리깊은 파벌주의이다. 노동조합 운동을 통일하기 위한 정부의 다양한 시도도 효과를 거두지 못하였다.

제조업을 중심으로 자유노동자연합(Federation of Free Workers), 필리핀 노동조합총협의회(Trade Union Congress of the Philippines), 5월 1일 운동(KMU: Kilusang Mayo Uno) 등 3대 노동조합이 결성되어 있다. 이 중 KMU가 가장 급진적이다. 2003년 말 현재 2,842개의 단체협약이 체결되어 있으며 단체협약의 적용대상이 되는 근로자수는 556,000명에 불과하다.

필리핀의 노사관계는 적대적이라고 표현할 수 있는데 당사자주의에 입각한 교섭을 통해 노사간의 분쟁을 해결하기보다는 제3자의 알선이나 조정에 의존하여 분쟁이 해결되도록 법이 운영되어 왔기 때문이다(후술하는 조정제도 참조). 그러나 필리핀의 알선 및 조정 제도는 별 효과가 없다는 것이 노사간에 일치된 견해이다.

1986년 노사분규 발생건수가 581건에 이르는 등 노사분규가 빈번하였으나 1990년대 들어 안정화되어 분규건수가 100건 이하로 줄어들었다. 경기침체에 따른 실업 위협 등을 반영한 것으로 해석된다. 2003년에 실제로 발생한 노사분규는 38건에 불과하였다.

2. 고용관리[4)]

가. 채용

필리핀은 인력이 풍부한 나라이므로 일반적으로 사람을 구하는 것은 어렵지 않다. 인력이 필요할 때 광고, 사내모집, 인터넷, 내부 사원들의 추천 등을 통하여 모집하나 근로자들이 스스로 원서를 제출하거나(Write · Ins), 제발로 찾아오기도(Walk · Ins)한다. 회사에 따라서는 특별히 모집 광고를 하지 않아도 입사를 원하는 자들이 수시로 이력서를 제출하므로 이를 보관하고 있다가 결원이 생기면 연락하여 면접 후 채용한다.

---

4) 필리핀에 투자한 한국 기업의 노무관리 현황을 파악하기 위해 마닐라 주변에 투자한 한국 기업 6개에 대하여 조사하였다. 총 70여 개의 제조업체에 설문지를 발송하였으나 6개 기업만이 설문에 응답하였으며 이 중 3개 기업에 대해서는 2004년 7월 직접 방문조사를 실시하였다. 조사 기업의 진출 시기를 보면 1개 기업이 1980년대 후반, 3개 기업이 1990년대, 나머지 2개 기업은 2000년 이후에 진출하였다. 업종을 보면 전기, 전자제품에 3개 기업, 나머지가 의류 등 3개 업종에 분포되어 있다. 근로자 수를 보면 제일 큰 기업이 2,000여 명 가까이 되고 총 근로자 수가 30여 명 내외인 기업도 2개가 포함되어 있어 본 조사가 소수의 기업만을 대상으로 하였어도 여러 유형의 진출 기업의 사례를 파악하는 데는 큰 무리가 없다. 보다 자세한 내용은 |표4-1|에 수록되어 있다.

선발 절차로는 사무직이나 생산직 모두 서류전형 후 면접을 실시하며 1차 면접과 2차 면접으로 나눠어서 실시하기도 한다. 연고채용의 경우 추천자가 누구인지를 확인하고 가능하면 관공서에서 추천한 자를 우선 채용하고 개인적으로 입사하는 자도 추천자를 확인하고 채용한다. 회사에 따라서는 경력자보다 무경력자를 선호한다. 일 자체가 특히 경력을 필요로 하지 않는 단순업무이고 경력자를 채용하는 경우 노조활동 경력이 있거나 혹은 노동조합의 설립을 기도할 목적으로 입사할 가능성이 있기 때문이다.

직원을 통해 필요인력을 채용한 경우 소개한 직원에게 인센티브를 주는 회사의 사례에서 알 수 있듯이 인력이 풍부하다고는 하나 인력 채용시 전 직장에서의 경력, 건강 상황, 노조활동 관련 유무 등을 철저히 검증하는 것이 필요하다. 또한 기술이나 직종에 따라서는 필요로 하는 사람을 구하지 못하는 경우도 있어 풍부한 인력에도 불구하고 기능이나 수준에 따라서는 필요인력 조달이 어려운 경우도 있다.

일반 생산직의 경우 채용부터 거의 모든 인사관리의 전권을 현지인 인사담당자에게 일임하는 회사도 있는데, 채용시에는 한국인 담당자도 참여하여 출신 지역이나 학교 등이 편중되지 않도록 하는 것이 바람직하다. 6개월까지는 견습기간이기 때문에 견습기간에 성과가 좋지 않는 경우 언제라도 해고가 가능하다. 한국의 경우 견습기간 동안에 큰 실수를 하지 않으면 정규직원화하는 것이 관행이나 필리핀의 경우 일단 정규직원이 되면 업무 부진을 이유로 해고하는 것이 한국보다 더 어렵다. 따라서 6개월의 수습기간 동안 충분히 파악한 후 정규직원으로 할 것인지의 여부를 결정하여야 한다. 일부 직원의 경우 6개월 수습기간 동안은 열심히 일하나 정식 사원으로 채용된 후에는 성실하게 일하지 않는 경우도 있다. 수습사원은 임금이 정규직원보다 낮기 때문에(최저임금의 75%까지 지급하는 것이 가능) 회사에 따라서는 수습기간이 끝난 후 일부만 정식 직원화하고 대부분을 해고하고 다시 수습사원을 채용하는 방식으로 인건비를 절감하기도 한다.

나. 해고관리

정규직 사원의 경우 해고가 매우 어렵다. 특히 외국인투자기업으로서 해고는 가능한 지양하는 것이 바람직하나 꼭 해고를 할 경우 법이나 회사의 규정을 준수하여 해고를 하여야 한다. 상대방이 이의를 제기할 수 없을 정도의 분명한 해고의 사유를 제시하여야 한다.

해고관리가 제대로 되기 위해서는 평소 근로자들의 근태, 상벌 사항 등을 철저히 기록하여 두어야 하며, 근로자들의 업무수행에서 잘못을 한 경우 구두경고하는 것보다는 잘못된 부분을 문서화하여 본인의 확인을 받아 두어야 한다. 근로자의 잘못이 회사의 규정에 정한 해고 이외의 징계 사항이라면 절차에 따라 해당 근로자에게 통보하여야 한다.

근로자의 잘못이 반복되는 경우 회사의 규정을 적용하여 1차 경고, 2차 정직, 3차 정직 등 순서를 밟아서 본인이 스스로 사직하도록 유도해야 하는 것이 하나의 방안이 될 수 있다.

해고를 당하면 대부분의 노동자는 노동고용부에 쫓아간다고 보는 것이 좋다. 외국인투자기업으로서 법규 해석상의 문제가 있을 때 전국 기업보다는 근로자의 입장에서 문제가 해결된다는 것을 고려하여야 한다.

어떤 경우든 해고시키면 해고수당을 지급해야 하며. 임시직 사원은 계약기간이 종료됨과 동시에 재계약되지 않으면 고용관계가 종료되기 때문에 임시직이나 계약직 사원을 많이 활용하는 것도 경직적 해고 관행에 대한 대응방안의 하나이다.

해고는 민감한 사항이기 때문에, 현지 노동법은 철저히 준수하고 한국인 관리자가 나서지 말고 현지인 관리자가 해고 관련 업무를 전담하게 하는 것도 하나의 방안이 될 수 있다.

다. 이직 및 결근관리

조사대상 회사들은 필리핀 근로자들의 이직을 회사 경영상의 문제점으로 인식하는 회사와 그렇지 않은 회사로 나누어져 있다. 회사 2는 입사하여 정규직 사원이 되는 것이 어렵기 때문에 정규직 사원 중에는 이직자가 거의 없다. 회사 5는 기술직의 경우 높은 임금을 주면 다른 회사로 이직하는 근로자들이 많다.

특히 회사 6은 현지 근로자의 높은 이직률을 회사 경영상의 애로 요인으로 인식하고 있었다. 평균 3년에 한 번씩 직장을 옮김으로 대책이 필요하며 한국 근로자와 필리핀 근로자와의 문화적인 차이이기 때문에 한계가 있으나 제도로써 보완하여야 한다는 것을 강조하고 있다. 퇴직시 업무 인수인계가 잘 이루어지지 않으므로, 갑작스러운 퇴직에 대비 해 시스템 및 조직이 일을 하도록 대비하고, 핵심인력에 대한 적정한 보상(승격, 직책, 금전적 보상)이 이루어져야 하며, 때로는 잘 훈련된 필리핀 근로자가 어느 곳에 있던지 필리핀의 발전에 기여한다고 생각하는 여유로움이 필요하다고 조언하고 있다.

회사 1은 이직률을 줄이기 위한 대책으로 자기가 다니고 있는 회사나 공장에 대한 자부심을 갖게 하는 프로그램과 일에 대한 보람과 재미를 느끼게 하는 프로그램을 개발하고, 자신의 성장과 잠재력을 끌어올릴 수 있는 조직 분위기를 마련하는 것이 중요하다고 제언하고 있다.

결근에 대해서 심각하게 인식하는 회사와 그렇지 않은 회사로 나누어져 있다. 그러나 나름대로 결근율을 줄이기 위한 대책을 시행하고 있다. 회사 1은 팀웍을 강조하여 나 하나쯤 빠져도 별문제 없겠지라고 생각을 다른 팀원들과 연관시켜서 그런 사람들 때문에 다른 사람들과 팀원들이 힘들다는 것을 깨우쳐주고 팀웍을 강화시킴으로써 결근율을 줄이고 있다. 출근율이 좋을 때는 각종 인센티브를 적용하고 있다. 회사 2는 6개월 동안 결근하지 않을 경우 쌀 1포대를 지급하고 있다. 회사 4, 회사 5, 회사 6도 사규를 통해 출결관리를 하고 있다.

회사 6은 근로자들이 감기, 집안일 등으로 결근을 많이 해 결근율을 고과에 반영하고 있으며, 1달 만근하면 별도의 수당을 지급한다. 이와 함께 한 달 중 1일 결근에 구두경고, 2일은 서면경고, 3・4일은 1일 정직, 5일 결근이면 일정기간 정직 등의 벌칙도 병행하고 있다. 또한 매주 부서별 결근율을 전체 회의시 공지하여 내부적으로 관리하도록 유도하고 있다.

| 표 4-1 | 필리핀 진출 기업의 고용관계 실태 (2004년)

회사명	회사명	채용절차	채용시 유의사항	채용시 애로사항	해고시 유의사항
회사 1	• 1980년대 후반 설립 • 의류생산 • 현지인 1,785명	• 생산직, 사무관리직 서류전형을 통해 선발함. 단, 생산직은 기능시험을 실시함.	• 전 직장의 경력을 조회하는 것이 필수적이며, 각종 신분증 제시를 요구하여 확인함. • baranguy(동장이나 면장)의 확인과 NBI(경찰)의 신원조치가 필수임.	• 큰 애로사항은 없지만, 일반 직원들은 조금 자주 바뀌는 것이 생산성에 차질을 줌.	• 해고시 상대방이 이의를 제기할 수 없을 정도의 확실한 근거를 제시하여야 함.
회사 2	• 1990년대 초반 설립 • 애완동물 물품 생산 • 현지인 120명	• 특별히 모집 광고를 하지 않아도 지원자들이 수시로 이력서를 제출하므로 이를 보관하고 있다가 결원이 생기면 연락하여 면접 후 채용함.	• 추천자가 누구인지 확인하고 가능하면 관공서에서 추천한 자를 우선 채용함. • 처음 채용하여 3개월은 임시직으로 근무하므로 근무성적을 평가하고 근무를 성실히 하면 2개월 연장 후 총 5개월 근무 후 정규사원 여부를 결정함.	• 채용인원이 적은데도 지원자들이 제출한 이력서를 많이 보관하고 있기 때문에 조달에는 애로가 없으며 결원이 생기면 이력서 검토 후 채용함.	• 해고란, 정규직 사원에 해당되는 경우인데 가능하면 해고하지 않는 것이 바람직하나 꼭 해고를 시켜야 한다면 회사의 규정을 철저히 적용하여야 함. 단, 어떤 경우든 해고시키면 해고수당을 지급해야 함. • 임시직 사원은 계약기간 종료됨과 동시 재계약하지 않으면 됨.
회사 3	• 1990년대 중반 설립 • 사료 생산 • 현지인 85명	• 채용공고(신문, 인터넷, 지인) 후 1차 면접(인사팀), 2차 면접(간부 입회)을 거쳐 채용함. • 처음 6개월은 임시직 채용한 후 재면접(간부 입회)후 정식사원으로 채용함.	• 임금수준을 높이기 위해 전 직장에서의 임금수준을 부풀리는 등 입사원서의 내용을 과대포장하는 경향이 있음. • 6개월 임시기간 동안은 일을 잘 하다가 정식사원으로 채용된 후 불성실하여지는 경우가 많음.	• 노동시장이 유연한 편이나 공신력 있는 인력알선기관을 찾기 어렵고 수시 채용으로 우수인력을 찾기가 어려움.	• 반드시 해고 사유에 해당하는 증거(근태기록, 처벌사항)를 가지고 있어야 함.

회사명	회사명	채용절차	채용시 유의사항	채용시 애로사항	해고시 유의사항
회사 4	• 1990년대 중반 설립 • 전기류 생산 • 현지인 22명	• 모집공고 → 서류전형 → 면접	• 출신지를 고려함.	• 없음.	• 노동법을 준수하여야 하며, 한국인 관리자는 나서지 않고 필히 필리핀 관리자가 해고 관련 업무를 취급할 것.
회사 5	• 2000년대 초반 설립 • 전기제품 생산 • 현지인 29명	• 서류전형 후 시험, 면접 과정을 거쳐 선발함.	• 전 직장의 근무경력을 통해 노동조합 등에 관련 여부를 확인하여야 함. • 경찰조회를 통해 인적사항의 확인이 필요함. • 건강진단서를 통해 약물중독 여부 및 건강상태 확인	• 없음.	• 없음.
회사 6	• 2000년대 초반 설립 • 전기, 전자제품 생산 • 현지인 878명	• 생산직은 사내게시판을 통해 모집함. • 사무직은 인터넷, 헤드헌터, 사내 직원들을 통하여 채용함. 근로자를 소개하는 직원에게는 소개한 직원 채용시 인센티브 지급함.	• 미국식으로 6개월간의 계약문화이기 때문에 수습기간 중 충분히 자질을 파악한 후 정규직화시키는 것이 좋음. • 한국에서는 3개월 수습기간 중 큰 무리만 없으면 정규직으로 채용하는 것이 관행이나 필리핀에서는 정규직으로 채용한 이후에는 한국보다 부진인력 정리가 힘듦. • 채용시는 현지인 인사과장에게만 맡기지 말고 한국인이 참석하여 지역, 학교 등 편중되는 일이 없도록 조정이 필요함. • 수학능력이 필요한 인력채용 시는 별도의 시험이 요구됨.	• 전 세계적 채용환경이 Global standard에 맞게 돌아가는 추세에 필리핀은 더욱더 그런 양상을 보이고 있어 고급인력(핵심) 채용 시 막대한 투자(금전적 · 시간적 노력)가 필요함.	• 해고는 특별한 사유가 없으면 엄청나게 힘이 들고, 많은 자료가 뒷받침되어야 함. • 해고 시 대부분 노동청에 찾아 감. 노동법 또한 근본적인 사상은 근로자의 보호에 있기 때문에 법규 해석상의 문제가 있을 때 근로자의 입장에서 문제해결토록 한다고 명시되어 있음. • 해고는 민감한 사항이기 때문에 깊이 다루기가 어려움.

회사명	초임 및 평균 임금수준	임금 결정 기준 및 방법
회사 1	• 생산직 : 초임 : 7,0008,000p, 평균 임금수준 : 7,500p • 사무 · 관리직 : 초임 : 8,000p 평균 임금수준 : 9,000p	• 생산직 : 쿼터의 달성 여부, 실력, 근무태도, 인성 • 사무 · 관리직 : 원활한 업무처리(인센티브 제공), 학력, 성장가능성, 인성
회사 2	• 생산직 : 초임: 일당 기준 최저임금 평균 임금: 초임보다 약간 상회 • 사무 · 관리직 : 초임 : 생산직과 같으나 월급으로 지급 평균 임금: 생산직보다 다소 높음.	• 정부에서 지정하는 조정 시기에 지역별, 업종별 최저임금에 따라 조정하고 근무연수에 따라 다소 차이 둠. • 고과평가는 특별히 우수한 자를 제외하고는 개인별로 동일하게 적용함. • 상여금은 당해 연도 회사 실적에 따라 연말에 지급하고 있음. 생산직보다는 관리직을 약간 높게 지급하고 있음. • 단, 경력자 채용시의 초임은 본인과 면담 후 결정함.
회사 3	• 생산직 : 초임 : US$150 (기본)+US$50(초과근무) 평균 임금: US$250 • 사무 · 관리직 : 초임 : US$150 평균 임금:US$350	• 채용시 초임은 직장경력, 전문성, 학력, 전 직장 직책 및 회사 수준 등을 고려하여 결정함. • 매년 말 고과에 근거, 물가인상률을 감안하여 임금인상률 결정함. • 경영목표 달성 여부에 따라 상여금 지급함.
회사 4	• 생산직 : 초임 : 237p/일 평균 임금 : 280p/일 • 사무 · 관리직 : 초임 : 237p/일 평균 임금 : 12,000p/월	• 초임의 경우 생산직, 사무직 모두 노동법상 최저임금 적용함. 단, 사무직 경력직의 경우 희망임금을 고려함. • 분기별 인사고과표에 의거 임금 조정함.
회사 5	• 생산직 : 초임 : 237p/일 평균 임금 : 245p/일 • 사무직 : 초임 : 237p/일 평균 임금 : 10,000p/월	• 초임은 생산직은 최저임금, 사무 · 관리직은 근무경력에 따라 임금을 설정함. • 생산직, 사무직 모두 고과평가 후 결과를 반영하나 관리직은 업무 필요성도 검토하여 조정함.

회사명	초임 및 평균 임금수준	임금 결정 기준 및 방법
회사 6	• 생산직 : 초임 : 237p/일 평균 임금 : 237p/일 • 사무 · 관리직 : 초임 : 9,000p/월 평균 임금 : 16,000p/월	• 생산직의 경우 모든 오퍼레이터들의 임금은 동일, 최저임금을 적용함(동일노동 동일임금: 1년차나 5년차나 임금은 동일). 단, 동기부여를 위하여 고과에 따라 인센티브 적용(인센티브는 언제라도 폐지 가능) • 사무 · 관리직의 겨우 생산직과 달리 우수인력을 선발하기위해서는 많은 노력을 요함. 전 직장에서 받던 수준의 10% 인상수준으로 임금이 결정되고, 개인별로 모두 호봉이 틀림(연공서열 철저히 배제). 동일 학교, 동일 학과 출신이 6년 후에는 능력에 따라 3배의 임금 차이가 남. • 사무 · 관리직은 고과를 평가하고 그 결과를 임금인상에 반영함. 상위 10%는 30%까지도 상승하는 반면, 하위 10%는 인상 없음(임금 예산에서 고과등급에 따라 임금을 배분). • 상여금은 법정 13month를 제외하고 없음.

회사명	인사고과 실시 여부 및 기준	승진체계 및 승진자 결정방법	이직률 및 대책	결근율 및 대책
회사 1	• 인사고과는 철저히 실시함. • 고과기준은 생산직은 성과 및 근태, 사무직은 근태 및 혁신활동 참여도임.	• 승진자 결정기준은 근속연수, 업무의 효율, 잠재력, 리더십임.	• 자기가 다니고 있는 회사나 공장에 대한 자부심을 갖게 할 수 있는 프로그램과 일에 대한 보람과 재미를 느끼게 하는 프로그램, 자신의 성장과 잠재력을 끌어올릴 수 있는 분위기를 마련함.	• 팀웍을 강조하여 나 하나쯤 빠져도 별문제 없겠지 라는 생각을 다른 팀원들과 연관시켜서 그런 사람들 때문에 다른 사람들과 팀원들이 힘들다는 것을 깨우쳐 주어 팀웍을 강화시킴으로써 결근율을 줄임. • 출근율이 좋을 때는 각종 인센티브제도 적용.
회사 2	• 고과평가를 실시하지 않으나 일부 우수한 인력을 선정하여 임금인상을 차등화함. • 우수인력 선정은 생산직의 경우 반장 및 감독자가 추천하는 자(평가기준은 출, 결근 관계, 작업실적), 사무 · 관리직은 총감독(현지인)이 추천하는 자를 회사 대표가 결정함.	• 생산직의 직급체계는 작업원 · 반장 · 감독자 · 총감독자(현지인 관리)임. 현장 작업자의 승진은 감독자의 추천으로 대표가 결정함. • 사무직: 전원 사무원으로 근무하므로 직급체계가 없고 따라서 승진도 없음.	• 정규직 사원 중 이직자는 거의 없음. • 입사하여 정규직 사원이 되는 것이 매우 어렵기 때문에 특별한 사정이 없으면 사직하지 않음.	• 대부분 병가 6일, 그외 휴가로 6일 연간 12일을 주기 때문에 특별한 경우를 제외하고는 결근을 하지 않음. • 6개월 동안 결근하지 않은 근로자에게는 쌀 1포대 지급

회사명	인사고과 실시 여부 및 기준	승진체계 및 승진자 결정방법	이직률 및 대책	결근율 및 대책
회사 3	• 생산직, 사무직 모두 업적평가(연간 2회)와 역량평가(1회)를 실시함.	• 현지인의 자질은 한국 근로자의 60~70% 수준임.	• 높지 않음.	• 높지 않음.
회사 4		• 인사권자에 의해 결정됨. • 근면성과 애사심을 봄.	• 이직은 거의 없는 편임.	• 인사고과에 반영하는 것이 가장 좋은 방법임.
회사 5	• 고과를 실시함. • 고과 기준은 생산직의 경우 작업능률, 품질상태, 환경적응도, 출결상황, 자기개발 가능성, 사무·관리직의 경우 업무효율, 업무 능동성, 출결상황, 자기개발	• 정한 근속기간 미만을 근무한 자는 2명의 상사로부터 추천이 있어야 승진이 가능함. 근무기간이 명시된 기간을 넘은 경우 승진 검토 대상자로 분류, 고과평점을 통해 진급 결정함.	• 높지 않음. • 기술직은 임금에 따라 이직률이 높음.	• 낮음. • 사규를 통해 출결관리
회사 6	• 실시하고 있음.	• 기본 방향: · 업적과 역량본위 등용을 통해 핵심인력 확보 · 애사심과 신뢰 제고를 위한 공정하고 객관적인 제도운영 · 우수한 인력은 과감하게 발탁하여 Star Player 양산. • 승격 방식: · 정규승격: 회사에서 정한 일정 수준(업적 및 평가) 이상인 자 · 발탁승격 : Succession Plan 및 탁월한 업적을 이룩한 자에 대해 기준 및 자격에 관계없이 승격시키는 제도 • 승격 시기: 매년 5월 1일자(연1회)승격위원회 구성 · 승격운영 기준내 승격자 심의·결정하여 심사 결과에 대한 공정성 및 투명성 확보 · 각 부서간 이해조정	• 평균 3년에 직장을 한 번씩 옮기는 편으로 대책이 필요함(이것은 문화이기 때문에 한계가 있음) 어떻게 시스템으로 보완할 것인지에 중점을 두어야 함. • 미국식 사고방식으로 퇴직 시 업무 인수인계가 없다고 생각해야 하며, 갑작스러운 퇴직에 대비하여 시스템 및 조직이 일을 하도록 대비하고, 핵심인력에 대한 적정한 보상(승격, 직책, 금전적 보상) 이루어져야 함. • 때로는 잘 훈련된 근로자가 필리핀 어느 곳에 있던지 필리핀 발전에 기여한다고 생각하는 여유로움이 필요함.	• 감기로도 결근하고, 특히 집안일로 많이 결근하는데 대책으로는 고과에 반영하는 것임. • 만근수당(한 달 만근하면 금액으로 지급) 제도 운영 • 매주 부서별 결근율 전체 회의 시 공지하여 내부적으로 관리하도록 유도함. • 근태에 대한 제도를 만들어 한 달 기간 중 1일 결근에 구두경고, 2일은 서면경고, 34일은 1일 정직, 5일 결근이면 정직 등으로 상벌을 병행

회사명	교육·훈련 실시 여부 및 방법	복지후생제도	한국 근로자의 역할	한국 근로자와 현지 근로자 간 갈등관계 조정방안
회사1	• 공장 내 혁신활동프로그램과 워크숍을 통해 외부에서의 세미나와 각종 프로그램에 참가함.	• 한국으로의 연수 프로그램(1주간), 인센티브 제도, 우수직원들에 대한 각종 포상	• 관리와 기술을 가르치고 제공하면서 생산에서 핵심적인 역할을 담당	• 대화를 하고 문제점을 미리 분석하여 문제점이 일어나기 전 조치를 취함.
회사2	• 입사 시 안전교육은 감독자가 실시하고, 작업방법은 한국인이 지도함. • 작업이 고도의 기능을 요구하지 않기 때문에 교육·훈련에 대하여 그다지 중점을 두지 않음.	• 정규직에 한하여 식사 제공(사무직: 전액, 생산직: 반액) • 연간 쌀 2포대 티셔츠 2-3벌 지급 • 5년, 10년 근속자에게는 근속패 수여 • 잔업(4시간이상)하는 날은 퇴근차량 배차 • 경조사시 경조금 전달	• 작업방법 교육 및 생산 품질관리 담당	• 문화의 차이(즉 생각의 차이)로 발생하게 때문에 우리의 생각을 바꾸고 현지인은 감독자로 하여금 이유를 설명하도록 함(가능하면 이곳의 문화에 맞추는 것이 좋음).
회사3	• 내외부 프로그램 제공 및 한국 연수			• 현지 문화를 이해하고자 하는 열린 마음과 의사소통이 필요함.
회사4	• 외부강사를 초청해 세미나 형태의 훈련방식을 택하고 있음. • 필요에 따라 외부로 교육을 보내기도 함. • 신규직원 채용 시 업무수행에 필요한 품질관련 교육 실시	• 5명의 직원에게 주택 제공	• 전반적인 관리	• 갈등이 없음.
회사5	• 실무교육을 상시 실시함. • 제반 능력향상 교육 및 추가교육은 회사의 필요에 따라 실시함.	• 의료보험	• 현지 근로자에게 지식 전달 및 제반 운영관리	• 충분한 대화를 하고, 의도한 바를 명확히 전달하는 것이 해결책임.

회사명	교육·훈련 실시여부 및 방법	복지후생제도	한국근로자의 역할	한국근로자와 현지 근로자간 갈등관계 조정방안
회사6	• 외부 교육기관도 많이 있는데 크게 효과가 없고, 한국 연수, 한국인 엔지니어가 와서 하는 연수 등으로 이루어지고 있으나, 대부분 교육 후 몸값이 높아지기 때문에 다른 회사로 이직을 생각하는 경우가 많음 이를 방지하기 위하여 2년간 계약을 맺는 등 이직방지를 위한 장치가 있으나 회사에서 종업원을 상대로 소송을 하기는 상당히 어려운 점이 많아 실제적인 효과는 없음.	• 점심값 보조, HMO(사설 의료보험: 필리핀은 사회보장제도에 의료보험은 있으나, 실제적이 혜택이 미약함) • 생명보험: 각종 장애 포함 • Car Loan(일부 관리자 이상 적용하지만 loan은 리스크를 감안하여야 함. • 쌀 배급, 생일선물, 사내 제품 판매 (대기업만 가능), 결혼선물, 그 외에도 각종 휴가, 비타민 지급 등	• 리더십이 상당히 요구됨. • 조직관리자로서 역할이 증대됨. • 한국인과 필리핀인들이 많이 다르다는 부정적인 측면도 있지만, 조직관리를 위하여 많이 노력한 관리자들은 그들과 같이 생활하고, 긍정적인 면을 많이 보려고 노력함.	• 우선은 당사자끼리 내부적으로 대화로 해결하여 함. 이것이 불가능할 때는 인사부서나 법인장이 중재하나 일이 커진 후이기 때문에 상당한 부작용이 따름. • 평소 조직관리가 잘 되면 갈등의 소지도 없을 뿐더러, 갈등이 생긴다고 해도 해결책은 자체적으로 쉽게 풀림. • 필리핀 노동자는 특히 감정을 쌓아 놓았다가 한번에 터트리는 경향이 있어 겉으로는 전혀 문제가 없는 것처럼 보이다가도 죽음에 이르는 경우도 종종 있음.

회사명	노조현황 및 차이점	의사소통 활성화제도	근무태도 및 작업기강	관리상 애로사항	한국와 노동법 상 가장 큰 차이점
회사1	노조없음	• 각종 면담과 불만시 제안함을 이용해서 비밀을 보장해 주는 소원수리 제도가 있음.	• 생산성이 조금 떨어지지만 지속적인 교육과 훈련으로 어느 정도 수준까지 올라갈 수 있음.	• 문화적인 차이와 필리핀 특유의 국민성	• 현지의 경직된 노동법을 반드시 따라야만 하는 어려운 점이 있음.
회사2	노조없음	• 반장, 감독자, 관리자가 매월 한 번씩 모임을 갖고 전 달의 작업평가와 다음 달의 계획에 대하여 토의함(회의하는 날은 외부 식당에서 회식을 함) • 현지인들의 경조사가 있으면 방문함.	• 현지인들은 악착같은 기질은 없으며 그저 주어진 일, 근로시간 맞추어 일상적으로 하는 태도 • 하던 일이 조금 남아 약간의 시간만 투입하면 끝낼 수도 있는 일을 시간 되었다고 멈추고 다음으로 미루는 것 등이 우리와는 다른 점임.	• 일반적인 애로사항은 없음. • 단, 납기 문제로 일요일 근무시켜 본 경험이 있는데 80% 출근하고 출근해서도 능률이 80% 정도로 저조하였음. • 현재 일요일과 공휴일은 근무시키지 않고 있음.	• 근로시간은 일일 8시간(식사시간 제외)이며, 잔업은 사정에 따라 실시하는데 전원 잔업을 하고 있음. • 여성근로자들도 임금이 동일하기 때문에 남성근로자와 다른 점이 없으나 작업강도 면에서 품질검사, 포장 등 다소 쉬운 곳에서 근무함.

회사명	노조현황 및 차이점	의사소통 활성화제도	근무태도 및 작업기강	관리상 애로사항	한국와 노동법 상 가장 큰 차이점
회사 3		• 제안제도	• 현지인의 자질은 한국 근로자의 60~70% 수준임.	• 나쁜 일이 생겼을 때 보고하지 않음. • 의사결정에 서투름	• 친노동자 성향이 강함.
회사 4	노조없음	• 제안제도	• 한국근로자에 비해 작업시간은 준수하나 능률은 조금 떨어지는 편임.	• 초창기에 어려운 점은 잦은 결근 등 근면성에 상당한 애를 먹었으나 현재는 없음.	• 철저한 무노동 무임금이 지켜지는 아주 합리적인 시스템임. • 다른 법령 체계는 한국와 대동소이
회사 5	노조없음	• 부서별 미팅	• 근무 성실도는 우수하나 능동성이 부족하여 상세한 작업지시 및 교육이 수반되어야 함.	• 프로의식의 부족으로 가정과 직장을 연관지어 생각하고 판단함.	• 무노동 무임금
회사 6	노조없음	• 부서별 간담회 운영 (한 달에 1회 이상 사외 석식) • 건의함 운영 • 각종 위원회 운영 (체육, 노래, 봉사, 신문, 식당운영, 야유회 등) • 인사부서 내부조직을 통한 Monitoring 및 각종 Activity	• 영어를 잘하기 때문에 의사소통의 애로사항이 다른 동남아국가보다 적다는 것이 가장 좋은 점임. • 낙천적인 성격으로 친절하고 활달함.	• 항상 일을 끊어서 지시하여야 함. • 한국에서 한 번 지시할 것이면 5단계 정도로 나누어서 지시를 해야 하고, 항상 진행이 되고 있는지도 체크해야 함. • 일을 하다가 막히면 다음 단계로 넘어가지 않고, 스스로 와서 문제점을 이야기하지 않음.	• 노동법 90% 이상은 한국과 같음. • 심야수당 10% 할증으로, 잔업 및 야간근무에 대한 인건비 부담이 유리함.

▌자료 : 박영범 · 우석훈(2004b).

3. 육성관리

가. 보상

외국인투자기업은 필리핀의 노동법이나 각종 규제정책을 잘 준수하여야 한다. 매년 지역별로 결정되는 최저임금이 현지 진출기업의 인건비 관리의 중요한 기준이 된다. 대부분의 진출기업이 해당 지역의 노동위원회에서 결정하는 최저임금 수준을 생산직 종업원들의 초임수준으로 하고 있을 뿐 아니라 해마다 인상되는 최저임금 인상률을 개별 기업의 임금인상률의 근거로 하고 있다.

필리핀의 최저임금법 수준은 한국처럼 1인 단신근로자의 최저생활 수준을 보장하는 정도가 아니라 중소기업이 부담을 가질 정도이다. 그래서 필리핀 기업의 상당수는 이를 어기는 경우가 많이 있으나, 결국 문제를 야기시키기 때문에 외국인투자기업으로서는 법에 정한 기본적인 것은 해주는 것이 궁극적으로 기업에게 도움이 된다.

생산직의 경우 근속에 따른 임금 차이가 거의 없다. 조사대상 한국 기업들도 근속에 따른 차이를 전혀 두지 않은 기업도 있었다. 다만, 숙련도나 근무태도에 따라 인센티브 차원의 수당이 있는 정도이다. 생산직의 경우 월평균 임금은 일일 8시간 근무를 기준으로 최저임금 수준인 월 미화 150달러(약 7,500페소)이다.

사무직의 경우도 대부분 회사 초임 근로자의 임금은 최저임금 수준이다. 그러나 경력직은 전 직장의 임금, 희망임금 수준 등을 고려하여 개인별로 정한다. 회사 6과 같이 우수한 인력을 선발하기 위해서는 전 직장에서 받던 수준의 10% 이상으로 초임을 결정하고, 개인별로 모두 다른 호봉을 부여하는 경우도 있다. 단, 이 경우에도 연공서열은 철저히 배제되고 있다. 따라서 동일 학교, 동일 학과 출신이 6년 후에는 능력에 따라 3배 이상의 임금이 차이난다. 고과에 따라 임금인상률의 차이가 나기 때문이다. 상위 10%는 30%까지 임금이 인상되는 반면 하위 10%는 인상이 전혀 없다.

임금은 정부가 매년 정하는 지역별・업종별 최저임금 수준, 물가인상률 등에 따라 조정한다.

생산직이나 사무직이나 정도의 차이는 있으나 인사고과에 따라 개인별 임금의 차이가 난다. 회사 2는 고과평가는 특별히 우수한 자를 제외하고는 동일하게 적용하고 있고, 회사 6은 동기부여를 위해 인센티브 수당을 지급한다.

상여금은 법정상여금을 제외하면 없는 경우와 당해 연도 실적에 따라 연말에 법정상여금 외의 상여금을 지급하는 경우로 나누어진다. 회사 2와 회사 3은 경영목표 달성 여부, 회사의 성과 등에 따라 법정 상여금보다 높은 상여금을 지급하되, 개인별로 약간의 차등을 두고 있다. 생산직보다는 관리직을 약간 높게 지급하고 있다.

나. 평가 및 승진관리

회사 2와 회사 4는 공식적인 고과를 실시하지 않고 있으며, 나머지 3개 기업은 인사고과를 실시하고 있다. 회사 1의 고과 기준은 생산직은 성과 및 근태, 사무직은 근태 및 혁신활동 참여도이다. 회사 5의 고과 기준은 생산직의 경우 작업능률, 품질상태, 환경적응도, 출결상황, 자기개발 가능성, 사무・관리직의 경우 업무 효율, 업무 능동성, 출결상황, 자기개발 가능성, 대인관계 등이다.

회사 2는 고과를 실시하지 않으나 우수인력을 선정하여 임금인상률의 차이를 두고 있다. 생산직 우수인력 선정은 반장 및 감독자가 하고, 그 기준은 출결근 관계, 작업 실적, 근면성, 애사심 등이다. 사무・관리직의 우수인력은 총감독(현지인)이 추천하는 자를 대표가 결정하며, 그 기준으로서는 업무 효율, 업무 능동성, 출결상황, 자기개발 가능성, 대인관계 등이다.

승진의 경우, 회사 1의 승진자 결정 기준은 근속연수, 업무 효율, 잠재력, 리더십 등이다. 회사 2의 경우 생산직의 직급체계는 작업원・반장・감독자・총감독자(현지인 관리)인데, 승진자는 감독자의 추천으로 대표가 결정하며, 사무직은 전원 사무원으로 근무하기 때문에 직급체계가 없고 따라서 승진도 없다. 회사 3이나 회사 5는 인사고과에 따라 결정된 승진대상자 중 면접 등을 통해 승진자를 결정한다. 회사 4는 인사고과를 실시하지 않고 대표가 승진자를 결정하는데, 근면성과 애사심을 고려하고 있다.

국내의 모기업이 탁월한 인사고과제도를 가지고 있는 회사 6의 경우 승진관리의 기본방향은 업적과 역량 본위로 제도를 운용하여 핵심인력을 확보하는 것이다. 특히 애사심 고양과 신뢰성 제고를 위해 제도를 공정하고 객관적으로 운영하고자 한다. 매년 5월 1일자(연 1회)로 승격위원회를 구성하여 정한 기준에 따라 심의・결정하고 있다. 심사 결과에 대한 공정성 및 투명성 확보를 최우선 과제로 하고 각 부서간 이해도 고려하고 있다. 회사에서 정한 일정 수준(업적 및 평가) 이상인 자를 대상으로 하는 정규 승격 외에 탁월한 업적을 이룩한 자에 대해서는 기준 및 자격에 관계없이 승격시키는 발탁승진제도를 운영하여 우수한 인력을 과감하게 발탁하고 있다.

다. 복지후생제도

한국에 비해서는 회사에서 제공하는 복리후생제도가 그다지 많지 않다. 회사 2는 정규직원에 한하여 식사를 제공하고 있는데, 사무직은 전액, 생산직은 절반의 식비를 회사에서 보조하고 있다. 또한 연간 쌀 2포대, 티셔츠 2-3벌 지급하며. 잔업(4시간이상)을 하는 날은 퇴근 차량을 배차하고, 경조사시 경조금 전달 등이 있다.

회사 4는 5명의 직원에게 주택, 회사 5는 의료보험 혜택을 제공하는데 필리핀에서는 사회보장제도 하의 의료보험은 취약하기 때문에 회사가 추가로 제공하고 있다.

회사 6은 점심값 보조, 사설의료보험, 각종 장애에 대비한 생명보험 등을 제공한다. 일부 관리직원에 대해 자동차 구입에 필요한 자금을 대출하여 주고 있다. 그 외 결혼선물 등 경조사비, 생일선물, 사내제품 판매(대기업만 가능), 비타민 지급 등의 부가 혜택이 있다.

라. 교육훈련제도

제품의 성격이나 회사 규모에 따라 교육훈련에 대한 투자가 차이가 난다. 직원 2,000명 규모의 회사 1은 공장 내 혁신활동 프로그램을 운영하고 워크숍을 통해 외부에서의 세미나와 각종 프로그램에 근로자를 참여시킨다. 대기업인 회사 6도 한국연수 실시, 본사에서 파견된 한국인 엔지니어에 의한 교육, 필리핀 내외부 연수프로그램에의 참여 등을 통해 교육훈련을 실시하고 있다. 회사3도 한국에 연수를 보내고 있다.

회사2는 교육훈련에 대해 그다지 중점을 두지 않고 있으며, 회사4는 외부강사를 초빙하거나 외부 훈련기관에 교육을 보낸다. 회사5는 실무교육을 상시 실시하고 있으며, 회사 필요시 추가교육을 실시하고 있다.

회사6의 경험에 의하면 필리핀 내 외부 교육기관에서 하는 교육은 그다지 큰 효과가 없으며, 한국에서의 연수교육은 효과가 크나 연수 완료 후 이직방지 대책이 문제이다. 대부분 교육 후 몸값이 높아지기 때문에 다른 회사로 이적을 생각하는 경우가 많은데, 이를 방지하기 위하여 2년 계약을 맺는 등 이직방지를 위한 장치는 있으나 회사에서 종업원을 상대로 소송을 걸기는 상당히 어려운 점이 많아 실질적인 효과는 없다.

한국에 연수를 보낸 근로자에 대한 관리 문제는 회사6뿐 아니라 필리핀 내 한국 진출기업 모두가 가지고 있는 문제이다. 연수를 보낸 근로자가 한국에서 연수 장소를 이탈하는 경우가 적지 않고, 복귀 후 한국과 비교하여 필리핀 국내의 실정에도 과도한 요구를 하는 경우가 있고, 무엇보다도 많은 근로자들이 다른 회사로 이직을 하기 때문이다.

4. 조직관리

가. 의사소통 및 집단적 노사관계

조사대상 모두 노조가 없으나 의사소통의 활성화를 위해 노력하고 있다. 회사 1은 각종 면담을 활성화하고 불만시 제안 제도를 통해 불만을 표출하게 하여 비밀을 보장하여 주면서 이를 해결하여 주는 제도가 있다. 회사 2는 반장, 감독자, 관리자가 매월 한 번씩 모임을 갖고 전 달의 작업평가와 다음 달의 계획에 대하여 토의하며, 회의를 하는 날은 와부 식당에서 회식을 한다. 또한 현지인들의 경조사가 있으면 집을 방문한다.

회사 6은 부서별 간담회(한 달에 1회 이상 사외 석식), 건의함, 각종 위원회(체육, 노래, 봉사, 신문, 식당 운영, 야유회 등)를 운영하고 인사부서 내부 조직을 통해 각종 불만사항을 사전에 점검하는 등의 활동을 하고 있다.

현지인들의 고충은 주로 금전적 문제로 가불 신청이 많으며 가불을 받은 근로자에 대해서는 매달 임금에서 일정 금액을 공제한다.

나. 한국인 근로자의 역할

한국인 관리자들은 소수이지만 전반적인 관리와 함께 현지인 근로자들에게 기술이나 기능을 가르치기 때문에 생산에서 핵심적인 역할을 담당하고 있다.

조직관리자로서 역할도 하므로 상당한 리더십이 요구된다. 특히 한국 관리직들의 영어 능력이 취약하므로 발생하는 문제가 많다.

한국 관리자와 필리핀 근로자들 사이에 갈등이 일어날 소지가 있으므로 이를 현명하게 조정하는 것이 필요하다. 회사 1은 대화를 평소에 활성화시켜 문제점이 있는 소지를 미리 분석하여 문제가 일어나기 전에 조치를 취하고자 하고 있다. 회사 2는 현지인 근로자와의 갈등은 문화의 차이(즉, 생각의 차이)로 발생하기 때문에 우리의 생각을 바꾸고 현지인에게는 감독자로 하여금 이유를 설명하도록 하여 차이점을 조정하고자 한다. 또한 가능하면 필리핀의 문화에 맞추고자 한다. 회사 3과 회사 5도 현지 문화를 이해하는 마음과 대화를 통해 서로를 이해하려는 자세가 중요하는 것을 강조하고 있다.

회사 6은 우선은 당사자끼리 내부적으로 대화로 해결하며 이것이 불가능할 때는 인사부서나 법인장이 중재하나 일이 커진 후이기 때문에 상당한 부작용이 따른다는 것을 충고하고 있다. 평소 조직관리가 잘 되면 갈등의 소지도 없을뿐더러, 갈등이 생긴다고 해도 해결책은 자체적으로 쉽게 풀리기 때문에 평상시의 조직관리가 중요하다고 보고 있다. 특히 필리핀 근로자들은 감정을 쌓아 놓았다가 한번에 터트리는 경향이 있어 겉으로는 전혀 문제가 없는 것처럼 보이다가도 이를 사전에 잘 관리해 주지 않으면 근로자 간의 다툼으로 죽음에 이르는 경우도 종종 있음에 유의하여야 한다는 것을 조언하고 있다.

제5장

몽골 :

2004

몽 골
2004

제5장 몽골 : 2004년[1)]

1. 경제 및 노동환경

징기스칸의 나라로서 한때 아시아에서 유럽까지 전 세계를 지배하였고, 같은 언어군에 속함으로써 우리에게 친숙한 몽골은 사회주의체제를 막 벗어나서 산업화의 초기 단계에 있다. 국토의 면적은 한반도의 7배이나 인구는 250만여 명에 불과하고, 경제도 주로 광업과 목축에 의존하고 있다.

최근 들어 한국 사람들이 즐겨 찾는 관광지로도 부상하고 있는 몽골에 대한 한국의 투자는 대기업에 의한 통신 등에 대한 일부 투자를 제외하면 소규모 영세 자본에 의한 도소매업, 무역업, 기타서비스업이 주종을 이루고 있다. 몽골투자청에 외국인 투자등록을 하였으나 한국의 해외투자 통계에 포함되지 않은 투자도 상당수 있다.

---

1) 박영범 · 우석훈(2004a)의 일부 내용을 발췌하여 정리하고 약간의 내용을 추가하였다.

한국의 몽골에 대한 투자는 몽골에 투자한 국가들 중 4위에 이르는 등 200여 개의 한국 기업이 있으나 일부 동남아 국가와는 달리 한국 기업이 현지인의 노무관리와 관련하여 문제를 일으킨 사례는 없다.

몽골에 대한 투자국으로서 한국의 위치가 최근 2위에서 4위로 떨어진 것에서 나타나듯이 몽골에 대한 선진국들의 관심이 높아지고 있으며, 몽골도 구소련과의 외채상환 문제가 해결되는 등 본격적인 경제발전 단계로 접어들고 있는 것을 고려할 때 몽골의 자본주의 경제체제로의 이행은 가속화될 전망이다.

2003년 기준으로 GDP는 12억 달러, 1인당 GDP는 4 달러이다. 2003년 GDP 성장률은 5.5%, 물가상승률은 4.7%였다. 화폐 단위는 투그릭(Tg)으로 2004년 4월말 현재 미화 1 달러당 1,170 투그릭이다. 2003년 말 기준으로 외환보유고는 1억 2천만 달러, 2003년 연간 수출액은 6억 1천6백만 달러, 수입액은 8억 1백만 달러이다.

2002년 말 현재 15세 이상 노동력은 1,402,800명이고 이 중 863,400명이 경제활동에 참여하고 있어 경제활동참가율은 61.5%이다. 취업자는 832,600명이고 실업자는 30,800명으로 공식적인 실업률은 3.6%이다. 2001년에 대비하여 실업률은 1.1%p 하락하였다. 그러나 실제 실업률은 3%보다 높으리라 추정된다. 실업자는 노동부에 실업임금을 받기 위하여 등록한 구직자만을 포함하고 있기 때문이다. 많은 비공식 부문의 근로자는 실업임금을 받기 위해 관계기관에 등록하지 않고 있다. 실질적인 실업률은 10%가 넘는 것으로 추정하고 있다. 2000년 인구조사에 의하면 실직상태에 있는 사람이 164,900명이었는데, 즉 실업자

4명 중 1명만 노동부에 등록하였다는 것을 보여주고 있다.

많은 사람들이 농촌에서 도시로 이주하고 있어서 노동시장에서 일자리창출의 문제가 되고 있는데 이들은 대부분 비공식 부문으로 편입된다.

취업자가 가장 많은 산업은 농업으로 2001년 말 기준으로 취업자의 48.3%인 403,400명이 취업해 있다. 그 다음으로 취업자가 많은 부문은 상업으로 90,300명, 제조업 55,600명, 교육 55,200명의 순이다.

부문간 노동이동이 활발하나 근로자들의 생산성이 낮고 경쟁력이 없으며, 특히 많은 실업자가 시장에서 필요로 하는 기능이 없으며 실업기간이 너무 긴 것이 문제이다. 실업자의 60%가 전혀 기능이 없으며, 6%만이 초등학교를 졸업하였다는 사실은 실업자를 위한 기능훈련이 매우 중요하다는 것을 시사하고 있다. 직업훈련 제도는 아직 취약한 상황이고, 고용주의 요구를 충족시켜 주는 숙련근로자는 부족한 실정이다.

몽골은 1969년 ILO에 가입하였고 ILO 협약 제87조(결사의 자유), 제98조(단결권 및 단체교섭권), 제100조(동일임금), 제111조(차별금지) 등을 비준하였으나 진정한 의미에서의 노사관계는 시장경제 체제로의 이행이 본격화된 1990년대부터 형성되기 시작하였다.

사회주의 체제 하에서 국가가 모든 재산을 소유하고 있었으므로 유일한 사용자였을 뿐만 아니라 노사관계에서 정부의 역할이 시장경제 체제와는 차이가 나기 때문이었다. 시장경제 체제로의 이행이 시작된 이후 노사관계에 있어서 가장 큰 어려움은 노사가 독립적으로 자유로운 선택을 하고 상호 이익이 되는 협조관계를 이끌어낼 수 있는 역량이 부족하다는 것이다.

몽골에서 노동운동이 시작된 시기는 1917년이다. 현재의 CMTU는 1927년에 설립된 몽골 최초의 노동조합의 후신인데, 현재 전국단위에서의 유일한 노동조합이다. 2002년 말 현재 노조원 수는 180,709명이고, 22개의 아이마그와 수도에 12개의 전문직 노조를 산하에 두고 있다. 몽골경영자협회에 비해 CMTU는 여러 정치적 · 경제적 · 사회적 제도를 거치면서 풍부한 활동과 경험을 가지고 있다.

근대적 노사관계의 역사가 짧음에도 불구하고 몽골에는 노사정 합의가 노사관계의 환경을 규제하는 주요한 요소이다. 앞에서 언급된 대로 정권이 1990년대 이후 두 번 바뀌었음에도 불구하고 노사정 합의에 대해 정부는 항상 적극적이었다.

2. 고용관리[2)]

조사대상 기업 중 회사 1은 한국 기업 2개와 몽골 기업이 합작하여 설립한 몽골의 이동통신회사이고, 회사 2는 자동차 판매 및 수리 회

2) 몽골에 진출해 있는 한국 기업은 정부의 투자 승인을 받지 않은 사업체를 포함하면 약 100여 개 되는 것으로 알려져 있는데, 제조업체는 거의 없고 소규모의 식당이나 무역업에 종사하고 있으므로 일부 대기업을 제외하고는 체계적인 노무관리가 이루어지지 않고 있어 진출 기업들에게 아직은 노무관리가 경영상의 주요 고려사항은 아니다. 2004년 8월 중순 6개 사업체를 방문하여 면담하였다. 보다 자세한 내용은 |표 5-1| 참조.

사 그리고 봉제, 회사 3은 레미콘, 회사 4는 요식업 및 건설, 회사 5는 관광, 무역, 목재 생산업을 하고 있다. 한국 기업 중 현지 진출에 성공한 대표적인 기업이며, 근로자 수는 적게는 20명에서 많게는 500명이나 합작회사인 회사 1을 제외하면 한 회사가 여러 업종에 투자하고 있는 것이 특징 중의 하나이다.

가. 채용

회사를 처음 시작할 때는 사무직 및 생산직 모두 가장 일반적인 모집방법은 신문공고이다. 한국 기업이 많이 진출해 있는 중국이나 동남아시아의 다른 나라와는 달리 공단 지역이 아직은 발달해 있지 않기 때문에 지인이나 학교의 추천을 받는 연고채용도 기업들이 많이 사용하는 방법이다. 한국의 고용안정센터와 같은 공공기관이나 민간 직업알선업체는 활성화되어 있지 않으나 구청 등 행정기관의 소개를 받아서 직원을 채용하기도 한다.

진출 기업들은 신문공고와 같은 공개적인 방법을 통해 인력을 채용하기보다는 지인을 통해 인력을 채용하는 것을 권고하고 있다. 몽골이 나라가 크지 않고, 몽골 사람들끼리 서로서로가 잘 알기 때문에 좋은 일자리인 경우 인사 청탁이 많이 들어와서 적격한 사람을 선발하기가 어렵기 때문이다. 또한 대졸자가 많기 때문에 공개채용 시 적용되는 학력 등은 선발의 수단으로 큰 의미가 없다. 몽골 근로자들은 이직률이 높은 편이나 연고로 채용된 사람들은 이직을 상대적으로 덜하기 때문에 연고채용이 권장된다.

그러나 능력이 있는 중간급 관리자의 경우 국비유학생 출신 등을 스카우트하여야 하는 경우도 있다.

1990년대 초 급격한 사회주의의 붕괴 이후 아직도 적응하지 못하는 몽골인들이 많으므로 적절한 사람을 뽑기 위해서는 몽골국립대학 출신 또는 부친이 정부 고위 관리를 지내는 등, 나름대로 자신이나 자기 집안에 대해 자긍심이 있음직한 출신을 채용하는 하나의 방법이 될 수 있다는 것이 현지에 진출해 있는 한국 기업 관계자의 경험이다.

선발시에는 서류전형과 면접을 이용하고, 생산직의 경우는 필요에 따라 실기테스트를 실시하기도 한다. 선발시 전 직장에서의 노조활동 여부를 가장 중시하고 있는데 특히 공산당(JVP) 전력자는 과격분자로 분류하여 선발하지 않는다. 근로자의 학력보다는 경력 여부, 작업의 숙련도, 결혼 여부, 거주지와의 거리 등이 선발시 고려되는 중요한 사항이다. 특히 기후 관계로 정신질환자가 많으므로 이에 대한 병력 여부를 확인하는 것도 중요하다. 대졸 관리자인 경우는 업무수행 능력과 아울러 회사 문화의 적응성 유무 및 자본주의에 대한 태도 등도 유념하여 선발하여야 한다. 노사분규에 대한 우려로 남성보다는 여성들을 선호하는 경향이 있다.

한국 진출 기업들이 현지 근로자들을 채용할 때 애로사항의 하나는 공단밖에 있거나, 지역에 따라서는 회사가 위치한 공장 근처에서 노동력을 구하기 어려워 원거리로 나가야 한다는 것이다. 이들 원거리 출근자들은 대중교통 수단이 취약하므로 출퇴근관리에 어려움을 준다. 일부 회사는 노사갈등 시 지역주민들과의 마찰에 대한 우려로 근처 지역에서 인력을 조달하지 않는 경우도 있다.

사람을 구하기는 어렵지 않으나 한국과 같이 자격을 갖춘 인력을 구하는 것은 용이치 않다. 특히 사회주의 체제가 붕괴된 지 얼마 되지 않기 때문에 영어를 구사할 줄 아는 사람이 아주 적다. 오히려 한국에서 일한 경험이 있는 사람들이 많고 한국어를 가르치는 몽골 대학이 여러 개 있기 때문에 한국어를 사용하는 사람들을 찾기는 쉽다. 그러나 이들은 일반 직원으로 일하기보다는 통역으로 일하기를 원한다. 영어를 사용하기는 하나 제대로 영어를 구사하는 이들도 적어 구직자의 영어 구사능력도 고려하여야 한다.

일정 규모 이상의 기업은 입사시 근로조건이나 인사고과 여부 등을 자세히 기재한 채용계약서를 작성한다. 그러나 진출해 있는 한국 기업들의 상당수는 영세 수준이기 때문에 임금수준 정도로 상호간에 합의하고 기타 근로조건은 법에 정해진 대로 한다는 형식적이고 암묵적인 계약하에 채용하는 것이 일반적이다.

나. 해고

노동법상 근로자가 경고를 3회 이상 받으면 해고가 가능하다. 경고는 서면으로 하여야 한다.

한국가 진출하여 있는 대부분의 아시아 국가에서는 해고가 어렵기 때문에 해고사유에 대하여 명확한 사유서를 작성하여 본인의 서명을 받아 필히 이를 보관하도록 권고 받고 있다. 그러나 몽골의 경우는 법적으로 해고가 그렇게 어려운 편은 아니다. 다만 일정 규모

이상 기업의 경우 지역사회와의 관계를 고려할 때 실질적으로 쉽지 않다. 지역사회의 유력자와 어떠한 형태로든 연계가 되기 때문에 절도나 회사에 상당한 손해를 입히기 전에는 해고를 하지는 않는다.

한국의 근로자 기준으로 하면 업무성과나 생산성이 떨어짐으로 해고를 하고 다른 근로자를 채용하고 싶은 심정이 들기도 하나 한국 근로자와의 임금 차이 등을 고려하면 이와 같은 접근방식은 지양하여야 한다. 업무 성과가 떨어져서 계속 근무시키는 것이 곤란하다고 판단되는 경우 추가적으로 금전적으로 보상을 하고 사직서를 받아내는 것이 하나의 방안이다. 일부 근로자들은 일을 못한다는 내색을 하거나 능력이 없다는 언질을 주면 자존심이 상하여 스스로 이직하기도 한다.

다. 이직 및 결근관리

몽골 근로자들은 회사에 대한 충성도가 대단히 낮음으로 이직률이 매우 높다. 임금 차이가 조금만 나도 다른 회사로 이직한다. 회사 3은 이직관리를 위해 앞에서 언급된 대로 근속기간이 6개월이 경과하면 임금을 100% 올려준다. 회사 4는 임금수준이 높고 근로자들이 숙련형성을 위한 훈련을 잘 받을 수 있으므로 이직률이 낮다. 회사 5는 초기에는 많은 사람들이 들어오고 나갔으나 정착단계로 접어든 현재에는 이직하는 사람이 거의 없다

결근을 하면 사무직도 하루 일당을 삭감하므로 모든 근로자가 일당으로 임금을 지급받는다고 할 수 있다. 그러나 몽골 근로자들의

결근율은 높다. 특히 임금을 받으면 그 다음날 결근하는 사람이 적지 않다. 한국 진출기업들이 특히 진출 초기에 겪은 어려움의 하나는 결근율을 어떻게 줄이느냐 하는 것이었다.

조사대상 기업 중의 하나는 결근하는 경우 2일치 일당을 공제하는데, 법에 저촉되어 과태료를 물고도 이와 같은 원칙을 고수하고 있다. 결근율을 줄이기 위해 만근자에 대해서는 수당을 지급하고 있다. 지각하는 사람도 많은데 이를 줄이기 위해 일정 시간이 지난 후 출근하면 결근으로 처리하는 등의 제제를 통해 근태를 관리하고 있다.

| 표 5-1 | 몽골 진출 기업의 고용관계 실태 (2004년)

	회사설립 연도	생산품목	투자금액 및 투자경위	인원
회사 1	1999년	• 이동통신사업자 • 합작회사(한국: 몽골=7:3)	• 615만 달러 투자(한국(2개 기업)) • 아날로그 유휴장비를 SK에서 현물출자 • 2001년 2월부터 디지털	• 총 인원 95명 • 한국인은 2명(부사장, 기술용역으로 파견형태 • 현지인은 일반관리직, 고객상담, 노무직(운전사, 청소부: 20명)
회사 2	1998년	• 자동차서비스	• 자동차서비스 부문은 개인이 투자하였다가 현대/기아자동차의 대리점으로 됨. • 개인 투자시 많은 어려움 겪음. • 자동차 판매 및 봉제공장도 같이 회사 소속임.	• 60명(봉제 (350명), 자동차판매(30명)를 합하면 450명) • 전체 회사에서 한국인은 사장, 이사 2명 등 5명 • 자동차 수리 현지인은 4년제 대졸
회사 3	2000년	• 레미콘	• 75만 달러 (대량생산설비를 갖춘 유일 회사) • 쌍용화재 근무하다가 시장 조사 후 레미콘 쪽으로 투자 결심.	• 한국인 4명 • 몽골 정규직원 15명(사회보험 적용대상) • 비정규직원 5명
회사 4	1996년	• 식당, 스포츠클럽, 건설	• 시장이 협소하여 시장조사 후 10일만에 투자 결정(사후에 대기업에서 먹힐 염려가 없음) • 몽골의 가장 좋은 식당(식당 운영 경험은 없음) • 몽골 최고급 주상아파트 건설(현직 대통령도 은퇴후 거주지로 구입)	• 식당은 100명(주방장은 한국인) • 건설은 평균적으로 한국인 40명, 몽골인 300명, 중국인 40명
회사 5	1998년	• 관광, 목재생산, 자동차부품 등 수입	• 자동차수리기업 설립을 도와주기 왔다가 정착(같이 투자한 사람은 귀국) • 가족과 함께 와서 조사후 투자결정	• 관광 20명 • 나무공장 9명

	채 용	해 고
회사 1	• 인력 필요시 수시채용 • 신문공고보다는 학교나 지인의 추천(설립 시에는 신문공고) • 휴먼 네트워크가 강하여 청탁 전화가 많으므로 공고를 지양 • 학교 수준이 낮아 자격이나 학위가 선발 기준의 되지 못함.. • 인력담당 현지인의 관련부서 요구를 받고 매니저의 승인 하에 인원을 인터뷰 하여 정함(인사담당자 및 매니저) • 중간급 이상은 스카웃/국비유학생 등	• 노동법상 지침에 의해 2회 경고후 해고 가능 • 자영업자는 가능하나 대기업 특성 및 휴먼 네트워크 이유 등으로 해고를 하기는 어려움. • 심정적으로 접근하면 생산성이 떨어짐으로 해고를 하고 싶은 심정이나 현실적으로 어려움. • 경고도 서면으로 하여야만 함. • 부당해고로 판단되면 현지인은 즉각 고발(일자리 찾기가 어려움, 대학생의 수가 너무 많음) • 노무직은 거의 평생직장
회사 2	• 학력보다는 기술자격증이 중요	• 징계해고는 시말서 3회
회사 3	• 연고채용 우선, 신문광고, 구청 등 소개(연고채용한 사람이 근속이 김)	• 해고가 어려움/ 추가적으로 임금을 지급하고 사직서 받아냄. • 근로자 가족을 알기 때문에 말썽이 없음.
회사 4	• 처음 회사 열 때는 신문광고, 근로조건은 최고, 한국에서 호텔지배인, 주방장 데려옴.	• 해고는 거의 하지 않음. 현행범 절도 등은 예외
회사 5	• 지인의 소개 • 자존심이 있는 사람을 씀(몽골국립대학 출신, 부친이 명망)	• 해고는 비교적 손쉬움. • 현지인은 업무 중 자존심 상하면 그냥 그만 둠.

	임금	인사고과	승진
회사 1	• 포괄역산제 개념(추가근무수당은 별도) • 근로시간 등 노동법상의 실질적인 규제는 심하지 않음(임금 지급이 가장 중요함). • 2001년 대비 40% 인상됨. • 인사고과의 결과에 의해 임금조정 /평가체계는 구체화되어 있지 않음. • 이사회로부터 임금총액의 인상분을 승인받고 그 안에서 조정 • 기본상여금 200%, 실적에 따른 성과급(0,50, 200% 추가 지급) • 근로자의 수용성은 높음.	• 인사고과 함/노무직 포함 • 승진보다는 임금 조정의 수단	• 장(head)을 제외한 나머지는 평등관계 · 승진의 의미가 크지 않음. • 매니저를 하면 야간근무수당이 없으므로 승진을 거부한 사례도 있음.
회사 2	• 성과급 위주/잘하는 사람과 못하는 사람의 차이는 2배 이상 • 성과에 따른 임금차등을 근로자들이 수용함/ 직무 기준이 있으므로 성과급이 될 수 있음. • 임금조정은 공임이 조정되면 자동적으로 올라감. • 임금은 공개 • 보너스는 큰 명절 때 간헐적으로 지급하나 정해져 있지 않음.	• 실질적인 고과가 이루어지나 고과표는 없음.	• 한국인 CEO들이 판단하여 승진시킴. • 직급에 따른 임금차이(수당)가 나므로 승진이 중요함.
회사 3	• 초기에는 조금 지급하다가 6개월 경과 뒤 100% 이상 임금인상 • 기초적인 생활비지수를 기준으로 임금을 조정 • 설립 후 100% 임금 인상	• 사장이 임의기준에 의해 고과함.	• 승진관리를 시도하였으나 실패(직급을 세분화하고 수당 등을 지급하였으나 큰 효과가 없음)
회사 4	• 초임은 개인별로 경력을 고려하여 결정 • 비정기적으로 임금 조정 • 보너스도 대부분 비공식으로 줌(다른 사람 모르게) • 체계적으로 주었으나 부정적 효과 • 보너스는 보통 2~3만원, 많이 주면 5만원(월급 10만원 정도)	• 과거에는 고과평가가 있었으나 의미가 없음. • 고과 결과에 대한 수용성이 없음.	• 장기근속자, 성실하면 승진 • 승진의 의미가 없음, 밑에서 인정을 하지 않고 본인도 권위 행사 못함. • 한국식의 조직을 갖추지 못함.
회사 5	• 6개월에 한 번씩 임금 조정하여 줌. • 공장은 성과급	• 사장이 나름대로 하고 있음.	

	훈련	복리후생제도	고충처리 및 의사소통	이직 및 결근
회사 1	• IT관련 외부교육 실시(SK, KOICA 등)	• 식비 1인당 4만원 • 월급 대비 높음.		• 회사에 대한 로얄티가 떨어지므로 임금 차이가 나면 곧바로 이직함. 평생직장의 개념이 없음. • 휴가를 가면 월급이 없음. 단, 휴가비는 있음. • 결근을 하면 사무직도 월급을 삭감. 일당제 • 병가. 아프면 병원으로 직행하고 사후적으로 통보
회사 2	• 본국 연수(1년에 2-3명 3개월 연수. 더운 날씨를 참지 못하므로 봄이나 가을) • 현대나 기아에서 기술관련 교육자 파견 - 연속적으로 • 교육은 동영상으로도 함.	• 법적인 규제가 까다로움. 1달에 한 번 체육관 빌려서 체육대회, 1주일에 한 번 운동을 함.	• 1달에 한 번 전체 회의, 개선안 접수후 3달간 trial • 가불제도	• 이직률 낮음(1년에 3-5명 이직). 임금 수준이 높고 기술습득의 기회 • 출근율 처음보다 많이 좋아짐. 자본주의 적응에 따라 개선되어 가고 있음. • 2년 전부터 365일 공장 가동 • 만근수당 지급
회사 3	• 없음. 주로 경력직을 뽑으므로 훈련 불필요함.	• 중식, 석식 제공 • 비가동기에도 최저임금 지급	• 가불제도 철폐/ 근로의욕 상실	• 이직률이 높으므로 6개월까지는 임금도 낮고 작업복도 지급하지 않음. • 월급 받으면 다음날 결근하는 사람이 10명 중 1-2명 • 하루 결근하면 2일치 월급 공제 · 벌금 받아도 강행 • 지각하면 하루 월급 공제함. • 올해 들어 무단결근 한명 있음.
회사 4			• 개별적으로 해소 • 돈 문제가 제일 많음. 가불제도 활용	• 다른 식당보다는 이직률이 낮음. • 초기에는 결근이 심함, 벌칙으로 제제하여 잡음.
회사 5				• 초기에는 매우 높았으나 이직이 거의 없음. • 결근하는 사람이 거의 없음.

	노동조합	근로자 관리상 애로요인
회사 1	• 사기업에서는 노조가 쉽지 않음/ 정서나 문화적으로 노조 결성이 어려움 • 근로자대표도 없으며 일방적으로 근로조건 결정 • 분기에 한 번씩 단합대회 내지 체육대회	• 기관장(head)에 한해서만 권위 인정 • 한국적 기준으로 게으름/ 인건비가 매출액 대비 3%이므로 크게 신경 쓰지 않고 일자리창출 해 주는 것이 회사에 실질적으로 이익 • 열심히 하려는 의욕은 개인 차는 있으나 책임감이 떨어지는 공통적인 문제가 있음. • 직접적으로 서로가 싫은 소리는 안함/ 책임소재 규명이 어려움. • 한국적 시각과 몽골적 상황에 대한 차이를 인지하여야 함/일을 잘 못함. 그러나 당사자 입장에서는 받은 월급만큼 일을 한다고 생각 • 임금인상에 대한 압박이 있음/저축을 할 수 없을 정도로 임금수준이 낮음. • 잔업에 대해서는 애로요인이 없음. • 여성근로자는 출산휴가가 문제(1년 유급. 2년 무급): 인력관리상 애로요인으로 여자 고용 기피/ 필요 시점이 되면 생계를 위해 복귀함.
회사 2	• 봉제 쪽에는 노조가 있으나 한국식의 노조가 아님.	• 직위에 따른 권위가 없음. • 규율이 서 있지 않고 게으름(여건이 그러함) • 잔업은 열심히 함. • 결과적으로 한국식 스타일로 되었으나 근로자들에게 일을 강요하거나 금전적으로 해결하여서는 안됨. • 언어 때문에 초기에는 어려웠으나 현재는 언어가 익숙하여 대화로 해결함.
회사 3		• 직위가 큰 의미가 없음. • 임금이 중요함, 이직률이 높음.
회사 4		• 몽골인이 한국에서 일을 열심히 함/ 그러나 현지에서는 일 열심히 일하지 않음. • 회사에 대한 생각이 틀림. 하루 벌어서 하루 먹는 생활(월급이 작음). 회사에 대한 충성도 떨어짐. 그만둔다는 말이 없이 그만둠.
회사 5		• 끝까지 마음을 주고받을 수 없음. • 언제든지 이방인/다가가려고 노력하나 마음을 열지 않음. • 외국 기업에 대한 반감. • 관리 인력에 여자들이 많아 관리에 어려움/ 여자들은 감성적으로 받아들임. • 남자들은 자기들끼리 융화가 안됨. • 사조직적인 네트워크를 형성함.

자료 : 박영범 · 우석훈(2004a).

해고가 거의 없는 몽골 관행상 근로자들은 부당해고라고 인식하면 법원 등에 고발하므로 노동법에 정한 해고의 절차상의 요건을 충족시켜 놓아야 한다. 그렇지 않는 경우 부당해고로 인정되어 회사가 불이익 처분을 받을 수 있다.

3. 육성관리

가. 보상

임금수준을 결정할 때 포괄역산제가 일반적이다. 근로자가 세금이나 사회보험료 등을 납부한 후의 임금수준을 회사와 근로자 간에 합의한 후 합의된 임금수준에 기준하여 세금이나 근로자 부담분 사회보험료를 사용자들이 납부한다. 사회보험료 등을 고려하면 일반적으로 논의되는 임금수준보다 적어도 30% 이상 높은 것이 기업이 실질적으로 지불하는 임금수준이다.

처음 채용할 때 사무직의 임금 수준은 타 회사에서의 경력, 학력, 자격증 소지 여부 및 업무의 종류에 따라 결정하며, 또한 주변 회사들의 임금수준에도 주의를 기울여야 한다. 관리직의 초임은 월 120,000 투그릭(미화 100달러: 세금이나 사회보험료 제외), 생산직의 초임은 최저임금 수준이다. 회사 1의 매니저급의 임금은 월 300달러에서 700달러(세금이나 사회보험료 제외) 수준이다. 개인별 임금수준에 있어서 몽골인은 400,000투르릭, 외국인은 미화 1,000달러를 기준으로 소득세율이 15%에서 40%로 상승한다.

몽골은 현재(2004년) 임금이 급속도로 상승하고 있다. 조사 시점에서 조사대상 기업들은 지난 2-3년간 임금이 40%이상 상승하였다. 임금의 조정 시기는 1년에 한 번이 일반적이나 조사대상 기업 중 회사 4는 필요에 따라 수시로, 회사 5는 6개월에 한 번씩 임금을 조정하고 있었다. 몽골이 물가가 급속히 상승하는 추세에 있으므로 기초적인 물가 지수의 변동을 고려하여 기업들이 임의로 임금인상률을 조정한다. 대부분 민간부문에서는 노조가 없거나 노조 활동이 취약하므로 근로자들이나 근로자 대표들의 의견을 듣지 않고 사용자가 임의로 임금인상률을 결정한다. 그러나 노조가 있는 특히 공기업에서는 노조와 사용자 간의 협상에 의해 임금인상률이 결정된다.

인사고과에 의해 임금인상액을 근로자 개인별로 차등화시키고 있다. 조사대상 기업 중 가장 체계적인 인사관리 체계를 가지고 있었던 회사 1의 경우 회사 전체의 임금인상액을 이사회로부터 승인받은 후 인사고과에 의해 개인별로 임금인상액을 조정한다.

상여금을 지급하는 회사도 있고 지급하지 않는 회사도 있다. 회사 1은 기본 상여금이 연 200%이고 실적에 따라 성과상여금을 50%에서 200%까지 차등 지급하고 있다. 회사 2는 기본 상여금은 없고 명절 때 소액의 보너스를 지급하기도 한다. 회사 3나 회사 5는 정기적인 상여금이 없다. 회사 4도 정기적인 상여금은 없고 업무 성과가 뛰어난 직원에 대해 보너스적 성격의 상여금을 비정기적으로 지급하는데 그 액수는 보통 20,000~30,000투그릭이고, 아주 특별한 경우 50,000투그릭을 주기도 한다.

회사 3은 장기근속을 유도하기 위해 입사 초기에는 낮은 임금을 지급하다가 근속기간이 6개월이 넘어가면 임금을 100% 인상시켜 준다. 회사 3은 성과급 비중이 전체 임금의 50%이다.

나. 인사고과 및 승진

공식적인 인사고과를 실시하고 있는 기업은 회사 1뿐이었다. 매니저가 1차 평가를 하고 사장과 부사장이 최종 결정한다. 그러나 나머지 기업들에서도 실질적인 고과평가가 사용자들의 임의 기준에 의해 이루고지고 있다. 조사대상 기업 중 하나는 사장의 머릿속에 인사고과 기준과 인사고과표가 있다고 하였다.

몽골 근로자들은 승진이 가져다주는 권위나 직함보다는 임금인상에 관심이 있으므로 인사고과의 결과가 주로 임금 조정이나 상여금 지급의 기준으로 활용되고 있다. 조사대상 기업들에서 공통적으로 발견되는 사항 중 하나는 몽골 근로자들에게는 승진의 의미가 거의 없다는 것이다. 회사 1의 경우 몽골 근로자가 매니저로의 승진을 거부한 사례가 있었는데 승진하면 초과근무수당을 받을 수 없어 실질적으로 임금이 줄어든다는 것이 이유였다.

몽골 근로자들의 특징 중의 하나가 기관의 장을 제외하면 모두가 평등관계가 있다고 인식하는 것도 승진을 통한 인사관리를 할 수 없게 하는 요인 중의 하나이다. 회사 3은 한국과 같은 직급 체계를 구축하여 보았으나 상위 직급자들이 자신들의 권한을 행사하지 못하고 하급자들도 상급자의 권위를 인정하지 않아 직급 체계를 없애 버린 경험이 있다. 다만, 회사 2의 자동차 수리 부분의 경우 업무의 특성상 업무를 통해 숙련형성이 이루어지고 승진을 하면 임금인상액이 상당하기 때문에 몽골 근로자들도 승진에 상당한 의미를 부여하고 있고 회사도 승진을 인사관리의 주요 수단으로 활용하고 있었다.

다. 복지제도

몽골에서는 회사에서 근로자들에게 근무시간 중 식사를 제공하는 것이 일반화된 관행이므로 한국 진출 기업들도 식사를 제공하고 있다. 회사가 식사 제공을 위해 근로자들에게 지불하는 경비가 회사에 따라서는 최저임금보다 높은 월 40,000투그릭으로서 일부 저임근로자들은 식사도 하고 시간도 보내기 위해 회사에 다닌다고 할 수 있다.

식사 제공 외에 별다른 복지 제도를 운영하는 곳은 없고, 1년에 한 두번 전체 근로자를 위해 회식하는 회사도 있다. 회사 2의 경우 1주일에 한번 체육관을 빌려서 운동을 같이 한다.

라. 교육훈련

일반적으로 OJT가 기본적인 훈련방식이다. 회사 3은 경력자만을 뽑기 때문에 훈련을 필요로 하지 않고 있다.

몽골 근로자들은 외부에서 교육받았을 경우에만 훈련을 받은 것으로 인식하는 경향이 있다. 회사 1은 IT 관련 외부 기관에 연수를 시키거나 한국의 모기업, 그리고 KOICA가 실시하는 연수에 적격자를 선발하여 훈련을 시키고 있다. 회사 2도 한국의 모기업에 지속적으로 기술연수를 시키고 있다. 근속연수가 2년 이상이 되어야만 한국에서의 훈련 기회가 주어진다. 한국에서의 연수시 받는 수당이 몽골에서의 임금보다 높고 숙련형성의 기회도 되므로 한국에서의 연수 기회 자체가 몽골 근로자들에게는 상당한 혜택이고 따라서 두 기업 모두에게 훈련 기회의 부여가 중요한 인사관리의 수단이다.

다른 제외국에서서 실시되고 있는 품질향상과 생산성의 중요성을 강조하기 위한 전문교육이나 품질관리 활동은 이루어지지 않고 있다. 몽골의 경제발전 단계가 이와 같은 생산성 제고 프로그램을 실시할 만큼 되지 않는 것을 반영하는 것으로 보인다.

4. 조직관리

가. 고충처리제도

조사대상 기업 모두가 체계화된 고충처리 제도를 운영하고 있지 않았으며, 일반적으로 경조사에 역점을 둠으로써 문제가 발생하거나 어려운 일이 있을 때 회사에서 도와주어 해결한다.

몽골 근로자들이 가장 흔히 제기하는 개인적인 고충은 금전 문제이기 때문에 가불 제도가 몽골에서는 일반화된 관행이다. 한국 진출 기업들도 성실한 근로자들에게 가불을 해주는데 가불을 하고 이직하여 빌려준 돈을 회수하지 못한 경우는 거의 없다. 다만, 가불을 한 근로자는 매달 집으로 가져가는 임금액이 낮기 때문에 근로의욕이 생기지 않을 수 있는데, 이와 같은 이유에서 회사3에서는 가불 제도를 폐지하였다.

나. 집단적 노사관계

조사대상 기업 중 봉제공장을 가지고 있는 회사2를 제외하면 노조가 결성되어 있지 않다. 산업화 초기 단계이고, 아직 시장경제 체제가 정착되지 않아 민간부문에서 노조가 활성화되어 있지 않다. 한국 진출기업들은 아직 노조 문제를 크게 신경 쓰고 있지 않으며, 정서적으로나 문화적으로나 몽골에서는 노동운동이 활성화되기는 어려울 것이고 보고 있다.

노사협의회 등을 운영하는 한국 진출기업들은 없으며, 다만 회사 2의 자동차수리 분야에서만 1달에 한 번씩 전체 회의를 열어 개선안 등을 접수하여 적절하다고 판단되면 시험적으로 실시한다.

다. 한국인 근로자의 역할

몽골에서 근무하는 한국인들은 주로 공장을 전체적으로 관리하거나 현지인 기술교육이나 기술전수를 하고 있다.

노무관리를 포함한 대부분의 회사 운영은 현지인 중심으로 하고 있으며, 한국인은 조정자(coordinator) 및 향후 현지인이 일을 잘할 수 있도록 동기부여자의 역할을 하고 있다.

제6장

인 도 :

2004

인 도
2004

제6장 인도 : 2004년[1]

1. 경제 및 노동환경

인도는 한국 기업의 아시아권 진출 국가들 중 한국의 중견기업 및 대기업의 진출이 활성화되어 있는 나라이다. 저임의 노동력과 해외 현지생산을 통한 높은 무역수지를 형성할 수 있는 해외 생산 기지로서 인도의 가치는 높다고 할 수 있다. 세계경제의 개방화 추세에 따라 인도도 급속도로 개방화를 추진하고 있으며, 특히 자동차 산업의 경우, 전 세계 자동차 회사들이 앞다투어 인도에 투자를 추진하면서 점점 경쟁이 치열해지고 있는 상황이다. 자동차 산업 이외에도 해외 선진국들의 다양한 업종의 인도 진출 사례가 늘어나고 있다.

인도는 세계 어느 나라보다 빈부의 격차가 심한 편이다. 최근 들

1) 박영범 · 우석훈(2004a)의 일부 내용을 발췌하여 정리하고 일부 내용을 추가하였다.

어 늘어나는 외국기업의 투자 유입에 힘입어 산업화가 촉진되면서 중산층이 늘어나고 있는 추세이나 전반적으로 너무 많은 인구로 인해 빈부격차는 당분간 유지될 것으로 판단된다.

GDP는 2002년 기준 5,020억 달러, 실질경제성장률은 4.4%이며 실질 GDP 성장률은 1997년 이후 4~6%의 성장세를 보이고 있다[2]. 실업률은 정부 공식 통계는 없으나 약 20% 내외로 추정하고 있다. 물가상승률은 7.0%이며, 화폐 단위로는 루피(RS)와 파이샤(PAISA)를 사용하고 있으며, 환율은 2002년 1월 평균 환율 기준으로 1 US$당 48.03 루피이다. 산업구조는 서비스업이 50%, 농업이 50%(취업자 기준으로는 62%), 제조업이 50%이다.

2002년 6월 기준으로 우리의 대(對)인도 투자는 신고 기준으로 26.46억 달러에 이르고, 실질투자(총투자) 기준으로는 6.5억 달러를 기록하고 있다[3]. 한국이 제5위 투자 진출국일 정도로 활발히 진행되고 있으며 현재 대우자동차, 현대자동차, LG전자, 삼성전자 등 대기업의 자동차, 가전, 통신 및 부품 협력기업 투자가 주를 이루고 있다.

2001년 기준 인도의 전체 인구는 약 8억 3천만 명이며, 이 중 취업자는 전체의 37.5%인 3억·1천만 명이다. 인도의 남성 인구는 약 4억 3천만 명 정도이며 이 중 취업자는 2억 2천만 명 수준이고, 여성 취

---

2) 2000년대 중반부터 중국, 브라질과 함께 새로운 신흥경제대국으로 부상하고 있다. 2005년부터 9~10%의 연간 경제성장을 시현하고 있으며, 글로벌 금융위기 여파로 2008년에는 경제성장률이 약간 낮아졌으나 2009년에는 다시 회복되었다.

3) Brics의 부상과 함께 2005년 이후 투자가 증가하였으나 글로벌 금융위기로 약간 감소세로 돌아섰다. 2010년 6월 말 현재 누계 투자금액은 27억 달러이다.

업자는 8천 9백만 명 수준으로 나타나고 있다. 실업자는 약 40백만 명 정도인 것으로 추정하고 있다. 2000년 기준으로 공공부문 및 10인 이상 사업체의 취업자는 2천7백90만 명 정도이며 이 중 남성 근로자들이 2천3백만 명, 여성 근로자들이 4백90만 명으로 여성 인력의 활용률이 매우 낮음을 알 수 있다.

비공식 노동시장의 규모가 커서 현재 수치상으로 나타나고 있는 인력들의 경우는 일반적으로 정부의 노동법 및 복리후생법에 의해서 보호받고 있으나 나머지 근로자들은 정부의 노동법이나 임금정책의 보호를 받지 못하고 있는 상태라고 할 수 있다.

노동력은 풍부하고 임금은 낮지만 노동생산성이 매우 낮아서 저임의 효과를 기대하기가 어렵다. 특히, 원재료를 본국에서 들여와 생산하는 경우 생산성이 낮고 원재료 낭비가 큰 부담으로 작용한다.

단순노동자의 대부분이 근로의식이 없어서 약간의 돈이 모이면 생산지를 무단이탈하여 10~20일씩 결근하고 돈이 떨어지면 다시 돌아오는 일도 많으며, 일에 대한 책임의식이 없는 경우가 많으나 지역별·민족별로 다소 차이가 있는 것으로 평가되고 있다

델리가 포함된 북부 지역에 이러한 현상이 특히 강하며, 남부 타밀나두 지역, 북동부의 몽골계통의 피가 섞인 지역은 비교적 근로의식이 성실한 편으로 평가되고 있다. 현지 진출 한국계 기업에 따르면 일반적으로 볼 때 북부 지역 출신(특히, Punjab 출신)은 관리직, 남부 지역 출신은 기술직, 동부 지역 출신은 비즈니스, 서부 지역 출신의 경우는 예능·학술분야에 각각의 장점이 있는 것으로 평가되고 있다.

최근의 IT붐 이후 민간 산업계 및 노동계의 노동 규율, 납기 준수에 대한 인식이 크게 제고되고 있는 것으로 평가되고 있기도 하다.

인도 정부의 경우, 고용안정과 관련되어 상대적으로 엄격하고 규제적인 노동법 조항들을 시행하고 있다. 1972년 노동분쟁법이 수정되면서 고용주들은 직장폐쇄 60일 전에 근로자들에게 통지할 수 있게 되었으며, 1976년 조항에서는 300인 이상의 기업이나 300인 이상을 해고하는 직장폐쇄의 경우 사전에 정부의 허가를 받게 하고 있으며, 1984년 이후에는 100인 이상으로 규정을 좀 더 엄격하게 적용하고 있다.

그러나 정부의 엄격한 노동시장정책과 비교가 되는 1985년에 제정된 부실기업법(Seek Industrial Companies Act)이 있다. 이 법에 의하면 특정 기업이 부실기업으로 판정이 나게 되면 정부의 산업 재원 및 재생산위원회(Board of Industrial Finance And Reconstruction)는 해당 기업의 재생을 위하여 재정지원을 하거나, 또는 적극적인 공장폐쇄를 할 수가 있다.

정부의 엄격한 고용안정정책과 달리 대조되는 부실기업법의 공존이 의미하는 바는, 정치적 측면에서 선거를 의식해서 근로자들에 대한 고용안정성을 강조할 수밖에 없는 것이 정부의 입장이지만 1990년대 이후 지속되어 오고 있는 외투기업에 대한 유인책으로서 부실기업법을 활용한 간접적 인력 조정의 가능성을 제시하여, 외국 투자자본에 대한 적절한 환경을 조성하려는 것도 정부의 입장이라는 것이다.

인도에서 최초의 노동조합은 1890년에 형성된 봄베이 방적공협회

이고, 그 이후 1897년에 인도와 버마 철도원합병협회, 1905년 캘커타의 인쇄공노조, 1907년 봄베이 우편노조, 1910년 Kamgar Hitwardhak Sabha Bombay가 결성되었다.

제1차 세계대전 이후 인도의 노동운동은 본격적으로 시작되었다. 제1차 세계대전이 끝난 10여 년 후 개별 노동조합의 활동을 연합할 필요성이 인식되어 1920년 전국적인 기반을 바탕으로 All India Trade Union Congress가 결성되었고 그 이후 1922년에는 The Central Labor Board, Bombay and the Bengal Trades Union Federation이 결성되었다. 동년에 The All India Railwaymen's Federation이 결성되어 중앙과 지방의 우편 및 전보 종사자연합회가 결성되었다.

인도에서 노동운동에 대한 법적 인정 및 보호가 실시된 것은 1926년 노동조합법 제정과 함께이다. 인도의 독립과 함께 노동조합의 수는 급격히 늘어났다.

현재 전체 노조원 수는 약 2천7백만 명으로 전체 고용인구 약 2억 8천만 명 기준으로 전체 고용인원 대비 10% 미만이다. 그러나 공식부문의 사업체를 기준으로 하면 80% 이상의 기업에 노조가 조직되어 있는 셈이다.

노조 형태는 산별노조, 지역별노조, 기업별노조, 직능별노조 등 다양하며, 사내노조 형태로만 존재하는 경우도 있으나 대부분은 중앙노조에 가입되어 있다. 특히 광산업, 은행업, 운송업 노조들은 중앙노조의 연합되어 있다.

대표적인 노동조합은 Indian National Trade Union Congress (INTUC), All · India Trade Union Congress (AITUC), Center of Indian Trade Unions

(CITU), Indian Workers' Association (IWA), United Trade Union Congress (UTUC) 등이 있다. 이 중 INTU가 소속 노조원 수가 가장 많다. CITU 등 공산당계 노동조합이 설립되면 기업 경영이 매우 어려워진다. 특정 지역, 특히 캘커타 지역에는 신(神)을 위해 노조활동을 한다고 믿는 강성의 MAXIMUM 노조가 있다.

인도의 노동조합들은 정치적 성향이 매우 강하여 모든 노동조합이 정당과 제휴관계에 있다. 정치인들이 노동조합 지도자가 되는 경우가 많으며, 인도에서 발생되는 많은 파업이나 기타 유사한 노동운동 관련 쟁의행위는 근로자들의 이익을 대변하기보다 특정 정당의 정치적 수단으로 활용되는 경우가 많다.

인도는 1990년대 초부터 개방화하기 시작하여 외국인 기업들에 대해 매우 우호적인 태도를 취하였으나 2004년 재집권에 성공한 Congress 당이 공산당과 연정을 하고 있으므로 1990년대 초에 비해서는 경제 자유화에 대한 제약이 많다.

인도 정부의 노동정책은 기본적으로 노동조합에 대해 우호적이다. 개방화와 함께 인도 정부는 현재의 노동법을 보다 유연하게 바꾸고자 하는 시도를 하였으나 성공하지 못하였고, 노동보호적 성향이 강하다.

전반적으로 인도의 노사관계는 전통적으로 갈등적 특성을 가지고 있었으며, 1990년대 이전까지는 노동조합의 영향력이 강하였다. 그러나 1990년대 초, 경제위기 이후 새로운 경제정책으로의 방향 전환과 함께 산업경쟁력 향상을 위한 노사 간의 합리적 협력 관행의 정착을 위한 중앙정부 및 주정부의 노력이 나타나고 있으며 이러한 추세와 함께 1990년대 이후 노동운동의 약화가 나타나고 있다.

이러한 노동운동의 약화는 소규모 단위의 노동조합 형태 및 정치 지향적 노동조합의 대표성 문제, 작업장 복수노조 문제, 복잡한 법적 제약의 문제, 비효율적 분쟁해결 시스템 등에 기인하고 있다.

2. 고용관리[4)]

채용관리는 크게 채용 시기, 채용 방법, 채용 요건 및 채용 후 인력 활용 방안 등 네 가지로 나누어 설명할 수 있다.

채용 시기는 대기업의 집단 채용의 경우 매년 말 또는 연초에 실시한다. 일반적으로 매년 4분기 시작과 함께 인력운영 계획을 사업계획 대비하여 직급별·채용 시기별로 나누어 각 부서별 요청안을 접수한 후, 사전 조율과정을 거쳐 최종 채용 인원을 확정한다. 중소 진출기업들은 필요인원이 발생할 때 수시로 채용한다.

채용 방법의 경우, 인도에서 가장 널리 사용되는 방법은 신문공고, 연고채용, 학교 방문, 외부 채용 대행기관 이용 등으로 나눌 수 있다. 비록 인도가 IT산업이 발달하였다고는 하나 전체적으로 인프라가 잘 구축되어 있지 않아 인터넷을 통한 대규모 인력 채용은 효과적이지 않으나, 전문직 또는 임원급 채용의 경우 인터넷 채용이 가능하다고 할 수 있다.

4) 2003년 7월 9개 진출기업을 방문하여 고용관계 실태를 조사하였다. 보다 자세한 내용은 |표 6-1|에 수록되어 있다.

사무직의 경우, 일반적인 채용 방법은 신문공고를 통한 채용이 가장 널리 사용되는 방법이다. 한국 기업의 경우, 우수인력 확보를 위해서는 인도에 진출한 세계적인 다국적 기업과 인력유치 경쟁을 벌여야 하는 불리한 조건도 존재한다. 이러한 우수인력 확보를 위해 캠퍼스 투어가 회사의 이미지 및 인지도 향상과 함께 사전 우수인력 확보의 방안으로 사용되고 있다.

외부 채용 대행기관을 이용하는 경우 한국과 같이 일반직, 사무직뿐만 아니라 대규모 생산직 채용에도 활용할 수 있으나 일반적으로 채용이 쉽지 않은 분야에 대한 의뢰가 주로 이루어진다. 외의 채용 대행기관을 이용하는 경우 자기들이 소개한 근로자들을 일정 기간 지난 후(한 달분의 임금에 해당되는 소개료 때문에) 다시 빼어 가는 경우도 있으므로 유의하여야 한다.

중소기업이 연고채용을 하는 경우 관리직 근로자들을 통하는 경우가 많은데 이 경우 한 근로자들 통해 너무 많은 생산직 근로자를 채용하지 않도록 하여야 한다. 소개한 근로자가 이직할 경우 이 근로자를 통해 들어온 근로자들도 같이 이직하는 경우가 발생하기 때문이다. 그리고 현지 관리직의 친인척이 채용되는 것도 경계하여야 한다. 한편 방문 조사한 한 기업의 경우 연고채용을 선호하고 있었는데 이직하는 경우가 적어 안정적인 인력운영이 가능하다는 이유에서이다.

채용 요건의 가장 큰 기준은 학력으로서 한국의 기준과 별 차이가 나지 않는다. 대기업은 일반적으로 신입 생산직의 경우 고졸 이상이 요구되며, 신입 엔지니어들의 경우 기술대학의 Diploma 이상을 요구하며, 일반직・사무직의 경우 대졸 이상이며, 임원들의 경우 석사학위 이상을 요구한다.

중소기업의 경우, 사무관리직은 대졸 이상을 요구하나, 생산직은 중졸・고졸 등 학력이 중요한 채용 기준이 되지 않는다.

학력 기준과 관련하여 중요한 것은 인도의 교육 체계상 많은 전문대학의 경우 학교에 따라 질적 차이가 크게 존재하여 심지어는 고등학교 졸업 수준과 크게 차이가 나지 않는 경우도 있을 수 있으므로, 사전에 주요 학교별 평가 기준을 미리 세워놓아야 채용과 관련된 혼선을 방지할 수 있다.

채용 과정은 일반적으로 해당 부서와 인사 부서가 공동으로 면접을 하며, 필요에 따라 필기 테스트를 병행하는 경우도 있다. 인터뷰 대상 기업 중 한 곳(대기업)의 경우, 전체 입사자에 대한 기본적 IQ 테스트와 적성검사를 실시하고 있으며, 생산직의 경우 기초 체력 테스트를 실시하고 있는데, 이는 인도의 생활여건상 인도인들의 기초 체력이 생산직 업무를 따라할 수 없는 정도로 빈약한 경우가 많기 때문이다.

한 가지 사례로, 한 기업의 경우 공장 운영 초기에 오전의 생산성이 오후에 비해 많이 낮아져서 그 이유를 조사해 본 결과, 대부분의 근로자들이 가족의 생계 문제로 인해 아침 식사를 거르고 출근함으로써 오전에 제대로 일을 하지 못하는 것으로 나타났다. 이에 대한 대안으로 해당 회사에서는 전체 근로자의 아침 식사를 작업 전에 공장에서 제공함으로써 오전의 생산성을 올릴 수 있었으며, 이와 더불어 지각률이 현저히 줄어 효과적인 근태 관리가 가능해졌으며, 또한 종업원의 복리증진을 통한 노사화합의 기초 마련 등의 다양한 효과를 올린 사례가 있다.

채용 시 근로자들이 제시하는 이력서와 실제 경력에 차이가 나는 경우가 많으므로 유의하여야 한다. 특히, 이전 직장에서의 이직 사유가 타당한지를 검토하여야 한다.

채용 시 가장 유의하여야 할 사항은 될 수 있으면 공장 인근 지역의 주민을 정규직으로 채용하지 않는 것이 좋다는 것이다. 회사 내에서 조그만 문제가 발생해도 지역주민과 근로자들이 합세하여 큰 소요로 발전할 가능성이 있기 때문이다. 대도시의 경우 타 지역에서 이주한 근로자들이 많으므로 이들을 우선적으로 채용하는 것이 좋으며, 너무 한 지역에 편중되어 채용하는 것은 삼가는 것이 좋다. 같은 지역 출신이 많을 경우 이들이 주도권을 잡고 노조를 결성할 가능성이 크기 때문이다.

단순생산직 근로자 채용시 초임은 최저임금 수준에서 결정하면 된다. 사무관리직이나 경력자를 채용하는 경우 이전 직장에서의 임금이 논의의 출발점이 되나 근로자의 임금수준이 산업별 및 고용주별로 차이가 심하며, 근로자의 경험과 기술수준에 따라 임금수준이 결정되는 데에 유의하여야 한다.

한편, 합작투자나 100% EOU(수출형 기업) 설립 시 우리 기업은 한국 기술자의 수 및 월임금 수준을 정하고 한국측 경영인 지정 여부 및 임금수준을 통보해야 하는데 이는 인도 내에서의 외국인 기술자 채용과 관련한 인도 중앙은행의 승인이 필요하기 때문이다.

인도 기술자 및 근로자 채용 시 계약서상에 채용 및 근로조건을 명확히 해야 추후 발생할지 모르는 분쟁을 사전에 예방할 수 있다.

대기업, 중소기업 모두 일용직인 캐쥬얼 근로자와 용역업체의 근로자들을 생산직 근로자로 많이 활용하고 있다. 회사에 따라서는 30% 이상을 일용직에 의존하고 있는 경우도 있다.

도제 제도가 법제화되어 있어서 처음부터 정규직화보다는 일정기간의 훈련생(Trainee) 과정을 거친 후 정규직화시키고 있다. 방문 조사한 한 기업의 경우 훈련생이 전체 생산직의 상당수를 차지하는 경우도 있었다. 보수는 큰 차이가 없으나 노조 결성의 우려 때문에 정규직의 채용을 될 수 있으면 억제하려고 한다.

결근율과 이직률(대기업은 예외)이 높으므로 이에 대한 특별한 대책이 요구된다. 도로 상황이나 근로자들의 건강상태 등으로 결근율이 높으므로 결근을 줄이기 위한 인센티브가 제공되거나 여유 인력을 어느 정도 보유하는 것이 좋다. 출퇴근 버스가 제공되지 않는 경우 지각을 하는 경우도 많으므로 정신교육 등을 통해 지각을 줄이고자 하고 있다.

인도는 2-3년 근무 후 직장을 바꾸는 것이 일반화되어 있으므로 이직을 줄이기 위해 기업에 따라서는 연고채용을 선호하기도 하고 채용 시 이직 경험이 많은 사람을 꺼리기도 한다.

일반적으로 해고 시 3개월 서면 통보를 해야 법적 분쟁을 방지할 수 있으며, 범죄 행위 또는 계약 위반에 따르는 해고의 경우는 다음 절차를 거쳐야 할 정도로 해고 요건이 까다로운 점에 유의해야 한다.

- 담당자에 통보하고 서면을 통한 해명의 기회를 주며
- 고용자와 고용인 사이에 의견이 다를 때 고용인에게 해고 관련 협의 통보를 하며
- 회사 내의 위원회에서 협의가 인정되면 해고하고
- 해고를 당한 자는 법정에 제소할 수 있으며
- 법정에서 해고당한 측에 유리한 결정을 하는 경우 재고용되며 그 기간 중의 금전, 승진 등 모든 불이익을 보상한다.

해고의 사유에 대한 면밀한 서류상의 준비가 있어야 한다. 특히 사전에 경고를 하고 경고에 대해 본인의 확인을 서명으로 받고 개선할 수 있는 기회를 주어야 한다.

이와 같은 절차적인 면도 중요하지만 해고 시 좋은 관계 속에서 헤어지는 것이 중요하다. 사후에 노동부에 진정하거나 회사에 대해 다른 방법으로 해로움을 줄 수 있기 때문이다. 특히 중소기업은 해고당한 후 노동부에 진정하여 여러 가지로 어려움을 주는 경우가 있다.

| 표 6-1 | 인도 진출 기업의 고용관계 실태(2004년)

회사명	회사 1	회사 2	회사 3
회사 설립연도	· 2000.9.21	· 2000.12.20	· 2003
주생산품	· WLL System, Fixed Wireless Terminal	· 전자부품	· 생산품 없음. · 바이오 의약품 판매
자본금(USD기준)	· 600만 달러	· 250만 달러	· 1천만 달러
인원 현황 (한국인/현지인)	· 5/161	· 1/174	· 2/148
인원 현황 현지인 중 생산직/사무직	· 46/115	· 164/10	· 20/130
현지인 채용절차	· 인력수급 대행사, 신문공고, 학교방문 등을 통하여 접수한 대상을 인터뷰 후 채용	· 신문공고 및 대행사 이용	· 신문공고 및 대행사 이용
현지인 채용시 유의사항	· 태도, 직무지식, 가족사항	· 이력서와 실제 경력에 차이 많으므로 구체적 인터뷰 및 테스트필요	· 제반서류의 진정성 서면 확인
현지인 채용의 애로사항	· 임금수준 합의	· 경험자 희소성	· 우수인력 확보 어려움.
현지인 해고시 유의사항	· 명확한 해고사유 제시, 3개월전 통보, 전업시 지원	· 사전 서면준비 필요	· 노동시장 매우 유연함.
현지인 임금수준 결정의 기준사항	· 전 직장의 임금 수준, 자체 내규, 신입은 1년 수습후 임금결정	· 과거 경력 및 전 직장의 임금 수준	· 전 직장의 임금수준으로 채용하나 이후는 철저히 성과 위주
현지인 임금조정시기 및 조정방법	· 매년4월 기준, 내규에 의거 고과 결과 반영	· 매년 4월1일 기준, 인사고과에 의거	· 성과에 의거
상여금 여부 및 지급기준	· 연2회, 일괄	· 연1회 기본급 기준 100% 수준	· 명확한 기준은 없음.
현지인 근로자 초임 및 평균 임금 수준	· 생산직: 월 7,000루피 · 사무직: 월 11,000루피	· 생산직: 월 2,150루피 이상 · 사무직: 능력에 따라 조정	· 사무직: USD 130 이상 · 판매직: USD 100 이상
인사고과 실시여부 및 기준	· 실시함. · 능력평가 및 KPI달성여부	· 연2회 실시	· 성과에 최대의 가중치

회사명	회사 1	회사 2	회사 3
현지인 승진체계 및 승진자 결정방법	· Staff(Exe)~M8(부사장), 근로연수, 업적 반영	· 업무수행 능력과 경력에 의거	· 직급체계에 의거, 수시 진급
한국근로자와 비교시 근무태도나 작업기강은?	· 대부분 성실	· 건강 및 교통 등의 이유로 결근자 많은 편	· 일반적으로 느슨한 편
현지인 관리시 애로사항은?	· 시간 관념 희박	· 현지인 간의 단합 미흡	· 프로정신 및 직업의식 약함.
노동법상 한국와 차이점은?	· 근로시간 일일 8시간, 잔업 분기당 최대 50시간, 성차별 없음.	· 노동법상 보호는 잘 되는 편	· 여성노동자는 야간작업에 제약 많음.
공장운영시 한국인 근로자의 역할	· 기술지원, 물류, 재경관리	· 시장개척, 향후 방향제시, 기술지도	· 공장 운영 않고 있음.
한국인 근로자와 현지인 근로자간 갈등관계 조정방법은?	· 해당 사항 없음.	· 문화적 차이 극복이 관건	· 원칙과 규정에 의거 합리적 처리
현지인 근로자 교육훈련 실시 여부 및 방법	· 실시함. · 초기공장 설립시 운용교육, 생산후 기술교육	· 팀장에 의한 주1회 교육	· 월 2회, 10명 내외로 3일씩 교육
임금외 현지인 근로자 대상 복리후생제도는?	· 강제규정인 의료비, 개인무이자 대부, 연금지원	· 유니폼, 출퇴근차량, 매월1회 생일파티 등	· 의료 및 사고보험, 이사시 집세 및 여비 보조
현지인 근로자의 이직률 현황 및 대책	· 이직률 높음. · 대책 강구 어려움.	· 이직률 높음.	· 이직률 높음. · 높은 보상이 주효
현지인 근로자의 결근율 현황 및 대책	· 결근율 아주 낮음.	· 결근율 높음.	· 결근율 높음. · 건강 및 가사가 원인
노조설립 여부 및 현황, 한국과 차이점	· 노조 없음.	· 노조 없음.	· 노조 없음.
근로자와의 커뮤니케이션 활성을 위한 제도	· 설문조사	· 매월 1일 전체 조회, 우수사원 표창, 제안함 설치	· 수시 면담 및 단합의 시간 마련
현지 진출시 사전 준비한 사항은?	· 시장조사, 임금체계, 작업문화, 지역 및 직종별 노무정책정보 확보	· 현지 이해	· 없음.

회사명	회사 1	회사 2	회사 3
현지인 근로자의 개별적 고충처리 위한 제도	· 제도 없음. · 개별 컨설팅 활용	· 고충처리함 설치, 고충을 직접 사장에게 호소	· 메일 통한 고충 호소
현지인 근로자의 문화적 차이점은?	· 한국과 유사함.	· 종교적 성향 강함. · 책임감 및 업무수행능력 훨씬 낮음.	· 프로정신 약함. · 안 되어도 No Problem 임.
외국기업으로서 현지인 근로자와의 갈등요인 및 유의사항은?	· 언어 및 관습 문제	· 현지인의 문화, 관습, 종교의식 이해하는 자세 필요	· 현지인 존중하는 태도
현지 진출기업의 유의사항은? (인사 및 노무관리 측면)	· 우수한 인사/노무담당자 선발 · 현지인 중심의 사업 전개	· 경험 많고 성실한 현지인 책임자 선출 중요	· 현지 실정에 맞는 유연한 제도 및 접근방법이 필요

회사명	회사 4	회사 5	회사 6
회사 설립연도	· 1995	· 1996.5.6	· 2001.9.15
주생산품	· 가전제품	· 승용완성차 및 동부품 생산, 판매	· 전자기판 제조
자본금(USD기준)	· 5억만 달러 이상	· 2억 1천2백만 달러	· 35만 달러
인원 현황 (한국인/현지인)	· 16/1,200	· 58/2,713	· 1/70
인원 현황 현지인 중 생산직/사무직	· 700/500	· 1,794/919	· 60/10
현지인 채용절차	· 공모	· 학교 방문모집, 외부Agency 이용	· 생산직: 면접후 채용, 1개월 연수 · 사무직: 서류전형, 면접
현지인 채용시 유의사항	· 지역 안배	· 경력을 허위 작성하는 경우 많으므로 반드시 조회 필수	· 성실성이 가장 중요, 이력서 믿지 말 것.
현지인 채용의 애로사항	· 없음.	· 출퇴근거리 멀어 시간 손실과다	· 없음.

회사명	회사 4	회사 5	회사 6
현지인 해고시 유의사항	· 해고근거 확보 필수	· 법률상 해고는 가능하나, 법정에서는 대부분 종업원에 유리한 판결	· 1개월의 해고수당 지급해야 함.
현지인 임금수준 결정의 기준사항	· 동종 업계의 수준을 최우선으로 고려	· 신입사원의 경우 시장가격이 거의 동일, 경력자는 전 직장의 임금 수준 기준	· 경력, 학력, 신분
현지인 임금조정 시기 및 조정방법	· 연1회, 물가상승률 기준	· 매년 4월, 고과는 1년에 한 번 간이MBO방식	· 연 1회 실시
상여금 여부 및 지급기준	· 경영성과 기준으로 지급	· 매년 디발리시 (인도 최대명절 11월), 경영층에서 결정	· 현재는 지급하지 않음.
현지인 근로자 초임 및 평균 임금수준	· 생산직: 월USD 90 · 사무직: 월USD200	· N/A	· 생산직: 월2,200루피 · 사무직: 월6,000루피
인사고과 실시여부 및 기준	· 생산직: 업적, · 사무직: 업적, 능력	· 생산직: 근태 및 현장 작업수행 성과 · 사무직: 직급 따른 요구능력 평가	· 근태 현황, 성실성, 업무수행 능력
현지인 승진체계 및 승진자 결정방법	· 평가 결과를 계량화 하여 결정	· 승진 T/O결정, 고과+담당중역추천+승진심사위원회	· 인사고과에 따름.
한국인 근무자와 비교시 근무태도나 작업기강은?	양호한 편	· 성실하고 뛰어난 학습능력, 추진력, 목표달성의식, 응용능력 등 결여	· 잦은 결근, 대체로 양호
현지인 관리시 애로사항은?	· 없음	· 정서적 차이, 의사소통	· 없음.
노동법상 한국과 차이점은?	· 여성근로자의 야간작업이 다소 문제	· 연 총근무일 수: 301일 · 여성: 오후5시30분 이후 근무 불가	· 여성근로자의 야간작업이 다소 문제
공장운영시 한국인 근로자의 역할	· 기술 및 경영지도	· 한국의 기술 및 자본 +현지의 노동력	· 현지인 전체 관리
한국인 근로자와 현지인 근로자간 갈등관계 조정방법은?	· 특이한 갈등 없음.	· N/A	· 별 문제 없음.

회사명	회사 4	회사 5	회사 6
현지인 근로자 교육 훈련 실시 여부 및 방법	· 전문능력과정, 연평균 3회 실시	· BOT(basic orientation training), OJT, Off. JT	· 기본 업무지식, 작업이해 교육(부정기적)
임금외 현지인 근로자 대상 복리후생제도는?	· 근무복, 출퇴근차량, 식사, 통신비	· 의료보험(6인가족), 출퇴근차량, 조/중식	· 현지 명절시 약간의 현금 지급
현지인 근로자의 이직률 현황 및 대책	· 양호한 편	· 대체적으로 양호, 일반직의 경우 높음	· 양호한 편
현지인 근로자의 결근율 현황 및 대책	· 양호한 편	· 양호한 편, 보조수당 지급	· 결근율 높은, 지속적 의식고취
노조설립 여부 및 현황, 한국과 차이점	· 노조 없음.	노조 없음.	· 노조 없음.
근로자와의 커뮤니케이션 활성을 위한 제도	· 월례회, 커뮤니티 운영	· Work-Committee구성, 부서장대표회의, 소위원회 활성화	· 주인의식 고취, 의식화 훈련
현지 진출시 사전 준비사항	· 현지문화 및 법규 숙지	· 1년여에 걸쳐 현지사항 면밀히 조사	· 없음.
현지인 근로자의 개별적 고충처리 위한 제도	· 면담 및 핫라인 설치	· N/A	· 월1회 면담
현지인 근로자의 문화적 차이점은?	· 공동체 의식이 매우 강함.	· N/A	· 결근을 쉽게 생각 · 실수를 인정하지 않고 변명
외국기업으로서 현지인 근로자와의 갈등요인 및 유의사항은?	· N/A	· N/A	· 노조 문제
현지 진출기업의 유의사항은? (인사 및 노무관리 측면)	· 현지문화의 충분한 이해	· N/A	· 불필요한 금전 지급은 차후 당연시됨.

회사명	회사 7	회사 8	회사 9
회사 설립연도	· 2001.7.11	· 1999.7.2	· N/A
주생산품	· 가전제품의 부품	· 전자저울, 산업용시스템, 계측기 및 서비스	· N/A
자본금(USD기준)	· 180만 달러	· N/A	· N/A
인원 현황 (한국인/현지인)	· 2/112	· 1/70	· N/A
인원 현황 현지인 중 생산직/사무직	· 12/100	· 25/45	· N/A
현지인 채용절차	· 소개, 공고 등	· 학력, 경력, 가족사항	· 신문공고 및 대행사 이용, 1차 서류심사 · 2차 면접 · 실무확인 위한 1단계 계약(6개월) · 정식 고용계약
현지인 채용시 유의사항	· 과거 경력(노조활동, 질환 등)	· 임금수준에 민감	· 반드시 전 회사의 퇴직여부 확인, 임금수령 증명, 납세근거 확인할 것
현지인 채용의 애로사항	· 없음.	· 없음.	· 사무직 및 관리직의 인척 유입 견제
현지인 해고시 유의사항	· 정당한 사유 없이 해고시 복직시켜야 함.	· 해고시 약 1개월분의 임금 제공	· 6개월 단위로 계약서 작성하고, 계약위반시 해고할 수 있는 조항 필수
현지인 임금수준 결정의 기준사항	· 사무직: 능력급 · 현장직: 근무경력 및 최소임금 기준	· 학력, 경험 및 이전 임금수준 참고	· 사무직의 경우 본인의 제시금액 무시하고, 조사 후 결정
현지인 임금조정 시기 및 조정방법	· 매년 1회, 근무성과 평가	· 매년 4월, 이사회 결정에 의거	· 1년에 한 번 이상
현지인 근로자 초임 및 평균 임금수준	· 사무직 초임:7,000 루피 · 사무실 평균:11,000루피	· N/A	· 설립 후 3~5년 이내에는 축제때 선물 형식의 소정 금품 제공, 이후에는 100% 기본급 지급

회사명	회사 7	회사 8	회사 9
상여금 여부 및 지급기준	· N/A	· 생산직 초임:3,500루피 생산직 평균:4,500루피 · 사무직 초임:5,000루피 사무직 평균:8,000루피	· 생산직 초임:3,105루피 생산직 평균:약4,000루피 · 사무직 초임:USD 46.5
인사고과 실시 여부 및 기준	· 근무성과	· 업무성과 및 근태관리에 의함.	· 자체 결정
현지인 승진체계 및 승진자 결정방법	· 한국보다 단계 많음(능력, 근무연수 혼합)	· 중간관리자층의 의견 + 최종 이사회 결정	· 자체 결정
한국근로자와 비교시 근무태도나 작업 기강은?	· 문화적 차이	· 작업 기강이 대체로 해이	· 강력하게 통제할 수 있음
현지인 관리시 애로 사항은?	· 결근율 높음, 잘못 시인에 인색	· 계급 및 종교적 특성에 의한 수동적 태도	· 언어 및 문화 이해부족에 따른 문제
노동법상 한국와 차이점은?	· 주48시간, 정규시간 2배 지급	· N/A	· 근로시간 일일 8시간, 잔업수당 150%
공장운영시 한국인 근로자의 역할	· 공장운영 방향 설정하여 동참 유도	· 전체 관리	· 전체 관리통한 능률향상 자재, 설비 및 인력관리
한국인 근로자와 현지인 근로자간 갈등관계 조정방법은?	· 대화	· 특이한 갈등 없음.	· 인도의 카스트제도 상기. 현지인의 집안행사에는 참석하지 말 것
현지인 근로자 교육 훈련 실시 여부 및 방법	· LGEIL로부터 교육, 자격증 부여	· 관리자급: 한국 본사에 교육파견, · 생산직: 현지교육	· 품질혁신 및 원가절감 위한 교육은 주간, 월, 분기별 필요
임금외 현지인 근로자 대상 복리후생 제도는?	· 피복, 교통비, 단체회식, 생산직: 티타임, 빵	· 일반 보험, EPF, FPF Insurance, ESI	· 식대, 산재 및 연금보험, 출퇴근차량
현지인 근로자의 이직률 현황 및 대책	· 1개월 미만 근로자들이 많음.	· 연간보너스, 복리후생 증진, 상시 인사고과 정책	· 설립 초기 제외하고는 안정적

회사명	회사 7	회사 8	회사 9
현지인 근로자의 결근율 현황 및 대책	· 결근율 높음.	· 상당히 높음. · 강도 높은 근태확인 및 임금 반영	· 결근율 높음. · 무단결근은 해고조항임을 홍보
노조설립 여부 및 현황, 한국과 차이점	· 노조 없음.	· 노조 없음.	· 노조 없음.
근로자와의 커뮤니케이션 활성을 위한 제도	· 개별상황 체크하여 사전에 노조설립 규제	· 워크숍 실시, 사내행사 장려	· N/A
현지 진출시 사전 준비한 사항은?	· 없음.	· N/A	· N/A
현지인 근로자의 개별적 고충처리를 위한 제도	· 언제든지 만남	· N/A	· N/A
현지인 근로자의 문화적 차이점은?	· 현지인은 임금수준을 최우선적으로 고려	· 종교적 차이, 문서상에 의한 업무 프로세스	· 상사 지시에 잘 수긍, 복합적인 업무수행능력 부적, 비교적 강력한 관리에 순종
외국기업으로서 현지인 근로자와의 갈등요인 및 유의사항은?	· 인간적 포용 필요	· 현지인의 종교적 생활태도에 대한 제재, 의사소통의 문제	· 선진문화를 교육자료로 삼아, 인간적으로 선도할 것
현지 진출기업의 유의사항은? (인사 및 노무관리 측면)	· 노조활동이 관건	· 계급의식, 종교성 강함.	· 문화적 이해 필수, 최소한의 언어구사능력 있는 관리자 파견

| 자료 : 박영범 · 우석훈(2003b)

주 : N/A는 관련 자료가 없음을 의미함.

3. 육성관리

가. 보수

인도진출 한국 기업들의 임금관리 중 임금체계의 경우 전 직원 일당월급제 형식을 취하고 있으며, 일반직의 경우도 결근 시 결근일 수만큼 임금 공제를 실시하고 있다.

대기업은 한국의 완전한 호봉 시스템이 어느 정도 변형된 직급별 임금표를 가지고 있다. 중소기업은 호봉 시스템을 운영하고 있지 않다.

일당월급제는 인도가 영국의 영향 하에 있음으로 인해 임금체계상 직무급적 영향 하에 있었으며 그로 인해 직무급적 개념(직무별 임금의 차등적용)이 적용될 수 있음에도 직급별 월급제를 실시한 것은 한국적 임금관리의 한 단면을 볼 수 있다.

특히 인도와 같이 복수노조가 인정되는 경우 직무급적 임금관리의 도입은 다양한 직종별노조의 등장을 야기시킬 수도 있는 노사관계상의 불안정 요소가 될 수도 있다.

예를 들면, 공무 또는 보존 부문의 전기기술자들과 직접 생산라인의 생산근로자들 간의 임금 차이를 둘 경우, 양 직무 대표들과의 임금협상을 할 가능성도 존재한다.

생산직, 사무직, 생산 엔지니어 및 현장감독직 모두 평가를 통한 임금의 차등적용이 실시되고 있어 한국에 비해 훨씬 유연하며 성과주의적 임금체계를 어느 정도 실시하고 있다고 볼 수 있다.

단순생산직의 경우, 근태가 가장 중요한 평가 기준이나 다기능화

여부, 생산목표 달성 정도 등도 고려된다.

설문조사 대상기업의 하나는 직군별 임금체계는 달리 운영하고 있는데 직군 분류의 경우 크게 워크맨(workmen)이라 불리는 생산직군, 생산 엔지니어직군, 일반사무직군, 관리직군으로 나눌 수 있으며, 각 직군은 기본적으로 근속연수와 연동하는 직급체계가 존재한다.

임금인상 시기는 매년 1회인데, 인도의 회계연도가 시작되는 4월 1일, 혹은 1월 1일이 임금인상 시기이다. 인도의 회계연도는 매년 4월 1일에서 후년 3월 31일로 정해져 운영된다. 회사에 따라서는 사무관리직과 생산직의 임금인상 시기를 다르게 하는데 사무관리직과 생산직 간의 신분 차이를 고려하고 하나의 조치이다.

임금인상률은 기본적으로는 매년 동종 경쟁사의 임금동향을 함께 참고하여 결정하게 된다. 임금동향 조사에는 외부 대행기관을 이용하기도 한다. 매년 물가인상과 연동하여 소폭 조정하는 Annual Increment(연례적 임금인상)와 3년 주기로 물가상승률과 공무원 임금인상 지침에 근거한 Pay Revision(보수조정)도 고려하여야 한다.

임금인상 시 노동조합이 없으므로 노사협의회가 활용되기도 하나 보통 주로 현지인인 관리직과의 통상적인 회의에서 인금인상에 대한 의견을 수렴하여 고용주 주도적으로 결정하는 것이 일반적이다.

인도의 평균 임금, 최저임금 등은 주요 도시별 · 주별 · 산업별로 차이가 있으나 일반적인 평균 임금수준은 (2004년 현재) 다음과 유사하다.

－미숙련노동자 : 월 US$ 35 ~ 50

－숙련노동자 : 월 US$ 50 ~ 75

－일반사무직 근로자 : 월 US$ 60 ~ 100

－준전문직 : 월 US$ 80 ~ 150

－과장 대우 : 월 US$ 125 ~ 300

－과장급 : 월 US$ 250 ~ 450

－최고관리직 : 월 US$ 500 ~ 750

수도 뉴델리의 경우, 이상의 기준대비 1.5배 정도 임금수준이 높은 것으로 평가된다.

부가임금으로 연봉의 최저 8.33%, 최고 20%에 상당하는 연간보너스를 지급해야 하며, 고용자공제기금법에 따라 연금을 지급해야 한다. 또한 고용자는 근로자의 연봉 중 6.5~8.1%를 근로자퇴직연금으로 기탁해야 한다.

근로시간은 공장법에 의해 주당 48시간으로 제한되고 있으나 통상 사무직은 주 5일에 37~38시간, 공장근로자는 주 6일에 43~48시간이다. 생산직은 일당 9시간(휴식시간 포함 시 10시간)을 초과하는 근무 및 공휴일 근무는 시간외근무로 간주, 통상임금의 2배를 지급해야 한다. 사무직은 시간외근무수당을 지급하지 않는 것이 관례이다.

상여금은 기본급의 100% 정도 지급하는 것이 일반적인데, 상여금도 업무성과에 따라 차등을 두고 있다. 상여금을 보너스로 하는 경우 고정화할 수 있으므로 기업에 따라서는 생산장려금이라는 명목으로 지급하기도 한다.

대기업은 모두 점심이나 작업복을 제공하고 있으며, 중소기업도 점심이나 작업복을 제공하는 곳도 있다. 교통편도 제공되는데, 특히 여성 근로자를 야간작업시키는 경우 교통편을 제공하는 것이 필수적이다.

나. 평가관리

평가는 중소기업, 대기업 모두 실시하고 있다. 평가는 매년 1회 내지 2회 실시하고 있으며, 평가 대상에 따른 평가 내용이 어느 정도 다르다.

대기업의 경우, 보다 체계화되어 일반적으로 훈련생, 생산직, 생산감독직, 일반사원, 관리직으로 나누어 평가를 하고 있는데 훈련생을 제외한 나머지 평가 대상들은 업적평가와 능력평가로 나누어 평가가 이루어지고 있다. 능력평가의 경우 해당 업무의 수행에 가장 필요한 핵심역량 기준으로 각 평가 대상 직군별로 상이하게 적용되고 있다. 예를 들면, 과장 이상 관리직의 경우 의사 결정력, 부하 육성력, 리더십 등이 중요하며, 일반사원의 경우 원가의식, 직무지식, 대인관계 등이 중요시되고 있다.

생산직의 가장 중요한 평가 기준은 근태이나 기업에 따라서는 구체적인 생산목표의 달성 여부 및 다기능 정도이다. 즉 생산직도 구체적인 수치에 의해 평가할 수 있으면 평가하고 있다.

일부 대기업은 강제배분방식에 따라 평가 등급을 배분하고 가장

최하위 등급을 받은 경우 경고장을 발부하며 6개월간 성과가 개선되지 않으면 퇴사 조치하고 있다.

평가의 결과는 임금, 승진, 교육 등에 활용하고 있다. 일부 중소기업은 성과의 결과에 의거하여 매달 Best Worker를 선정하여 보너스를 주고 있다.

인도인은 개인중시 경향이 강하므로 신상필벌을 분명히 하는 것이 특히 중요하다. 성과가 있으며 보상하고, 문제가 있으며 적절한 절차를 통해 제재하는 것이 중요하다.

다. 교육훈련

인도에 진출한 한국 기업들은 대기업과 이들 기업에 부품을 납품하는 중소기업이 대부분이므로 다른 나라에 투자한 한국 기업들보다 교육훈련에 많은 중점을 두고 있다.

특히 교육훈련은 대기업들의 초기 인도 진출 시 현지 고용인들의 한국 기업의 문화 속에서의 업무력 향상을 위해 매우 중요한 역할을 하고 있는데 일반적으로 근로자 종류별로 다른 훈련이 실시되고 있다.

일반적으로 신입사원들의 경우, 한국의 기업문화 이해를 중심으로 교육이 실시되고 있다. 서로 다른 문화의 차이에서 오는 한국인과 인도 현지인과의 갈등 완화와 생산성 향상을 위한 작업윤리 위주의 교육이 이루어진다.

간부사원의 경우, 효율적 관리능력 향상에 초점을 두며, 조직관리 및 관리체계 이해, 경영전략 및 목표 수립, 리더십, 부하육성 관리사항 교육에 중점을 둔다.

전제적 경영능력 향상에 초점을 둔 간부사원 교육과는 달리 현장 인도 작업자들 및 현장 인도 감독직들의 관리가 주 대상이 되는 중간관리자들의 경우 의사결정 및 의사소통 능력 향상과정이나 리더십 향상, 특히 인간관계 관리와 관련된 교육의 중요성이 강조되고 있다.

작업자들의 경우, 철저히 직무교육 중심의 기술교육이 우선시되고 있다. 제품 이해, 제조 능력 향상, 품질 및 개선의식 교육, 흐름작업 및 팀작업의 중요성 등이 현장 생산성 향상 노력의 일환으로 실시되고 있다. 생산직의 경우 대부분 사내강사와 현장 OJT를 통한 교육이 주를 이루고 있다.

중소기업은 대부분의 교육이 품질관리에 관한 것이다. OJT가 주이나 관련 대기업의 지도 하에 외부교육도 실시하고 있다. 정신교육은 월례조회를 통해 실시하는 것이 일반적인데, 일부 중소기업은 매일 아침 조회 및 기도 시간을 통해 조직원으로서의 일체감과 직업윤리를 고취시키고 있다.

4. 조직관리

인도 노동조합의 특징은 복수노조가 인정되며, 제3자 개입이 허용된다. 근로자는 1개 조합에만 가입 가능하며, 회사는 대표 노조와만

협상한다.

자동차산업의 예를 들면, 현재 인도 내 자동차 제조업체 총 28개사 중 24개사는 노조가 결성되어 있으며, 최근 설립된 외국 4사인 현대, 도요타, 포드 및 볼보자동차 공장은 무노조이다.

최근 노사동향은 산업 전반적으로 안정화 추세이나, 최근에 설립된 외국 회사의 경우 외부의 노조세력이 항상 개입하려고 시도중인 경우가 많다. 일단 노동조합이 설립되면 분쟁 발생 시 정부 및 상부 노동단체 등 외부의 개입이 많아짐으로 인해 분쟁의 효과적 조율이 어려운 경우가 많이 생기므로 인해 가능하면 노동조합을 대체하는 인도 노동법의 법적 권고사항인 노사협의회 (Work Committee)를 운영하거나 인도인 관리자들과 지속적인 대화와 협의를 통해 근로자들의 고충을 처리하는 시스템을 구축하고 있다.

조사대상 기업 중 하나는 노동조합 대신에 노사 대표들로 구성된 노사협의회(Work Committee)를 통해 월 1회 모임을 가지고 이를 통해 서로의 문제점을 의논, 해결하고 있는데 이러한 협의회 운영은 노사 상호간의 신뢰와 적극적 대화의 노력을 통해 노사 간 화합의 기회를 만들 수 있다는 것이 이 기업의 경험이다.

인도에 신규 기업 진출 시 전반적인 인도 종업원들의 성향 변화는 크게 3단계로 나누어 볼 수 있다.

첫 번째 단계는 초기 단계로서 신규 입사로 인한 근로자들의 조직에 대한 복종심이 강하며 또한 상대적으로 기대치도 낮게 나타난다. 이러한 이유는 인도 내 한국 기업에 입사할 경우 타 인도 기업들에 비해 근로조건이 뛰어난 경우가 대부분이므로 입사 자체만으로 동기부여적 요소가 됨을 알 수 있다.

두 번째 단계는 직장에 어느 정도 적응된 기간으로 복리후생, 임금 등을 타사와 비교하기도 하며, 본인들의 기대치대로 요구하는 단계이다.

마지막으로 개별 종업원들의 단결력이 강화되고 이와 함께 다양한 근로조건에 대한 주장이 강하게 제기되는 단계로 접어들게 된다.

특히 두 번째 단계 이후부터는 현지 한국 관리자들과 인도 근로자 사이의 갈등이 많이 발생하게 되는데 지속적 대화와 문화의 차이를 인식하며 상대에 대한 이해와 배려를 나타낼 때 갈등의 많은 부분이 해소됨을 인터뷰를 통해서 파악하였다.

인도인들이 정(情)에 약하고 인도인 자체 내에 철저한 계급의식이 자리잡고 있으므로 이와 같은 인도인들의 특성을 노무관리에 활용하고 있다. 중소기업은 생일 등 개인적인 문제에 대해 관심을 가지고 인도인 관리자로 하여금 지속적으로 문제점을 파악하고 해결하는 체제를 구축하고 있다. 대기업은 고충처리제도가 잘 정비되고 있고 설문조사 등을 활용하여 내부 의견을 수렴하고 근로자들의 동향을 파악하는 체제를 구축하고 있다.

조사대상 한 대기업의 직급체계를 보면 사무직은 8단계, 생산직은 4단계인데 카스트제도 등의 영향으로 인도인들은 보수와 함께 조직 내의 위치를 중요하게 생각하기 때문에 직급 구조를 많이 하여 승진을 노무관리에 활용하고 있다.

공단 내에 노조가 결성되어 있는 회사가 많으므로 외부세력과 연계하여 노조를 결성하려는 시도를 사전에 차단하려고 노력하고 있다. 인도 노조의 경우 정치성향이 강하고 복수노조가 인정되므로 노조가 결성되는 경우 회사 운영에 막대한 지장을 초래한다는 것이 현지 진출기업들의 인식이다. 노사협의회를 통해 사전에 문제를 파악하고 해결에 주력하되, 회사 내 다른 움직임에 의해 노조 결성의 움직임이 있을 때는 곧바로 현재의 노사협의회로 하여금 노조를 결성케 하고 대표 노조가 될 수 있게 지원해 주는 방법도 사용할 수 있다.

공단 지역 출신의 근로자를 될 수 있는 한 고용하지 않고 특정 지역에 치우치지 않게 근로자를 채용하는 것이 중요하다는 것이 진출기업들의 인식이다. 조사대상 한 기업의 경우, 작업 중 그 지역 출신 근로자가 사망하였다는 소문이 퍼지자 지역 주민들이 공장으로 몰려들어 그 근로자를 입원한 병원에서 공장으로 데려와 주민들에게 확인시켜 사태를 진정시킨 일도 있었다.

근로자 중 비정규직을 일정 부분 포함하는 것도 노조 결성을 방지하는 대안이 될 수 있다. 한 진출기업의 사장은 정규직 80% (남성 50%; 여성 30%), 비정규직 20%를 적절한 배합이라고 제시하고 있다.

지역의 관공서나 유력 인사들과 지속적인 우호관계를 형성하는 것도 중요하다. 특히 지역 출신 근로자들을 채용하지 않는 경우 지역주민과의 마찰 소지가 크고 지역의 범죄 집단들과 근로자들이 연관이 되는 경우도 있기 때문이다. 대기업들은 극빈자 구호프로그램에 참여하거나 지역주민 자녀들에게 장학금을 주는 활동 등도 하고 있다.

결론적으로 인도의 노동조합 성향 등을 고려할 때 노조가 결성되지 않도록 하는 것이 중요하다는 것이 현지 진출기업들의 인식이다. 노사협의회를 결성하거나 지속적으로 고충이 처리되고 불만사항이 해소되는 체제를 구축하는 것이 인도에서의 기업 내 노사관계의 최선책이라 할 수 있다.

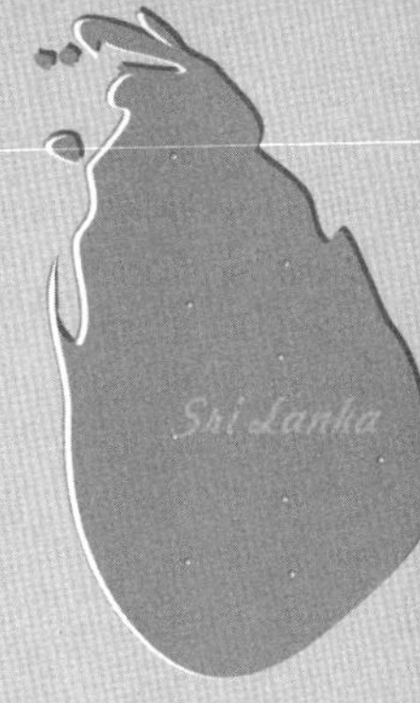

제7장

스리랑카 :

2003

스리랑카
2003

제7장 스리랑카 : 2003년[1)]

1. 경제 및 노동환경

스리랑카는 2500년의 오랜 역사적 전통과 문화를 바탕으로 독자적인 발전을 해왔으나 16세기 초부터 약 440년간 외세의 지배를 받아왔다. 그 후 1948년 영연방의 일환으로 실론(Ceylon)이란 국명으로 독립했다가 1972년 공화국 헌법을 채택하면서 스리랑카공화국으로 출범하였다.

독립 이후 상당한 기간 동안 사회・교육부문 투자에 중점을 둔 반면, 공업부문에 대한 투자를 소홀히하여 1차 상품 위주의 전통적인 농업국가의 범주를 탈피하지 못하였으며, 더욱이 1960~1970년대에 사회주의 경제정책을 실시하여 후진국을 면치 못하였다.

그러나 1977년부터 자유시장 경제체제에 입각한 대외개방정책과

---

1) 박영범・김원중(2003)의 일부 내용을 발췌하여 정리하고 약간의 내용을 추가하였다.

국토개발계획 등 본격적인 경제개발정책을 추진하면서 과거의 분배 우선에서 성장을 중시하는 정책으로 전환하여 1978~85년 동안 연평균 5% 이상의 꾸준한 경제발전을 이룩하였다. 1980년대 후반에는 북동부 지역에서 타밀족과의 인종 분규, 남부 지역의 인민해방전선(JVP)의 폭동사태의 영향으로 1989년에는 다시 2.3%의 저조한 경제성장을 기록하였으나, 동 사태가 평정된 후 신산업 전략의 채택으로 1990~93년 동안은 연평균 5.5%의 경제성장을 기록하기도 하였다. 1993년 친서방계인 파세마다사 대통령 서거 이후 실시된 총선에서 사회주의 계열인 야당이 집권하였고, 2001년에는 최악의 경제침체(-1.4%)를 맞기도 하였다. 2001년에 IMF로부터 구제금융을 받았고, 2002년 친서방계인 통일국민당(UNP)이 재집권하였고, 다행히도 2002년도에는 GDP가 4% 증가하였다.

전체 국민의 40% 정도가 농업에 종사하면서 일년 내내 쌀농사를 비롯한 고무와 코코넛, 홍차 등의 농사를 짓고 있지만 논농사가 발달되어 있지 못하여 주식인 쌀을 수입하는 실정이다. 다이아몬드를 제외한 모든 보석들이 생산되어 보석 생산국으로 세계에 널리 알려져 있지만 많은 외화를 벌어들이기에 풍족한 양은 못된다.

그 외의 주요 생산품은 실론차(Seylon Tea)가 세계적으로 유명하다. 실론차와 고무, 코코넛을 스리랑카의 3대 농작물로 꼽고 있는데, 최근 들어 외국의 기업들이 값싼 인력을 이용하기 위해 봉제 공장이 진출하고 있어 의류를 비롯한 봉제업들이 주요 수출품이 되었으나 중국 및 베트남의 세계시장 진입으로 그 경쟁력이 상실되어 가고 있다.

모든 개발도상국과 마찬가지로 스리랑카에서는 사용자와 근로자 모두에게 적용되는 기준을 국가가 정함으로써 노사관계에 관여하는 경향이 강하다. 이러한 기준은 법률이나 법을 해석하는 법원의 판결로 정해진다. 이러한 간섭 형태는 직접적이라기보다는 간접적이다.

노동의 조직화가 확대되면서 제2차 세계대전 초 노동분쟁이 증가하자 정부는 제도화된 노사관계의 틀을 도입하였다. 1950년에 산업분쟁법(Industrial Disputes Act)을 제정하였는데 이는 스리랑카의 노사관계의 중대한 분수령이 되었다. 이 법에 의해 노사분쟁, 근로자의 근무의 종료, 단체협상, 노동중재 등을 규제하고 있다.

수출가공지역(Economic Processing Zone : EPZ)은 투자청(Board Of Investment: BOI) 산하에 있다. 최근까지 사용자들은 EPZ 내에 노조를 금하고 있고, 근로자들이 이의 가입이나 구성을 하면 해고해 왔다. 근로자들은 이 지역 내에서 혹은 인접한 지역에서조차 모임을 가질 수도 없었으며 노조 설립자들은 이곳을 출입할 수도 없었다. 보안요원들이 근로자들을 감시하였고, 사용자들은 이곳에서 파업이 있을 경우 경찰을 불렀다.

1994년 이래로 BOI는 근로자평의회(Workers' Councils)를 제한된 대표권을 전제하여 EPZ에 설치케 하고 이들의 설립 및 활동에 대한 지침서를 발표하였다. BOI가 실질적으로 임금과 작업조건을 결정하였다. BOI와 노동감독관은 분쟁에 개입할 수 있었다.

그러나 1995년 채택된 전국근로자헌장(National Workers Charter)을

구체화한 노사관계법(The Employment Relations Act)이 2000년에 통과되어 조직화와 단체교섭권 보호를 보장하였다. 6월에 노동부 장관은 EPZ 내에 사용자들에게 노조를 허용하는 새로운 법이 강제력을 지니고 있음을 발표하였다.

역사적으로 노동조합은 1947년 이래 독립운동의 중심이었고 그러므로 노조는 그 당시 정치적인 역할을 수행하였다. 이러한 정치적인 성향은 오늘날까지 이어져 오고 있으며, 정당들은 때때로 정치적 목적을 위해, 즉 노동계층을 지원한다는 명분 하에 많은 노조들에 대한 지원을 지속적으로 모색하고 있다. 이는 정당이 쉽게 노조를 파고들어 조건을 제시함으로써 그로 인하여 노조를 정치적인 기구로 전락시켰다. 이러한 경향이 노조 스스로 자신들의 계층에서 지도자를 배출하지 못하고 노조 지도자를 지명하는 데 있어서 정치적인 풍토를 낳게 하였다.

그러나 스리랑카에서 노동조합의 정치적인 개입에도 불구하고 순수한 정치적인 목적의 파업은 그리 흔하지 않았고 노조는 정치적인 과정에 영향력을 행사하지 못하였다. 대부분의 노조에 있어서 노조 민주주의의 특성은 보기 힘들고 상층부는 변화나 젊은 운동가들이 활동할 수 있는 풍토를 조성하는 데 개방적이지 못한 수구세력에 의하여 장악되고 있다.

스리랑카의 독립된 노동조합은 상대적으로 규모가 작고 종종 고립되어 활동하고 있다. 또한 사상적인 차이로 인하여 전통적 노동조합 조직과 연대하기도 어렵다. 독립된 노동조합들은 사기업, 수출산업 및 EPZ 내의 기업, 은행부문, 교사 및 공공서비스 부문 등에서 볼 수 있다.

한국은 1977년 스리랑카와 외교관계를 수립한 이후 외교 및 경제 협력 관계를 강화해 왔으며, 1984년 스리랑카의 자예와르데네 대통령의 방한을 계기로 양국간의 경제협력은 꾸준히 확대되어 왔다. 또한 스리랑카의 '신산업 전략' 하의 외국인투자 유치정책에 힘입어 지리적 이점과 양질의 저렴한 노동력을 활용하고자 하는 한국 기업의 투자진출이 1991년부터 활기를 띠면서 한국은 최대 투자국의 하나로 부상하였다. 아울러 교역 면에서도 그 규모가 증가하였다. 그러나 최근 들어 중국이나 베트남의 해외진출 기업들에 비해 스리랑카 진출기업들의 경쟁력이 급격히 약화되면서 무단 철수하는 한국 기업들이 급격히 늘어나 스리랑카 정부가 외교경로를 통해 문제를 제기하고 있는 실정이다.[2)]

2. 고용관리[3)]

가. 채용관리

사무직 및 생산직 모두 가장 일반적인 모집방법은 신문공고를 하

2) 제조업 생산국으로서의 투자 매력이 떨어져서 신규 투자는 특별한 경우를 제외하고는 거의 일어나지 않고 있다.

3) 스리랑카에 진출해 있는 30개의 제조업체에 대한 설문조사를 2003년 7월 실시하고 2003년 10월 중순 7개 공장을 방문하여 면담한 결과를 정리한 것이다. |표 7-1|에 보다 상세히 수록되어 있다.

는 것이다. 이외에도 공장의 게시판이나 사내게시판을 이용하고 공장 밖에 구인 현수막을 내걸기도 한다. 현지인 및 지역 국회의원의 소개를 통해 사람을 구하기도 하고, 노동부의 직업소개소, BOI (투자청)의 구직구인알선 창구인 Job Bank를 통하여서도 필요한 인력을 모집하고 있다. 특히 공단 지역 회사들의 경우 Job Bank를 많이 이용하고 있다.

선발 시에는 서류전형과 면접을 이용하고, 생산직의 경우는 필요에 따라 실기테스트를 실시하기도 한다. 선발 시 전 직장에서의 노조활동 여부를 가장 중시 여기고 있는데 특히 공산당(JVP) 전력자는 과격분자로 분류하여 선발하지 않는다. 근로자의 학력보다는 경력 여부, 작업의 숙련도, 결혼 여부, 거주지와의 거리 등이 선발 시 고려하는 중요한 사항이다. 특히 기후관계로 정신질환자가 많으므로 이에 대한 병력 여부를 확인하는 것도 중요하다. 대졸 관리자인 경우는 업무수행 능력과 더불어 회사 문화에 적응성 유무 및 자본주의에 대한 태도 등도 유념하여 선발하여야 한다. 노사분규에 대한 우려 때문에 남성보다는 여성들을 선호하는 경향이 있다.

한국 진출기업들이 현지 근로자들을 채용 시 애로사항의 하나는 공단밖에 있거나 지역에 따라서는 회사들이 위치한 공장 근처에서 노동력을 구하기 어려워 먼 지역에서 구하여야 한다는 것이다. 이들 원거리 출근자들은 대중교통 수단이 취약하므로 출퇴근관리에 어려움을 준다. 일부 회사는 노사갈등 시 지역주민들과의 마찰에 대한 우려로 근처 지역에서 인력을 조달하지 않고 있다.

| 표 7-1 | 스리랑카 진출기업의 고용관계 실태 (2003년)

회사명	설립 연도	생산품목	자본금 (만 달러)	한국인	현지인	사무 및 관리직	생산직
회사1	1997	가방	100	1	449	0 7	442
회사2	1992	가멘트 액세서리	120	2	121	19	102
회사3	1995	여행용 가방	50	1	150	3	147
회사4	1983	인조눈썹	20	·	·	·	·
회사5	2001	재봉사	·	2	30	7	23
회사6	1994	Interlining	60	2	158	20	138
회사7	2003	Coir Twine Yarn	3	1	4	0	4
회사8	1996	가방	50	1	250	10	240
회사9	1995	Webbing & String	50	1	100	3	97
회사10	1997	컴퓨터 자수	80	0	130	10	120
회사11	1993	컴팩트형 형광램프	75	2	63	11	52
회사12	2002	자수	10	1	59	3	56
회사13	1994	가방제조	10	1	120	4	116
회사14	2002	정수기 판매	3	2	7	3	4
회사15	1990	면사, 면직물, 염색 가공직물	1,074	17	3,250	200	3,050
회사16	1961	철근류, Wire류, 주조품	2,500	3	603	107	496
회사17	1991	의류(자켓, 바지)	115	3	1,600	30	1,570
회사18	1981	스포츠 장갑	150	5	780	30	750
회사19	1992	Camping Tent	150	5	850	10	840
회사20	1988	도자기 장식품	100	5	1,500	40	1,460
회사21	1989	스키 장갑	200	3	500	11	489
회사22	1992	수정 진동자	580	2	107	8	99
회사23	1993	양말, 타이즈	200	1	248	11	237
회사24	1992	Polyester	500	3	408	13	395
회사25	1992	의류 봉제품	100	4	900	30	870
회사26	1991	Plastic Hanger	140	1	149	20	129
회사27	1994	가방	120	2	250	11	239
회사28	1999	지퍼	250	1	49	12	37
회사29	1998	포장용 박스	72	2	83	5	78
회사30	1991	고무가면 및 풍선	100	2	625	29	596

	채용절차	채용시 유의사항	채용시 애로사항	해고시 유의사항
회사 1	· 사무직: 면접, 경력 · 실무테스트 · 생산직: 면접	· 전 회사 근무시 경력사항 중점 점검	· 기능직은 농촌, 시골에서 채용하기 때문에 기숙사 등을 마련하고 기능공 훈련을 3개월 이상 실시	· 해고 시 문제가 많음. 해고수당도 노동법에 없음. 해고할 때나 폐업 시 정확한 노동법이 적용되지 않음. 노동부에서 결정함. 항상 회사에 불이익이 됨.
회사 2	· 사무직: 신문에 공고(영자지) · 2회 면접 · 채용 · 생산직: 신문에 공고(싱할라판), 혹은 현지인의 추천 · 1회 면접 · 계약직으로 채용(1-2개월) · 정식채용	· 노조활동 전력 유무	· 없음.	· 해고 전 반드시 상대에게 잘못을 문서로 지적하며, 경고해야 함.
회사 3	· 사무직: 신문공고 · 생산직: 신문공고, 공장 근처에 모집광고, 현직 근로자 추천, 노동력부족 인원충원이 힘듦.	· 노조가입여부, 전 직장에서의 근태 조사, 동네 남성근로자는 자제하는 것이 좋음.	· 절대적으로 노동력이 부족하여 시골에서 데려와야 하는 어려움. 도심 쪽 공장들은 임금이 비싸기 때문에 어려움이 많음	· 무조건 해고는 어렵고 정확한 해고 사유를 만들어 본인이 작성한 사직서를 보관함. 그렇지 않을 경우 차후 법적인 문제가 될 수 있음. 회사에서 무단해고를 당했다고 제소하면 법정에서 회사는 패소케 됨.
회사 4	· Government Agent, Labour Department, M.P.를 통하여 근로자 모집 · 소정의 절차(면접)을 거쳐 채용	· 없음.	· Nuwara Eliya 지역은 인적자원이 부족	· 없음.
회사 5	· 학력을 기준으로 채용 · 사무직 : 고학력 · 생산직 : 저학력 신문 및 BOI에 의뢰 및 벽보	· 거주처와 거리문제, 결혼 여부, 나이, 전 직장에서의 근무관계	· 기능보유자가 드물어 일정기간 양성을 해야 함.	· 경고 서한을 유효하고 적절하게 사용하는 것이 효과적임. 무조건 해고 시 노동부 및 법정으로 연결됨.
회사 6	· 사무직: 신문공고, 면접 후 채용 · 생산직: 공단 Job Bank에 의뢰 및 벽보	· 정직, 성실, 근면	· 면접을 통해 채용하거나 바른 인성을 가졌는지 알 수 없으므로 견습 3개월 시행 후 최종 채용 여부 결정	· 현지국 노동법의 해고절차를 꼭 지켜 나중에 말썽이 없도록 해야 함.

	채용절차	채용시 유의사항	채용시 애로사항	해고시 유의사항
회사 7	· 친분이 있는 한국인 또는 현지인에게 추천받아 채용.	· 친분이 있는 사람으로부터 추천을 받는 게 유리함. 학력보다는 경력이 더 중요하며 경력에 근무 기간이 긴 사람이 좋음.	· 외국인 회사는 임금이 높지만 평생 직장이 아니라는 생각을 많이 함.	· 해고가능한 요건 - 근무태만 및 회사에 피해를 준 사항에 대한 경고장 3회 이상(근로자 서명이 있어야 함) - 회사 사정상 또는 기타 이유로 해고시 1개월 전에 통보하고 1개월 임금 추가지급 - 채용 시 동의한 수습기간 또는 법정 수습기간 내 해고 가능
회사 8	· 사무직: 대졸 이상 · 생산직: 17세 이상 40세 미만, 학력 없음.	· 다른 회사에서 노조가입 유무	· 공장 근처에 인력이 없는 관계로 멀리서 조달, 과다비용 발생	· 입사일로부터 6개월 내에도 해고 가능하나 그 기간 안에 테스트해서 이 기간을 넘지 않도록 해야 함.
회사 9	· 사무직: 현지인 소개로 면접 후 결정 · 생산직: 신체조건이 현업에 지장이 없으면 견습 후 결정	· 입사 후 관리에 따라 능력, 소질을 창출시켜야 함.	· 없음.	· 애사심을 갖도록 함으로써 해고 경우를 만들지 않는 것이 상책임.
회사 10	· 사무직: 신문공고 · 생산직: 구전, 현수막	· 사무직 경우 신문공고를 내면 많이 응시하므로 서둘러 정할 필요 없음 충분한 자격있는 사람을 구할 수 있음.	· 단순생산직은 많지만 기계 수리와 같은 기술자는 찾기 쉽지 않음.	· 해고 시는 사유를 반드시 자세히 기록하고 이를 서명 받아야 함.
회사 11	· 신문공고	· 정신질환 유무(기후관계로 정신질환자가 많음) · 노조활동 유무	· 없음.	· 반드시 문서로 3번 정도의 경고 후 본인의 각서를 받고 퇴사시킴.
회사 12	· 회사 인근 모집공고 · 신청서 · 면접	· 작업숙련도	· 없음.	· 없음.

	채용절차	채용시 유의사항	채용시 애로사항	해고시 유의사항
회사 13	· 면접	· 채용 후 2개월간 임시직이 가능하므로 업무능력 확보됨.	· 기능공(봉제공이 다소 부족하므로 견습공을 숙련해야 하는 어려움.	· 각 회사마다 기준은 다르나 현재 노동법상 한국보다 불리
회사 14	· 인맥을 통해서 구함.	· 정직, 성실성 파악	· 영업직 경험자를 구하기가 매우 어려움	· 없음.
회사 15	· 신문공고 또는 게시판, 지역 국회의원 추천	· 인종분쟁이 있으므로 현지인에 의한 인종식별 유의. 모집인원보다 신청자가 많으므로 공정한 심사가 되도록 확인	· 없음.	· 해고절차(서류)를 갖추고 해고 사유, 조사 내용, 증거 및 증인 등 준비하여 법정 문제 대비
회사 16	· 직업훈련소 졸업 후 2·3년간 업무 후 채용	· JVP(공산당)과 같은 과격분자들은 절대 불가	· 큰 문제는 없으나, 직무능력 및 영어 구사 능력이 떨어짐.	· 해고 즉시 현지 근로자들은 법원 또는 노동부에 제소하며, 수년이 걸려도 재판 판결에 따라 사용자 측은 임금 등 벌금을 변상해야 함.
회사 17	· 사무직: 광고·1차 서류, 2차 면접 · 생산직: 광고·실기테스트, 면접	· 대졸관리자: 업무수행능력, 회사문화 적응, 자본주의에 대한 태도 · 생산직: 업무수행능력, 악성 노조연계 여부	· 능력 있는 봉제기술자가 부족함.	· 정당한 사유에 의한 경고장을 발부하여 사전 절차를 밟는 것이 중요함.
회사 18	· 사무직: 신문공고 · 생산직: 사내공고	· 공장주변 반경 200m 이내에 거주하는 자는 채용 불가	· 인원 부족	· 해고가 거의 불가함. 자발적으로 퇴사 유도
회사 19	· 사무직: 신문공고 후 면접 · 생산직: 안내방송(사내) 및 벽보 공고 후 면접	· 여성인 경우 혼인여부, 학력(가능한 미혼, 학력 이상 수료자)	· 대중교통편 미비로 인한 통근문제	· 근로법상의 절차를 잘 지켜야 문제점 최소화

	채용절차	채용시 유의사항	채용시 애로사항	해고시 유의사항
회사 20	· 사무직: 신문공고 · 생산직: 직업소개소	· 거주지역, 경력, 학력, 전 근무지에서의 노조활동 여부	· 지역에 따라 인력이 부족한 경우, 다른 지방에서 데려오는 경우, 교통편을 제고해야 함.	· 해고된 직원이 법원에 노동재판을 신청, 해고수당을 요구함. 정당한 사유로 해고를 해도 회사가 불이익을 당하는 경우가 많음. 충분한 증거와 증인이 있어도 불리한 경우가 많음.
회사 21	· BOI Job Bank	· 타 회사 근무시 노조활동 여부	· 기능에 맞는 인력을 구하기 힘듦.	· 해고 시 일정한 보상금을 지불해야 함.
회사 22	· 사무직: 신문공고 후 면접 · 생산직: 공단 인력은행	· 채용시 회사의 요구사항은 근로계약서에 기입하여 당사자의 서명을 반드시 받아두어야 함.	· 현지 근로자 채용은 용이하나 대체적으로 영어 능력이 매우 낮음.	· 보상금(퇴직금 이외)제도가 있으므로 고도의 숙련이 필요한 공정을 제외하고 5년 이상 근무시키지 말고 해고 또는 퇴직처리시킴. 5년 이후는 퇴직금 및 보상금 금액이 회사에 부담이 됨.
회사 23	· 사무직: 신문공고 후 면접 · 생산직: 공장주변 구인공고 부착 후 면접	· 전공장 경험. 기존 근로자의 친인척 여부(친인척이 함께 근무시 문제의 소지가 있음)	· 급속한 경제발전으로 3D 업종은 기피. 구인난(제조업 부문은 특히 심함)	· 적법한 기준에 해고 가능.
회사 24	· 사무직: 면접 후 한국인 관리자가 결정 · 생산직: 면접 후 현지 매니저가 결정	· 건강상태 및 업무능력	· 취업 초기에 많은 수가 그만둠.	· 해고가 거의 불가능. 적법한 해고도 노동심판의 대상이 됨.
회사 25	· 공고 · 원서접수 · 면접 · 채용	· 없음.	· 적합한 사람을 찾는 데 애로	· 근로기준법에 따라 해고해야 하는데 해고가 거의 불가능
회사 26	· 신문공고 후 면접	· 건강상태	· 없음.	· 현지 노동관계법 철저히 준수해야 함.

	채용절차	채용시 유의사항	채용시 애로사항	해고시 유의사항
회사 27	· 신문 또는 광고지	· 노동법이 선진화되어 있음. 고용계약시 명확해야 함	· 없음.	· 해고법규 사항은 준수해야 하며, 고용주 해고는 불가능함.
회사 28	· 사무직; 신문공고 · 생산직: BOI 인력은행	· 전직에서 비리여부, 노조가입 사실 확인	· 실무경험이 낮아 적소배치에 애로가 많음	· 법 위에 노조가 있어 일단 고발 후 협의
회사 29	· 보조인 경우 BOI, 경력자인 경우 현직 직원	· 경력자 모집은 거의 없고 면담시 학력, 외모 등	· 숙련공 채용이 어려움. 대부분 박스공장이 영세하여 충분한 기술을 가진 자가 드물고 큰 공장 숙련공의 경우 이직이 빈번함	· 노동법상 해고가 쉽지 않고 해고의 경우 절도나 근무가 나쁜 경우(근래에는 무단결근 등을 의미) 각서를 3·4차례 반복시 해고함.
회사 30	· 주로 도로에 모집공고·신청서 접수·면접 후 채용	· 노조활동에 참여할 만한 사람을 중점적으로 참조	· 없음.	· 해고 전 경고서한과 정직서한을 미리 준비한 후 해고해야 함.

	임금 결정 기준	임금 조정 시기 및 방법	상여금 및 지급기준	초임 및 평균 임금수준
회사 1	· 사무직: 타 회사 경력, 학력 등 참조 · 생산직: 입사 초임은 최저임금 적용 · 기능직: 테스트 후 결정	· 사무직: 1년 1회 임금인상. 근무능력, 결근, 조퇴, 지각 참조. · 생산직: 1년 1회 임금인상. 근무태도, 기술능력, 결근, 조퇴, 지각 참조	· 1년 1회 설날 지급 기본급 적용	· 사무직:USD: 80~90 · 생산직:USD: 33 · 기능직 직급별 적용 -A급: USD: 60~70 -B급: USD: 40~60 -C급: USD: 35~40
회사 2	· 사무직: 경력 및 자격증, 업무의 종류 · 생산직: 경력 및 숙련도	· 사무직: 매년 초(1월 1일). 사무능력(고과평가), 성실도(출근상태 등) · 생산직: 매년 초. 업무능력(매일 생산을 계산), 성실도, 경고장 수령 유무	· 연 2회(12월 24일, 4월 7일, 현지 신정) · 1회 기본급의 100%를 기준으로 업무고과와 근무일수에 따라 기본급의 80~125%를 지급.	· 사무직: Rs9,600 · 생산직: Rs2,500(무경력), Rs5,500(유경력)

	임금 결정 기준	임금 조정 시기 및 방법	상여금 및 지급기준	초임 및 평균 임금수준
회사 3	· 노동부 최저임금에 맞추고 회사 형편에 맞추어 기본급을 정하는 것이 좋음. 지역별로 차이가 있기 때문에 지역 임금실태를 조사하여 임금수준을 맞출 수 있음.	· 성수기를 피해 비수기에 조정	· N/A	· 초임 USD:25~30 월평균 USD40 정도
회사 4	· 무응답	· N/A	· N/A	· 사무직:Rs7,000 · 생산직:RS3,400
회사 5	· 사무직: 경력 및 능력을 기준 · 생산직: 정부에서 정한대로 지급	· 사무직: 연 1회 인사고과 및 근태상황을 확인 후 조정 · 생산직: 연 1회 정부가 정한 법에 의해 정하고 특별한 경우는 회사방침에 의해 추가 조정	· 근속연수, 근태상황을 적용하여 차등지급하는 경우도 있음 · 통상임금 기준 100%	· 초임 -사무직:Rs4,500~6,000 -생산직:Rs3,500 · 평균 임금 -사무직:Rs6,000 -생산직:Rs4,000
회사 6	· 사무직: 직무와 경력, 현 사무직 사원의 임금 수준 · 생산직: 노동부의 임금 가이드라인	· 사무직: 매 5월. 인플레이션을 감안 최고 10% 내에서 결정 · 생산직: 매 1월 BOI와 공단 입주기업간 협의결과에 따르나 통상 10% 이내로 결정	· 연 100%(기본급 기준)	· 초임 -사무직: USD80~130 -생산직: USD37~50 · 평균 임금 -사무직: USD150 -생산직: USD60
회사 7	· 사무직: 학력, 경력, 연령 · 생산직: 경력, 연령	· 연 1회, 연말/현지물가 상승률	· 연말 결산시 회사의 이윤 정도에 따라 실수령액의 50~100% 지급 예정이나 문서상 정한 것 없음	· 사무직: Rs15,000 · 생산직: Rs8,000~9,000
회사 8	· 무응답	· 연 1회, 4월경/A, B, C 등급으로 나누어 실시	· 연 100%	· 사무직: US$80 · 생산직: US$40
회사 9	· 주변 회사들과 균형 BOI 규정 참조	· 연 1회, 10월/평균 10%에서 조정	· 연 2회 기본급의 각 100%	· 사무직: 초임Rs4,000~5,000 · 생산직: 초임Rs2,800 평균 Rs5,000

	임금 결정 기준	임금 조정 시기 및 방법	상여금 및 지급기준	초임 및 평균 임금수준
회사 10	· 사무직: 학력, 경력 자격증 · 생산직: 경력	· 사무직: 연 1회 · 생산직: 연 1회, 특별히 생산성이 뛰어난 경우는 1년이 안되어도 조정	· 본봉의 200~250%	· 사무직: Rs5,000~25,000 · 생산직: Rs7,000~13,000
회사 11	· BOI 가이드라인 주변 회사의 임금 현황	· 연 1회, 1월말/BOI 가이드라인 참조, 평균 10% 정도 범위에서 조정, 출퇴근율, 근무태도, 공헌도 양식에 의거	· 연 100%	· 사무직: Rs4,500~5,000 · 생산직: Rs2,700 + Rs300(6개월 후)
회사 12	· BOI 기준	· 연말	· N/A	· 사무직: Rs4,000~8,000 · 생산직: Rs3,500~6,000
회사 13	· 기존 근무자와의 평가	· 연 1회 5월말 일괄 실시, 종전 잘못된(저임금) 수정/고과 반영	· 연 100%를 2회로 지급, 12월, 4월	· 사무직: US$50 · 생산직: US$30
회사 14	· 사무직: 전 직장 임금 · 생산직: 기본급·최저 일정액	· 사무직: 연 1회/근속연수 · 생산직: 매 3개월/능력	· 없음.	· 초임 Rs 5,000 · 평균 임금 Rs13,000
회사 15	· BOI 임금가이드 라인	· 매 6월 1일/4~5월 조합 대표와 협의 조정. 고과를 임금과 승급에 반영	· 연 2회 지급(4월, 12월) 금액은 임금 조정시 협의(회사의 형편을 고려)	· 사무직: 초임 US$60 평균US$160 · 생산직: 초임 US$40 평균 US$130
회사 16	· 사무직: 학력, 능력평가, 영어구사 능력(엔지니어 및 Manager, Director · 생산직: 직업훈련소 졸업 후 회사 내 2~3년 정도 직무훈련	· 임단협을 매 6월 30일에 착수, 호봉승급:통일 직급, 근속연수에 따른 인상/한국인, 엔지니어 및 매니저급이 선별, 진급시 고과을 평가함.	· 연말에 지급. 당기순이익 Rs100,000,000달성시 5%를 종업원에게 지급 · 생산 및 매출 목표 달성시 1개월 분 추가 지급	· 사무직: 초임 Rs4,000 평균 Rs9,000~9,500 · 생산직: 초임 Rs4,500 평균 Rs10,000

	임금 결정 기준	임금 조정 시기 및 방법	상여금 및 지급기준	초임 및 평균 임금수준
회사 17	· 동종업계 수준, 업무 기여도	· 매년 초/회사실적과 내년 물가 예측에 따른 인상률을 정하고 이 범위 내에서 관리자가 각 개인의 인상분 결정	· 연 200% 주어진 생산량을 달성한 경우 그룹에 대하여 인센티브를 지급	· 사무직: 초임 Rs1,000 평균 Rs2,500 · 생산직: 초임 Rs2,800 평균 Rs4,300
회사 18	· 사무직: 타 회사 임금 수준 · 생산직: 최저임금 및 동종업계 수준	· 사무직: 1회 · 생산직: 1회 및 수시/고과 반영	· 연말/근속연수 기준	· 사무직: 초임 Rs5,500 · 생산직: 초임 Rs3,500
회사 19	· BOI 가이드라인	· 11월/BOI 임금가이드라인 및 환율, 물가 상승률 참조	· 만 1년 이상 근무한 자에게 연 100%를 2회에 나누어 지급	· 사무직: 초임 Rs4,200 평균 Rs 7,500 · 생산직: 초임 Rs3,700 평균 Rs7,500
회사 20	· 사무직: 학력, 경력 (면접시 협의) · 생산직: 학력, 경력, 자격증, 회사 규정	· 사무직: 인사고과 · 생산직: BOI 가이드라인, 고과에 따라 우수한 직원은 인상	· 근무연수와 인사고과에 따른 차등 지급	· 사무직: Rs6,000 · 생산직: Rs4,000
회사 21	· BOI 최저임금	· 연 1회/생산실적에 따른 차등인상	· 연 100%, 연말에 지급	· 초임 Rs3,400 평균 Rs4,200~4,300
회사 22	· BOI 최저임금	· 매 1월 1일/승진에 따른 임금조정은 4월 1일/Supervisor급은 한국인이, 그 이하는 현지인 매니저의 의견 수렴	· 연 100%를 2회에 지급(12월, 4월)	· 사무직: 초임 Rs4,000 · 생산직: 초임 Rs3,800
회사 23	· BOI 가이드라인	· 12월 중순/BOI의 임금인상 방침 통지 후, 현장근로자에 한하여 생산량에 따라 임금 조정시 반영	· 채용 후 1년 경과: 100% 지급(연말 50%, 신년 50%)	· 사무직: Rs5,000 · 생산직: Rs3,400

	임금 결정 기준	임금 조정 시기 및 방법	상여금 및 지급기준	초임 및 평균 임금수준
회사 24	· 사무직: 회사기준 · 생산직: BOI 지침(경력 인정 않음)	· 매 3월/구분 없이 정율, 고과 없음.	· 신년(4월) 휴무 전 50%	· 사무직: 초임 Rs3,500($35) 평균 $100 · 생산직: 초임 Rs3,000($30) 평균 $100
회사 25	· 사무직: 회사의 기준 · 사무직: 정부의 최저임금 기준	· 1월말/반장이 1차 평가 후 2차 평가는 각 분야의 매니저, 3차는 회사가 시행	· N/A	· 사무직: 평균 US$150 · 생산직: 평균 US$50
회사 26	· BOI의 기준 및 경험 유무	· 매년 초/BOI 기준, 업무능력 평가 결과를 반영	· 없음.	· 사무직: 평균 US$55 · 생산직: 평균 US$45
회사 27	· BOI 임금 기준	· 1회 실시	· N/A	· 사무직: 평균 US$50 · 생산직: 평균 US$38
회사 28	· 사무직: 전직 급료 확인후 결정 · 생산직: BOI 기준(숙련공은 전직 임금 확인후 결정)	· 매 4월 조정(인플레이션과 BOI의 지침)/출근고과와 경고누적 평가후 반영 최저 75% 인상	· 4월과 12월 기본급의 100%씩 총 200% 지급	· 사무직: 초임 Rs5,000 평균 Rs7,500 · 생사직: 초임 Rs4,500 평균 Rs5,800
회사 29	· BOI 기준, 전 직장의 임금수준, 업무능력	· 매 1월에 조정하여 2월부터 적용/적년도 근무성적, 근태, 출근율, 휴가신청 횟수, 책임자 임금 의견 등을 고려하여 최저 인상률을 보장하고 우수 직원은 건별로 인상함.	· N/A	· 사무직: 평균 US$45 · 생산직: 평균 US$38
회사 30	· BOI 기준	· 12월 1일/BOI 기준, 중간관리자의 추천에 따라서 우수 직원은 인상	· N/A	· 사무직: 초임 Rs4,000 평균 Rs15,404 · 생산직: 초임 Rs3,000 평균 Rs7,014

	인사고과 실시 여부 및 기준	승진체계 및 승진자 결정 방법	근무태도 및 작업기강	관리상 애로사항
회사 1	· 연 1회 실시/근무태도, 업무능력, 결근, 지각, 조퇴	· 사무직: 경력, 현 근무상태, 업무능력, 지도력, 근무연수 등/현지 책임자와 협의 결정, 본인 인사고과를 전부 체크	· 근무상태가 상당히 느림. 개발하려는 기본 태도가 없음.	· 스스로 기술개발할 줄 모르고 생산성이 향상되지 않음. 고품질 생산은 기술교육을 계속해야 함.
회사 2	· 실시/임금조정방법과 동일	· 좌동	· 자발적이지 못함. 응용력 및 융통성이 떨어지나 시키는 일에는 매우 성실함.	· 사소한 일에 정직하지 못하며 출근율이 좋지 않음. 자신의 잘못을 잘 인정치 않음.
회사 3	· N/A	· N/A	· 50%는 생계를 위하여, 50%는 그날그날 벌이를 위하여 일함. · 미래의 꿈이 없음.	· N/A
회사 4	· N/A	· N/A	· 작업기강은 운영하는 자가 통제할 수 있음.	· N/A
회사 5	· 사무직: 회사에 대한 기여도, 근태상황, 일에 대한 적극성 등 · 생산직: 기능, 근태상황	· 단계별로 있으며 회사에 대한 기여도를 고려	· 무척 느린 편임 · 생각해서 하는 일은 잘 처리 못함. · 기강이 해이한 편임	· 의사소통, 문화적 차이점을 이해 못하는 경우가 많음.
회사 6	· 기본적으로 평소의 출결 및 업무능력을 기준	· 승진체계는 없고 업무능력에 따라 직무분할이 이루어지고 진급체계는 운영하지 않는 대신 근무연한 기준으로 임금 사정시 조정 운영	· 더운 기후로 행동이 느리고 게으른 편이라 업무를 규제화 및 제도화시켜 단점을 보완.	· 솔선수범 및 창의력 부족
회사 7	· 미실시	· 좌동	· 적극성이 부족하나 대체로 만족함.	· 가정문제로 회사일에 지장을 주나 이때 다른 사람으로 신속히 대처하고 가정문제를 먼저 처리토록 함.

	인사고과 실시 여부 및 기준	승진체계 및 승진자 결정 방법	근무태도 및 작업기강	관리상 애로사항
회사 8	· 사무직: 업무 성실도 · 생산직: 기능	· N/A	· 관리하기가 쉬움.	· 언어문제, 높은 결근율
회사 9	· N/A	· N/A	· 게으르나 입사 후 애사심과 한가족으로서의 관심으로 관리하면 문제해결	· 참 인간관계를 이루어 감으로써 애로사항 없음.
회사 10	· 사무직: 사장이 결정 · 생산직: 슈퍼바이저나 매니저의 의견, 생산일지, 출근율, 경고장 여부 등을 감안	· 매니저급 및 사무직은 사장이 결정, 그 이하는 주로 매니저의 의견 반영	· 생산성에 대한 개념은 별로 없어 꾸준히 점검해야 하지만 조심성은 많음.	· 월급 받고 말없이 그만두는 경우가 있어 중요한 자리는 예비인원이 필요함.
회사 11	· 사무직: 근태상황, 공헌도 · 생산직: 출퇴근율, 제안 및 불량감소 활동	N/A	· 시키는 일은 잘하지만 자발성 및 창의성 등 부족	· 언어 및 관습 차이. 상황 따라 한국식으로 호소하고 설득할 때
회사 12	· N/A	· 필요한 자리는 한국관리자가 결정	· 책임감 부족	· 잘못한 부분에 대한 지적이 수차례 반복됨.
회사 13	· N/A	· 업무처리 능력	· 아이디어 및 능력 부족	· 일을 싫어하기 때문에 계속 확인이 필요
회사 14	· 영업능력	· 평직원 · 주임 · 과장	· 수준이 낮음.	· 언어소통
회사 15	· 출근 및 결근일수, 개인작업 사고 및 회사규정 준수 여부, 훈련 및 연수시 성적	· 부서별T/O, 근무연수, 개인별 이력	· 창의력 및 책임감 결여	· 의사소통: 언어, 문화적 배경의 차이
회사 16	· 사무직: 직무 능력, 성실도, 책임감, 영어구사능력 · 생산직: 생산 실적, 품질불량, 근무성실도, 직무능력	· 사업수행능력, 생산실적에 따른 특별 기여금, 10%내 정기승진시킴/엔지니어 및 매니저가 추천 선발	작업의 성실도가 떨어지며, 창조적인 개선활동에 참여하는 것을 무척 싫어함.	· 다기능을 갖고 있지 못하기 때문에 인력운영에 탄력성이 없음. 영어를 이해하지 못하는 직원이 50% 이상임.

	인사고과 실시 여부 및 기준	승진체계 및 승진자 결정 방법	근무태도 및 작업기강	관리상 애로사항
회사 17	· N/A	· N/A	· N/A	· N/A
회사 18	· 사무직: 근무성실도 · 생산직: 공정, 생산성, 출근성적	· 해당 부서장 추천, 중역회의에서 결정	· 성취욕이나 열성도가 떨어짐.	· 결근, 힘든 일은 피함.
회사 19	· N/A	· N/A	· 근무태도가 수동적이고 산만함.	· 노동법이 친노동자편으로 해고, 정직 등 어려움.
회사 20	· 근무태도, 출근율, 업무의 정확성, 근무연수	· 인사고과에 따라 년 1회 실시	· 애사심이 없고 약간의 변화에도 크게 동요, 군중심리에 약함 · 생산성이 낮음. 수동적, 책임감 결여	· 결근 및 지각이 많음. · 잦은 병가
회사 21	· 생산성, 연차	· 한국인 관리자	· 성취도와 집중력이 떨어짐	· 국민성과 관습의 이해부족
회사 22	· 출결사항, 업무능력	· 출결사항, 업무능력, 근무연수	· 단순 반복작업은 잘 함. 빠른 작업의 숙련은 불가함. 생산성이 낮음. 작업방법 변경 등에 적응이 느림. 일정한 품질관리는 용이 함.	· 단체행동을 잘함(회사에 애로사항 요구 시: 임금) · 결근율이 높음. (5~10%정도)
회사 23	· 생산직만 적용 후 임금인상에 반영	· 일정한 규칙이 없음.	· 많이 해이함(결코 저렴한 인건비가 아님)	· 문화와 관습 등의 차이로 인한 오해의 발생 소지가 많음.
회사 24	· 미실시	· 좌동	· 게으르고 느림.	· 정리해고가 불가
회사 25	· N/A	· N/A	· N/A	· 언어장애 및 생활관습 차이로 인한 상호간 이해부족

	인사고과 실시 여부 및 기준	승진체계 및 승진자 결정 방법	근무태도 및 작업기강	관리상 애로사항
회사 26	· 사무직: 결근, 출퇴근, 업무관계 실수 여부 · 생산직: 결근, 출퇴근, 품질개선	· 철저한 인사고과로 결정	· 근무태도가 성실, 작업기강 매우 질서가 있음.	· 현지 언어, 의사소통 불가 문제
회사 27	· N/A	· N/A	· 생산성이 낮음	· 정확한 의사소통
회사 28	· 출근율, 경고횟수 등을 감안, 아이디어 제공자 우대	· 사무직: A/manager →manager · 생산직: 반장→대리 →과장	· 생산성이 50% 정도 (온순하다고 판단은 금물)	· 융통성이 없고 시킨 일 이외에는 모른 척 하고 책임을 지지 않음.
회사 29	· 출근율, 작업반장의 평가, 업무수행 능력	· 반장제 도입	· 대부분 열심히 일하고 있음.	· 사고의 차이(문화적), 자발적으로 하기보다는 지시에 따르는 편임.
회사 30	· 미실시	· 필요한 자리에 관리자급의 추천에 따라 승진	· 일하는 태도가 많이 떨어지고 책임감이 부족	· 목표운영을 해야 대체적으로 효과적이며 새로운 아이템인 경우 목표를 정하기 어려움.

	우리나라와 노동법상 차이점	한국 근로자의 역할	한국 근로자와 현지 근로자 간 갈등관계 조정방안	교육·훈련 실시 여부 및 방법
회사 1	· 회사 폐업 시 및 근로자 해고 시, 해고수당이 노동법상 명시치 않고 퇴직금만 명시되어 있어 항상 해고수당 및 퇴직금으로 인한 분쟁 · 임산부 출산휴가 4개월	· 현지인 기술교육, 기술전수 · 일반업무 파견자는 통관·경리 등 감독, 수출입 업무	· 한국인 특성에 대하여 현지인에게 교육을 시키고 이해를 구함. · 제일 큰 문제는 근로자 해고시 발생	· 근무에 대한 기본교육, 기술교육, 매월 평가회를 가짐. · 한국인 파견자 모두 업무 지시보다 출·퇴근부터 솔선수범하여 공장책임자부터 모범을 보임.
회사 2	· 현지 노동법 여러 면으로 좋음.	· 관리 및 조정	· 없음.	· N/A

	우리나라와 노동법상 차이점	한국 근로자의 역할	한국 근로자와 현지 근로자 간 갈등관계 조정방안	교육훈련 실시 여부 및 방법
회사3	· N/A	· N/A	· N/A	· N/A
회사4	· N/A	· N/A	· N/A	· N/A
회사5	· 해고 문제	· 공장 전체적인 관리 및 기술지도	· 사소한 문제로 오해하는 경우가 많음. 현지 언어를 익혀두는 것이 바람직하며 자주 회의를 갖고 문제 해결	· 주로 작업에 대한 특수성을 분야별 교육. 6개월 단위로 소방훈련 실시
회사6	· 국내와 차이가 없음.	· 가능하면 현지인 중심으로 운영하고, 한국인는 조정자의 역할	· 서로간 인격존중. 모든 규칙과 절차를 제도화하고 이를 준수토록하며 문제 발생시 협의하여 새로운 규칙을 만들어 집행	· 국제경쟁시대에서 품질향상과 생산성의 중요성을 강조하는 정신교육 수시 실시
회사7	· 채용, 해고, 임금, 특별수당, 시간외수당 등을 결정할 때 신중을 기하고 문서로 기록	· 공장 운영하지 않음.	· N/A	· N/A
회사8	· 해고가 어려움.	· 일을 잘하도록 지원	· 생산성	· 일한다는 자부심과 근면성
회사9	· 스리랑카 노동법 참조	· 초기엔 기술(기능) 이전	· 인격적인 대접	· 수시로 필요한 사람에게 자기의 역할 주입
회사10	· 노동법을 필히 준수하도록	· 기계수리 같은 문제 해결	· N/A	· 보조로 넣어서 작업을 익히게 함.
회사11	· 오후 8시 이후의 잔업 시 차량 및 저녁 제공, 여성근로자는 부모의 동의가 필요한 경우가 있음.	· 관리(인원, 공장.....)	· N/A	· Shell Gas 교육참석 SLS(스리랑카 표준협회)교육참석(관리자, 작업자) · 자체정신교육, 품질관리분임조 활동
회사12	N/A	· 관리 및 총책임	· 대화	· 작업숙련도

	우리나라와 노동법상 차이점	한국 근로자의 역할	한국 근로자와 현지 근로자 간 갈등관계 조정방안	교육훈련 실시 여부 및 방법
회사 13	· 근로시간 8시간	· 생산성, 품질향상 및 근로자 관리감독	· N/A	· N/A
회사 14	· N/A	· N/A	· N/A	· 세일즈 교육
회사 15	· 여성근로자 야간작업은 입사 시 동의한 사람만 가능	· 기술지원: 작업방법, 생산, 품질, 교육계획과 시행	· 현지인 책임자, 노동조합 책임자, 한국인 책임자의 각 입장에서 조사 후 경중에 따른 처벌	· 부서별 기술, 안전, 작업방법 등 동기 및 사기 등 연수원 교육
회사 16	· 1970년 중 후반부터 주 5일제 근무 시작(토요일 또는 공휴일 작업을 꺼림)	· 매니저(대표: 1인, 생산이사: 1인, 경리이사: 1인)	· 지속적인 대화와 타협. 갈등관계 증폭시 노동조정관 개입 요청	· 매년 Q.C 교육과 ISO9000에 따른 직무능력 교육. 강의식 및 실기교육
회사 17	· N/A	· 한국인: 마케팅, 생산기술 고문 · 현지인: 생산관리, 노무관리	· 한국인이 회사 운영상 중요한 역할을 담당하고 있음을 현지인에게 주지. 생산, 노무관리에 개입하지 않음.	· N/A
회사 18	· 해고가 어렵다. 연휴를 이용한 대체근무 불가/잔업에 있어서 여성근로자에게 특별 조건	· 기술지도, 감독, 생산성 확인	· 상호이해	· 연 2회 품질향상을 중점적으로 교육
회사 19	상동	· 기술, 운영 전수	· 대화	· 사내규칙, 기초기술
회사 20	· 사회주의 사상이 담긴 노동법은 고용주에게 불리. 여성근로자 장기간 출산휴가(84일) 후 업무복귀해도 1년간 업무시간을 2시간 수유시간으로 할애	· 현장 및 기술 관리	· 현지인과 갈등은 회사의 책임자의 능력에 따라서 다름.	· 업무에 다른 각종 세미나, 외부의 훈련프로그램

	우리나라와 노동법상 차이점	한국 근로자의 역할	한국 근로자와 현지 근로자 간 갈등관계 조정방안	교육훈련 실시 여부 및 방법
회사 21	· 해고시 보상금제도, 노동부 Inquiry제도	· 전체적인 관리	· 주로 상하관계의 문제이므로 현지인들이 받아들여야 할 사항이 많음.	· 조장들에 의한 신입 근로자 훈련
회사 22	· 근로시간	· 회사 설립 초기: 근로자 작업지도 및 생산지시(3·5년) · 현재는 자금관리 및 주문계획과 품질관리	· 노사협의. · BOI 노동전문가 또는 노동부의 노동조정관	· N/A
회사 23	· N/A	· N/A	· N/A	· 불량률 방지를 위한 2·3주 일정부서
회사 24	· N/A	· 책임관리	· 별로 없음.	· 기능교육, 정신교육
회사 25	· N/A	· 기술지도 및 관리	· N/A	· 훈련센터 운영(4주 가량 훈련)
회사 26	· 업무 및 생산의 중요부문은 여성근로자로 진행	· 한국인 근로자 없음	· N/A	· N/A
회사 27	· 잔업 시 월 60시간을 초과하지 못함. 10시 이후 여성근로자 야간 작업이 불가능	· 기술지도 및 생산·품질 확인	· N/A	· ISO9001 실시 중
회사 28	· 법 위에 노동자가 있어 한국기업이 철수	· 선진 기술전수 및 최종 결정권자	· 사회·문화적 차이에서 발생	· 3개월 정도 전문기관에 의뢰
회사 29	· 현지인 노무관리자가 현지인 근로자관리. 평생직장 개념 주입	· 주문관리 및 생산관리는 현지인 중심으로 운영하고 최종결정권은 사주가 지님.	· 대화로 조정하고 법에 위반 되지 않는 범위에서 조정	· 경력자들에 의한 OJT
회사 30	· 여성근로자인 경우 주당, 일당 근로시간이 제한. 야간작업 시 여자 경비원 상주시켜야 함.	· 관리와 경영	· 해당사항 없음.	· ISO에 따른 자체 교육

	복지후생제도	이직률 및 대책	결근율 및 대책	노조현황 및 차이점	의사소통 활성화 제도
회사 1	· 기숙사, 출·퇴근 버스, 야유회, 송년회, 휴식시간 음료수 제공, 공장지역 고아원, 양로원, 학교 등 연 3회 이상 순방하여 필요한 물품 제공	· 연 1% 미만	· 매일 10%선. 결근관계에 대하여 최대한 어려운 점. 이를 임금인상에 반영함.	· 스리랑카 노조는 강성임. 특히 J.V.P (공산당) 노조가 회사 내에 설립되면 폐업하게 됨. · 1년 전 J.V.P. 노조가 설립되었으나 노조원들이 탈퇴, 현재 없음.	· 처음 노조가 설립되었을 당시 상당한 문제가 많았으나 노조집행부에게 특별교육을 실시하여 노조원 본인들이 탈퇴토록 하고 현재는 노사협의회 운영
회사 2	· 식대Rs800/월, 교통비Rs700/월	· 높지 않음.	· 높지 않음.	· 없음.	· 없음.
회사 3	· 경조사비를 직급별 차등지급, 개인적으로 어려울 때 도와줌.	· 이직률이 높아 이를 방지키 위해 여러 제도 시행. 5년 이상 근무자에게 선물 및 상여금 별도 지급	· 이직률이 높아 이를 줄이기 위하여 여러 제도 시행. 통근버스 운행, 만근 미싱사 $9, 보조공 $6 지급하지만 효과는 미미함.	· 없음. 매니저가 노조 자체를 인정하지 못하도록 하고 근로조건에 불만 사항은 매니저를 통해 해결할 수 있는 것은 최선을 다해 처리	· 현지 관리자와 근로자간 항상 가까이 할 수 있는 관계를 만들어 주고 중간관리자, 매니저와 같이 만나 애로사항을 직접 들어주고 회사 방침에 잘 따라올 수 있도록 유도
회사 4	· 차, 빵 근무복 지급	· N/A	· N/A	· N/A	· N/A
회사 5	· 신정, 석가탄신일, 연말 등에 필요한 생필품 지급	· 별로 높지 않으나 출퇴근 문제를 원활하게 해주면 이직률이 높지 않다고 판단됨.	· 특히 기혼자인 경우 가정사로 인한 결근율이 높음.1년 단위로 만근자에 대한 포상제도가 효과적임.	· 없음. 조심스럽게 접근할 필요. 사소한 문제는 가능한 대화. 임금 문제 등에서 집단적 파업을 함. 공장별로 파업이 이루어지기 때문에 평소 문제점을 찾아 적절히 조치해야 함.	· 수시로 문제점 파악하고 현지인과 대화를 자주 행함.

	복지후생제도	이직률 및 대책	결근율 및 대책	노조현황 및 차이점	의사소통 활성화 제도
회사 6	· 점심 제공, 의료 지원	· 많지 않음.	· 높지 않음. 만근자 포상제도	· 없음. 노사위원회 운영. 보수적임.	· 특별한 것 없음.
회사 7	· 하숙하는 직원 하숙비의 50% 지원, 장거리 출퇴근하는 직원 월 교통비 50% 보조	· 현재까지 없음.	· 근거 있는 결근은 인정하고 무단인 경우 경고장 발급	· 없음.	· 자주 대화를 가지며 서로를 이해하려고 노력함.
회사 8	· 생산직: 휴가 14일 · 사무직: 휴가 21일	· 높음. 공장근처 인원을 최대한으로 활용	· 결근율 5.5%. 잔업을 없애기 위해 08:00~18:30까지 최대의 생산성을 늘리고 만근수당 지급하는 방법	· 없음.	· 없음.
회사 9	· 개인, 가정 경조사에 성의를 가지고 참여	· 봉제업에는 높으나 장치산업에는 거의 없음.	· 거의 없음.	· 없음.	· 자주 접촉, 가족적인 대화로 모든 문제 해결
회사 10	· 생산수당, 교통비 야간수당	· 남자들은 이직률이 낮고 여자들은 결혼 등으로 높은 편임.	· 보통. 매일 체크하여 사유를 물어보지 않으면 높아짐.	· 없음.	· 건의사항을 슈퍼바이저나 매니저를 통해 처리
회사 11	· 오전 차 1회, 빵 제공, 오후 차 1회 제공, 작업복 지급	높지 않음	· 6개월마다 만근자 포상	· 없음.	· 8개의 품질분임조 활동. 매주 월요일 조회 및 애국가 제창 (스리랑카 국가 및 애국가)
회사 12	· 상시 차 제공, 각종 경조사에 소액 부조	· 낮음.	· 낮음.	· 없음.	· 없음.
회사 13	· 연금, 만근수당, 숙식비 보조	상당히 높음.	· 상당히 높은 편임, 만근수당 지급하나 생활습관으로 어려움이 많음.	· 없음.	· 없음.

	복지후생제도	이직률 및 대책	결근율 및 대책	노조현황 및 차이점	의사소통 활성화 제도
회사 14	· 없음.	· N/A	· N/A	· 없음.	· 없음.
회사 15	· 교통편, 작업복, 간부사택, 시가 및 차 제공	· 낮음.	· 높음. · 출근관련 인센티브 지급, 연 만근자 포상, 결근율에 따른 보너스 차등지급, 승진 및 임금 인상에 반영	노조원 2,500명 성향은 온건	제안제도 및 정기회합
회사 16	· 점심비용 Rs18/인, 회사분담, 출퇴근 버스 사택, 매니저 차량 제공	· 거의 없음. 타사보다 안정적인 직장으로 선호함.	· 현지 노동법상 병가를 연 21일 사용할 수 있고 미사용시 이를 현금으로 지급하기 때문에 결근율이 높지 않음.	· 9개 노조. 정당 직능노조로 되어 있어 임단협시 애로사항이 많음. 정당 지침에 따르기 때문에 터무니없는 요구가 많음.	· 분기별 노사협의회 운영. 별도 애로사항 청취를 위하여 매니저들과 월 1회 정기적 회의 개최함.
회사 17	· 아침, 오후 차 제공, 출퇴근 버스, 탁아소, 연금 등	· 연 5% 정도로 높지 않음.	· 4%. 연차 일수 내에서 이루어지므로 이를 제재할 수는 없고, 생산성 감소를 위한 대책이 필요함.	· 없음.	· 노사협의회를 운영. 여기서 집단, 개인적 대화 활동이 이루어 짐. 9명으로 구성
회사 18	· 아침식사, 차 2회, 주 1회 여의사 방문 상담	· 인간관계를 잘 유지하고 장기근속자 우대	· 매월 만근자 상여금 지급. 결근하면 불이익을 줌.	· 없음.	· 한국인 직원은 점심식사 시간을 제외하고 업무 시작 때부터 끝날 때까지 현장에서 현지인과 같이 근무 · 사장실은 누구에게나 개방

	복지후생제도	이직률 및 대책	결근율 및 대책	노조현황 및 차이점	의사소통 활성화 제도
회사 19	· 특별수당	· 높지 않음.	· 2-3%로 낮음.	· 없음.	· 제안제도 실시
회사 20	· 출퇴근 시 사용되는 휘발유, 직급에 따른 차량 제공	· 결혼을 위한 목돈 마련키 위해 5년 이상 근무 후 퇴직하는 경우가 많음. 퇴직금 지급 후 계속 근무할 것을 권유. 경쟁업체에서 비밀리 빼내 가는 경우는 방법이 없음.	· 높음. · 사규를 정하여 출근율에 따른 별도의 관리가 필요하며, 기숙사 운영, 정신계몽을 통하여 줄여 나가야 함.	· 외부 노조단체에 가입한 근로자는 없으나 스리랑카의 노조단체를 운영하는 자는 사회주의 또는 공산주의 교육을 중국, 북한에서 받고 온 자가 많음. 정치인과 결탁, 근로자 이익보다는 자신의 이익을 먼저 추구함.	· 노사협의회. 투자청이 참석한 자리에서 대표자 선출. 이들이 회사와 근로자간 애로점 해소
회사 21	· 목표달성 시 인센티브	· 높지 않음.	· 5~6%. 만근수당 별도로 지급	· 없음.	· 노사협의회. 대표를 선출하여 상담
회사 22	· 아침식사와 차 제공. 저녁 7시 이후 잔업 시 석식 및 교통편 또는 휴일 근무 시 점심제공. 1일 1·2회 차 제공	· 낮음. 임금 및 복리후생제도를 강화하면 대폭 감소됨	· 5~10%. 만근수당 및 연간 출석률이 높은 자를 대상으로 포상에도 활용	· 노사협의회가 있으며, 최소 5인 이상이어야 함(BOI 승인 업체인 경우). 외부 노조와 결탁 시 태업으로 번지는 사례가 있음.	· 현지인 총무과장과 주 1회 라인별 회합. 한국인과 월간 실적 및 회사경영상태를 설명하며 근로자의 요구조건을 경청하는 기회를 월 1회 실시함.
회사 23	· 회사에서 발생하는 부산물로 기금운영. 언제든지 경제적 지원 가능함.	· 이직률을 낮추기 위하여 적정 업무부과	· 3~5%정도로 높지 않음.	· 없음.	· 매월 1회 간담회(10여명으로 구성, 각 부서의 리더)

	복지후생제도	이직률 및 대책	결근율 및 대책	노조현황 및 차이점	의사소통 활성화 제도
회사 24	· 중식, 차 제공	· 높음. 대책이 없음.	· 높음. · 국가보다는 회사, 회사보다는 개인이 우선인 문화. 근태가 양호한 사람에게 수당지급	· 없음. 노사협의체로 대체(공제회 성격임)	· 노사협의회
회사 25	· EPF(회사 12%, 본인 8%) ETF(회사 3%, 본인 0%) 적립	· 낮음.	· 만근 보너스	· 없음.	· 노사협의회
회사 26	· 없음.	· 매우 낮음.	· 낮음.	· 없음.	· N/A
회사 27	· 상조회에 매월 지원	· N/A	· 5%, 교통편 지원	· 없음.	· 상조회
회사 28	· 차, 빵 2회/일, 현장에 생수, 출퇴근 버스 운영	· 연간 15%, 봉제업체는 연간 200%	· 1.5%, 집안사정이 상당히 많음.	· 없음.	· 월 1회 이상 노사협의회를 운영
회사 29	· 직책수당, 출퇴근 버스비 지급, 식대, 만근수당, 교육비(일부 근로자)	· 낮음	· 낮음. 사전에 허락을 받는 경우가 많고 그렇지 않을 경우 전화나 전보로 연락함.	· 노사협의회	· 분기별 조사모임을 갖고 건의사항 및 개선사항을 청취하고 지시
회사 30	· 하루 2회 차, 간식제공, 상조회 운영하여 부조, 복지기금 조성하여 저리로 대출	· 높지 않음	· 10%로 높은 편임. 교육 및 임금 인사에 반영	· 없음.	· 중간관리자를 통한 대화

자료 : 박영범 · 김원중(2003a).
주 : N/A는 관련 자료가 없음을 의미함.

단순생산직을 구하기는 어렵지 않으나 기계를 다룰 줄 아는 수준급의 기능직 사원을 구하는 데는 많은 어려움이 따른다. 또한 영업직 경험자가 적어 이들을 구하는 것도 용이치 않다. 공용어로서 영어를 사용하기는 하나 제대로 영어를 구사하는 이들도 적어 구직자의 영어 구사능력도 고려하여야 한다. 외국인 회사가 제공하는 임금에 대하여 매력을 갖지만 평생직장이라는 생각은 하지 않고 채용 초기에 퇴사하는 경우가 많다. 봉제업의 경우, 젊은 층들은 3D 업종이라고 기피하는 경향이 있어 필요인력 조달에 어려움이 있는 회사도 있었다.

입사 시 근로조건이나 인사고과 여부 등을 자세히 기재한 채용계약서를 작성하는 것이 좋다.

한국이나 베트남과는 달리 도급이 허용되지 않는 것도 고려되어야 할 사항이다.

나. 해고관리

스리랑카에서는 해고가 매우 어렵기 때문에 해고사유에 대하여 명확한 사유서를 작성하여 본인의 서명을 필히 받아 이를 보관하여야 한다. 그렇지 않을 경우 차후 법적인 문제가 발생 가능하다. 회사가 해고 전에 이들의 생산성을 제고시키려는 노력을 하여야 하며 이에 대한 구체적인 증거도 제시하여야 한다. 회사가 무단 해고했다고 주장하면 법정에서는 일단 회사에 불리한 판정을 한다.

해고와 관련하여 유념할 사항은 첫째, 근무태만 및 회사에 피해를 준 사항을 구체적으로 명기한 경고장을 3회 이상 발급하여 근로자의 서명을 받아야 하며, 둘째, 회사 사정상 또는 기타 이유로 해고 시 1개월 전에 통보하고 1개월분 임금을 추가로 지급하여야 하고, 셋째, 채용 시 동의한 수습기간 또는 법정 수습기간 내에 해고가 가능하다는 것이다. 입사 일로부터 6개월 안에 해고가 가능하므로 이 기간 안에 부적격자를 가려 해고하는 것이 바람직하다.

스리랑카에서 해고자들은 대부분 법원 또는 노동부에 노동재판을 신청, 해고수당을 요구한다. 정당한 사유로 해고하여도 회사가 불이익을 당하는 경우가 허다하다. 그러므로 해고절차(서류)를 갖추고 해고 사유, 조사 내용, 증거, 증인 등을 확보하여 이에 대한 대비를 하여야 한다. 또한 조종기간이 상당히 길고 그 기간 동안 기본급을 지급하여야 한다는 사실도 유념하여야 한다.

다. 이직 및 결근관리

봉제업에서 이직은 높은 편이다. 특히 여성인력은 결혼 등으로 높은 편이나 기타 산업에서는 그리 높은 편은 아니다. 꾸준한 인간관계 유지와 그리고 장기근속자 우대 정책을 통하여 이직을 어느 정도 방지할 수 있다. 여성들은 결혼을 위한 목돈 마련을 위하여 5년 이상 근무 후 퇴직하는 경우가 많다.

현지 근로자의 결근률에 대하여 조사대상 기업 중 약 30% 정도는 높다는 응답을 하고 있다. 높은 경우, 이를 감소하기 위하여 출근관련 인센티브제, 만근자에 대한 포상 및 보너스 차등지급, 승급 및 승진에 반영, 기숙사 운영, 정신계몽, 교통편 지원 등 다양한 방법을 동원하고 있다. 스리랑카 노동법상 병가를 개인당 연간 21일 사용 가능하기 때문에 이를 잘 활용하는 것도 한 방법이다.

3. 육성관리

가. 보상

사무직의 임금수준은 타 회사에서의 경력, 학력, 언어구사 능력과 자격증 소지 여부 및 업무의 종류에 따라 결정하며 또한 주변 회사들의 임금수준에도 주의를 기울여야 한다. 생산직의 경우는 일반적으로 최저임금제를 적용하며, 기능직은 기술 테스트 후 결정한다.

임금의 조정 시기는 대부분 1년에 1회이다. 사무직은 평가에 따른 임금 조정액수를 차별하는 경우가 일반적이나 생산직의 경우는 개인간 임금인상액을 차등화하지 못하는 회사도 다수 있다. 생산직의 임금 조정시 가장 일반적인 기준은 BOI가 제시하는 최저임금액의 인상률이 된다.

정례적인 임금조정 시기 이외에도 수시로 임금조정을 요구하는 경우도 있다. 특히 주문이 많아 공장 가동이 활발할 때 임금조정을 요구하는 경우가 있다는 것을 유념하여야 한다.

고과에 따라 인상액을 차등화하는 경우 근무능력, 근태성적, 기술능력 등 개인 신상명세서를 세밀히 기입하고 본인이 이를 확인한 후 평가 결과에 승복하도록 한다. 경고장 수령 유무도 조정 기준이 된다. 생산직의 경우 결근이나 지각 여부가 중요한 임금차등화의 기준이 된다. 조정자의 역할은 간부직 이상은 한국인 관리자가, 그 이하는 현지 매니저가 의견을 수렴하여 조정한다.

상여금은 연 1~2회 지급하며, 현지 설날과 크리스마스 때가 그 지급시기이다. 액수는 대체적으로 기본급의 100%선이며 근무일수에 따라 차등을 두어 지급하는 회사도 있다. 근속연수에 따라 상여금 지급률을 개인별로 차등을 두는 회사들도 있다.

한국과 같이 스리랑카에도 호봉제가 있으며, 기존 기업을 인수한 회사는 생산직에 대해 호봉제를 적용하고 있다. 그러나 대부분 한국진출기업은 생산직에 대해 호봉제를 적용하고 있지 않다.

현지 근로자 사무직의 월 임금수준은 US$80~130 사이이며, 회사에 따라 적은 경우 US$50~55을 지급하는 경우도 있다. 생산직은 초임 US$25~30으로 평균 US$40이면 기능직은 급수에 따라서 A급 US$60~80, B급 US$40~60 그리고 C급은 US$35~40 선이다.

나. 평가

조사대상 기업의 절반 이상에서 인사고과를 실시하고 있었다. 실시하는 회사에서는 사무직인 경우는 경력, 근태상황, 지도력, 업무처리 능력, 언어구사 능력, 근무연수, 회사에의 기여도, 성실성, 작업 중 사고 유무, 회사규정 준수 여부, 훈련 시 성적, 아이디어 제공 등 현지 책임자와 협의하여 본인의 확인 후 고과한다. 생산직은 기능도, 제안 건수 및 불량률 감소 활동 및 생산실적 등이 주요 고과 기준이 된다. 인사고과를 실시하는 경우 고과가 승진의 기준이 된다.

다. 복지제도

한국 진출기업들은 모두 하루 두 번의 휴식시간에 차와 다과를 제공하는데, 스리랑카에서는 일반화된 관행이다.

인력조달이 어려워 타지 출신을 채용한 경우 타지 출신 근로자들에게 기숙사를 제공하고, 원거리 출퇴근 자에 대해 버스를 제공하거나 교통비를 지급하고 있다. 회사에 따라서는 직급에 따라 차량을 제공하거나 유류를 제공한다.

스리랑카에서는 일반화된 관행이 아니나 회사에 따라서는 근무복을 지급하거나 식대가 지급되거나 중식을 무료로 제공한다. 아침식사를 제공하거나 야간작업 시 석식을 제공하는 기업도 있다.

공장 지역의 고아원이나 양로원 등을 순방, 필요한 물품제공 등을 통하여 지역사회와도 유대 강화를 하는 한편, 상조회를 운영하여 상부 상조에도 힘을 쓰고 있다.

라. 교육훈련

일반적으로 OJT가 기본적인 훈련방식이다. 일부 회사에서는 자체 Training Center를 운영하거나 전문기관에 의뢰하여 훈련을 시킨 후 적격자만 입사시키고 있다. ISO 인증을 운영하는 회사는 ISO기준에 따라 훈련을 실시한다.

회사에 따라서는 품질향상과 생산성의 중요성을 강조하기 위한 전문교육이나 품질관리 활동을 하며, 외부 세미나나 외부 훈련프로그램에 근로자를 참여시키고 있다.

4. 조직관리

가. 노사관계

조사 대상기업 대부분에 노조가 결성되어 있지 않다. 특히 공산당(JVP) 노조는 설립되면 곤란하다는 인식 때문에 이를 사전에 방지하고 있다. 스리랑카의 노조단체를 운영하는 자는 사회주의 또는 공산주위 교육을 중국, 북한에서 받고 온 자가 많다고 알려져 있고 이들은 외부 정치인과 결탁되어 있으며, 근로자의 이익보다는 자신의 이익을 먼저 추구한다. 노동조합이 결성되면 외부세력과 결탁하여 이들의 지시를 받아 협상 시 많은 애로사항이 발생한다는 것이 경험한 회사들의 주장이다.

한국처럼 노조 단위별로 파업하는 것이 아니고 공장별로 이루어지기 때문에 평소에 문제점을 찾아내어 적절히 조치해야 한다.

노조가 설립된 회사의 경우 처음 노조가 설립되었을 당시 상당한 문제점이 많았으나 노조집행부에게 특별교육을 실시하여 노조원 본인들이 탈퇴하도록 유도하여 노조 문제를 해결한 경우도 있다.

BOI 규정에 따라 준노조 성격의 종업원평의회를 설치하고 월 1회 이상 회의를 하여야 한다. 그러나 일부 회사는 근로자평의회를 형식적으로 운영하고 있었다.

회사에 따라서는 노사협의회 운영을 통해 현지 관리자와 근로자 간에 항상 대화할 수 있는 관계를 만들어 주고, 한국인 책임자는 중간관리자, 현장관리자, 매니저와 같이 만나 애로사항을 수시로 직접 들어보고 시정할 수 있는 부분은 반영하는 체계를 갖추는 등 노사갈등을 사전적으로 방지하고자 노력하고 있다.

나. 고충처리제도

대부분의 회사는 체계화된 고충처리제도를 운영하고 있지 않았으며 일반적으로 경조사에 역점을 두어 문제가 발생하거나 어려운 일이 있을 때 회사에서 적극적으로 도와준다. 경영층이 보기에 고충이 있다고 판단되는 직원이 있으면 한국인 책임자가 개별적으로 면담하거나, 현지인 매니저나 사무실 직원들이 상당하여 해결하고 있다.

회사에 따라서는 고충이 있는 근로자는 부서장을 통하여 현지인 공장장에게 알리도록 하거나 책임자에게 직접 알릴 수 있는 편지함을 별도로 설치하여 관리하기도 한다.

다. 한국인 근로자의 역할

스리랑카에서 근무하는 한국인들은 주로 공장을 전체적으로 관리하거나 현지인 기술교육이나 기술전수를 하고 있다. 그리고 일반업무 파견자는 통관·경리 등 감독, 수출입 업무를 전담하고 있다.

공장 운영은 가능하면 현지인 중심으로 운영하고, 한국인은 조정자(coordinator) 및 향후 현지인이 일을 잘할 수 있도록 동기부여자의 역할을 하는 것이 필요하다.

5. 경영악화로 인한 무단철수 및 임금체불 사례

스리랑카 노동부에 의하면 2002년 이후 스리랑카로부터 철수한 한국 진출기업은 50여 개이다. 이들 기업들은 대만 등 다른 나라 기업과는 달리 대부분 철수 시 임금을 체불하고 심지어는 근로자가 부담한 사회보장분담금까지도 체불한 상황에서 야반도주하고 있어 스리랑카에 남아 사업하는 진출기업에게 이로 인한 불이익을 당하게 하고 있다. |표 7-2|는 대표적인 무단철수를 보여주고 있다.

과거에는 스리랑카 최대의 고용창출 투자국으로 대우를 받았던 한국 기업들은 은행의 여신한도 제한, 국세청과 노동부의 가방업체 ETF/EPF 납부 여부 점검 등의 불이익을 받고 있을 뿐 아니라 국가 이미지에 상당한 부담을 주고 있다.

특히 랑카신텍스, CNH, 갑을랑카 등 한국의 대기업 계열의 진출기업들이 야반도주함으로써 스리랑카와 한국 간의 외교적인 문제로까지 비화하고 있다. 갑을랑카의 경우 체납된 ETF/EPG 금액이 640억 루피에 이르고 있다.

| 표 7-2 | 스리랑카로부터 무단철수한 대표적인 한국 진출기업들

시기	회사명	품목	무단철수 사유
2000년 11월	기업 A	가방	· 노스폴랑카의 하청업체. 사업주가 키지노에 탐닉하면서 임금체불 및 채무불이행하고 야반도주함. · 근로자들이 노스폴 직원 일시 납치함.
2001년 상반기	기업 B	옷	· 사업이 부실화되면서 임금체불 및 채무불이행하고 야반도주함.
2001년 상반기	기업 C	옷, 패딩	· 사업이 부실화되면서 임금체불 및 채무불이행하고 야반도주함.
2001년 11월	기업 D	나이론 직물	· 전신이 국영기업체로서 효성이 인수하였으나 적자 누적으로 한국인 관리자들이 야반도주함.
2002년 상반기	기업 E	가방	· 노스폴랑카의 하청업체로서 흑자도산 후 야반도주함 · 임금을 체불하고 채무를 불이행함. · 현재 중국에서 노스폴랑카의 하청을 받아서 사업을 하고 있다고 함.
2002년상반기	기업 F	고무장갑	· 사업이 부실화되면서 임금체불 및 채무불이행함.
2002년7월	기업 G	가방	· 사업이 부실화되면서 임금체불 및 채무불이행하고 야반도주함 . · 중국에 투자진출계획이라 함.
2003년 1월	기업 H	장난감	· 중국과의 경쟁 때문에 경영이 악화되면서 야반도주함. · 회사의 실질적인 소유주는 강남에 상당한 부동산을 가지고 있는 것으로 알려져 있음.
2003년 9월	기업 I	의류	· 스리랑카의 최대 고용업체 중의 하나였던 이 회사는 경영악화로 CEO가 야반도주함.

현지에서 남아 있는 한국 진출기업들은 스리랑카에서 큰 문제를 야기하고, 무단 철수한 기업의 책임자에 대해서 한국 정부가 법적인 제재를 해줄 것을 요구하고 있지만, 현실적으로나 법적으로나 쉽지 않으므로 뚜렷한 해결책이 없는 실정이다. 특히 스리랑카는 한국과는 달리 임금채권보장제도도 없고 회사 파산시 임금채권에 대한 우선변제가 되지 않으므로 더욱 심각하다.

스리랑카로부터 한국 기업의 무단철수 사례는 노사 문제라기보다는 경영상의 문제 및 한국인 경영자의 경영윤리상의 문제이나 진출할 때 퇴출시의 상황도 대비하여 진출을 결정하여야 한다는 것을 보여주고 있다. 정리해고의 어려움, 정리해고시의 과중한 고용주의 부담이 경영을 더욱 악화시킨 원인으로 지적되고 있다.

제8장

방글라데시 :

2001

방글라데시
2001

제8장 방글라데시 : 2001년[1)]

1. 경제 및 노동환경

방글라데시의 산업화는 이제 걸음마 단계이다[2)]. 여러 가지 악조건 속에서 빠른 경제적인 성장을 이루고 적극적으로 외국인 투자를 유치하기 위하여 방글라데시 정부는 외국인 투자에 대하여 많은 혜택을 주고 있다. 취업규칙도 방글라데시 수출관리공단(Bangladesh Export Processing Zone Authority: BEPZA)이 정하여 놓은 것을 그대로 따르면 되었다. 그 중에서도 이들 기업체 내에 노동조합의 활동을 금하고 있는 것이 그 동안 우리 진출기업들에게 가장 큰 혜택이었다. 그러나 선진국 노동조합들의 압력으로 2004년부터는 외국인투자기업들 내에서 노동조합의 활동이 전면 허용되었다.

방글라데시를 방문하여 여러 계층의 사람들과 접하면서 듣게 되

1) 박영범 · 김원중(2001b)의 일부 내용을 발췌하여 정리하고 약간의 내용을 추가하였다.
2) 2000년대 중반 이후 5 · 6%대의 견실한 경제성장을 하고 있다.

는 용어 중에 하나가 하탈(hartal)이다. 우리말로 한다면 총파업에 해당되는 말이다. 그만큼 이들 생활과 노동운동과는 밀접한 관계가 있다.

방글라데시에는 3개의 노동시장이 존재한다. 비공식 농촌노동시장, 비공식 도시노동시장 및 공식 도시노동시장이 그것이다. 공식노동시장은 계약에 의한 고용관계 및 노동자를 보호하는 최저임금과 수당 및 근로자 해고에 대한 피고용인 제한을 규제하는 노동관련 법과 규제의 영향 아래 있는 노동시장을 말한다. 농촌 및 도시 비공식 노동시장은 노동법의 보호를 받지 못하고 있다. 실제 노동시장은 비공식 노동시장 부문이 지배적이다.

1991년 현재 노동력의 47.2%가 무임금 가사노동력이고, 15.4%가 자영업, 13.9%가 일용노동, 그리고 단 11.7%만이 정기적인 전임 근로자로 분류되는데 이 중에 1/3이 공공 부문에 종사한다. 1989년 기준으로 노동력의 64%가 농업에 종사하고 있으며, 15.3%가 서비스부문에 그리고 14.2%가 제조업에 종사하고 있다.

근로자가 공공 부문 혹은 사기업에서 일하고 있는가, 그렇지 않으면 도시냐, 지방이냐에 따라 임금의 차이가 발생한다. 그리고 그 차이는 매우 크다. 공공 부문의 미숙련공이 랑퍼의 미숙련 농업근로자들보다 거의 3배 이상의 임금을 받고 있다. 임금격차는 같은 지방의 업종 간에도 존재한다. 그리고 지리적 위치에 따라서도 발생한다. 예를 들어, 치타공의 농업근로자들은 랑퍼의 근로자들보다 157% 높은 임금을 받고 있다. 1980년대부터 지방의 임금은 낮아지고 있는 반면에 도시의 임금은 지속적으로 올라가고 있다. 농업에 있어서 임금의 하락은 경제성장이 낮다는 지표이며, 노동수요가 노동력에 새로운 유입을 흡수하는 데 불충분하다는 것을 보여주고 있다.

2. 고용관리[3)]

가. 채용

외국인 고용주는 피고용인 채용시 고용인력부 산하 인력직업훈련국(BMET)의 도움을 받을 수 있다. 여기서 처리되는 모든 절차와 수속은 무료로 제공된다. 그리고 방글라데시 해외취업서비스공사(BOESL)의 지원을 받을 수 있는데 서비스 제공에 따르는 비용이 부과된다. 또한 외국인 고용주의 요청을 수용하고 처리할 수 있는 자격 있는 사설 기관들의 도움을 비용을 지불하고 지원 받고 있다. 공인된 사설 기관들은 모집활동을 위하여 정부의 사전 허가를 얻어야 하고 모집 후 이주에 대한 뒤처리를 책임져야 한다. 근로자들과 개인적으로 직접 고용계약을 체결할 수도 있다. 그러나 고용조건에 대하여 BMET의 검토를 거쳐야 한다.

직업교육제도가 미비하여 일정한 수준의 인력채용이 곤란하나, 섬유 관련 업종의 경우 상당한 기술 수준에 이르는 인력을 구할 수 있다. 통상 수습사원으로 채용하여 1・2개월 정도 수습기간을 거친 후 현장에 투입하는 방법을 채택하고 있다. 일부 업종은 고급기술자 영입경쟁이 있기는 하나 단순인력 조달에는 아무런 문제가 없다.

3) 2003년 7월 현지를 방문하여 진출기업체를 조사하였다.

채용 계획이 확정되면 일간지 공고, 벽보, 전단 등을 통해 채용 공고를 한다. 일간지 광고까지 하지 않아도 소문을 듣고 많은 인원이 몰려든다. 일단 원서를 접수하고 서류심사 후 합격자에 한해서 면접을 본다. 공장근로자 채용시 특히 해당 분야 경험 여부, 숫자 계산능력 유무, 자기 이름을 쓸 수 있는지 여부를 중점으로 체크한다. 문서화된 규정에 의존하기보다는 현지 실정상 자세한 면접 및 전형을 통해 수시 채용한다. 단, 취업연령을 비롯하여 현지 법규에 엄격히 맞추어 채용한다.

채용시 애로사항은 언어소통, 기술 및 기능의 측정 문제이고, 또한 동종의 현지 법인과의 경쟁으로 인한 임금조건 등 우수인력 유치시 임금인상이 유발된다. 노조 문제 등 불순세력이 유입할 우려가 있어 성분 분석에 어려움이 많다. 최종 인원이 확정되면 일정한 장소에 모여 놓고 회사의 임금, 근무시간, 통근버스, 휴가, 보너스 등 각종 정보를 알려주고, 각자로부터 이력서를 받아 놓는다. 특히 사무직 근로자에 대해서는 개별적으로 고용계약을 맺어 두어야 한다.

외국인이 방글라데시에 장기간 거주하면서 공공기관 및 기업에 취업하기 위하여서는 노동허가서를 받아야 한다. 이 허가서가 없으면 비자 연장(1년 이상)이 되지 않는다. 통상 외국인이 신청하면 2~3년짜리 노동허가서를 발급 받는다.

매월 노동허가서 발급 심사를 위한 회의가 월 1회 정도밖에 열리지 않으므로 최소한 2개월 전에 신청하는 것이 바람직하며, 수출가공지역 내에 투자한 외국기업에 근무하는 직원은 수출가공지역(BEPZA: Bangladesh Export Processing Zone Authority)에, 수출가공지역 외에 투자한 외국기업은 투자청(BOI: Board of Investment)에 노동허가서를 신청해야 하고 이들 기관으로부터 노동허가서를 받는다[4].

일용직을 제외한 근로자에 대하여 임명, 임금내역, 임금 또는 기타 근로조건이 명시된 고용계약서를 체결하거나 임명서를 주어야 한다.

나. 결근 및 이직

방글라데시 근로자들은 결근율과 이직률이 높다. 높은 결근율은 기업 외적인 요인, 즉 이들의 문화나 기질에 의한 것이라고 볼 수 있으나 이직률은 주로 기업 내적인 요인인 충성심과 어느 정도 관련이 있다.

○○기업의 경우 현지인들의 결근율은 약 6.2%에 달한다. 특히 임금 이튿날은 이보다 2~3% 높은 결근율을 나타낸다. 이들의 결근 사유는 주로 집안 문제가 생겼을 때가 많이 발생한다. 본인 또는 가족 중 아프다든지 또는 결혼과 같은 가족 행사가 있으면 통보도 없

---

4) 외국인 고용시 다음의 지침이 준수되어야 한다.
- 방글라데시가 인정하지 않는 외국인은 고용 대상이 되지 못한다.
- 외국인 고용은 해당 기관의 인가/등록을 필한 사업체에 국한한다.
- 통상적으로 방글라데시의 전문가·기술자를 구할 수 없는 직종에 한하며 18세 이하는 고용 대상이 되지 못한다.
- 신규 고용·증원에 대한 해당 회사 이사회의 의결이 있어야 한다.
- 통상적으로 외국인 취업자 수가 최고경영자를 포함하여 전체 피고용인원의 5%를 초과하지 않아야 한다.

이 결근을 한다. 이 밖에도 악천후나 그 외의 환경적인 요인들에 의하여서도 결근을 한다. 방글라데시는 거의 대가족이기 때문에 직계 및 방계 가족의 유대관계가 매우 돈독하고 가족 중심이다. 그러므로 가족의 일 때문에 결근하는 것은 이들에게는 당연한 것이라 할 수 있다.

대부분 기업의 경우 이직률은 매우 심각한 문제 중의 하나이다. 현지 근로자들은 기업에 대한 애사심이나 충성도가 낮고 작업환경에 대한 관심도가 낮아 임금을 이유로 한 이직이 가장 많다. 한 달간 이직률이 3~4%에 달한다. 현지 진출 기업으로서 숙련공을 많이 확보하고 있는 한국 기업들로서는 이들의 이직이 전체 생산성을 하락시키는 문제를 야기하고 있다. 그러므로 기업에 대한 충성심을 제고할 수 있는 방안을 통하여 또한 동종 기업들 간에 불필요한 임금인상을 자제하도록 타협하는 것도 좋은 방법이라 하겠다.

3. 육성관리

가. 임금

임금은 기본임금과 상여금으로 구성되어 있으며, 기본임금에는 기본급, 성과보너스 및 각종 수당이 포함되어 있다. 그리고 상여금은 일반적으로 보너스로 알려진 것으로 직무와 관련된 보너스를 비롯하여 명절에 지급되는 특별보너스 등이 여기에 포함된다.

현지 조사에 의하면(2003년 현재) 근로자의 월임금 최저수준은 견습공 22달러, 미숙련공(Helper) 30달러, 반숙련공(Operator) 45달러, 숙련공 58달러 수준이다. 사무직 근로자의 월임금은 대졸 초봉이 월 100달러(약 4천타카)이며 평균 150달러(6천타카) 수준이다. 현지인 중 대외섭외 등 전반적인 업무를 담당하는 Commercial Manager의 경우 월임금은 500~1천달러 수준이다.

상여금은 통상 회교국 명절인 이드(Eid; 1년에 2회)에 나누어 지급하는데 50%씩 또는 100%씩이며, 근무기간이 1년 이상인 경우에만 지급한다.

현지화에 성공한 것으로 알려진 ○○기업에서는 결근율과 이직률을 낮추기 위하여 임금을 동종 기업의 최고 수준으로 유지하고 각종 인센티브제를 실시하고 있다. ○○사에서 실시하는 각종 인센티브제도는 다음과 같다.

- Seasonal Bonus(Attendance bonus) : 결근율을 낮추기 위한 방안으로 특히 파크타임에 출석률에 대한 보상(500다카)을 제공한다.
- Incentive Productivity Target Bonus : 일정 수준의 생산성이나 일정수준 이하의 파손율을 달성했을 때 보너스를 제공하는 것으로서 무엇보다도 객관적인 기준의 제정이 필요하다.

결근율과 이직률을 낮추기 위하여 복지제도를 도입하여 운영하고 있으나 그 효과는 미미한데 일반적으로 공장 근로자들의 주요 관심사가 자기들이 받는 임금이기 때문이다.

이와 유사한 인센티브제를 실시하고 있는 방글라데시에 진출한 한국인 기업들의 기대치는 그리 높은 편은 아니다. 이러한 제도가 성과를 거두기 위하여서는 현지인 근로자들에게 널리 알리는 것이 필요하고 객관적인 기준의 마련이 선행되어야 한다.

나. 복리후생

방글라데시에서는 아직 복리후생을 위한 제도적인 기반이 미약하고 업무의 원활한 수행을 위해 단순보조금 형태의 복리후생이 제공되고 있다. 식비, 교통비, 의료비 등을 기본급에 부가하여 지급하는 식으로 임금체계를 정하고 있다.

전세버스 회사와 계약을 맺어 일정한 지역 거주 근로자를 위한 통근버스를 운행하는 경우 본인이 일부를 부담하고 나머지 비용은 회사가 부담하고 있다. 식비의 경우, 수당 형식으로 봉급에 포함하여 지급하며, 형편이 나은 일부 회사는 간단한 빵과 차 등을 간식으로 제공하기도 한다.

다. 인사고과

현지 진출기업의 경우 담당 부서장이 실질적인 성과를 바탕으로 평가하여 이를 인사 및 임금 결정에 반영하고 있다.

라. 교육훈련

방글라데시 근로자들은 학력과 기술 습득력이 낮기 때문에 채용 후 교육훈련의 내용과 프로그램의 질에 따라서 업무 성과의 차이가 발생한다.

일부 기업에서는 특정한 부서에서 일정한 기간이 경과 후에는 타 부서로 이동시켜 새로운 업무와 기능을 습득하게 하는 직무순환제를 도입하여 근로자의 다기능화를 시도하고 있다.

현지 진출기업이 지니고 있는 불만 중의 하나는 현지인들의 기술 습득이 더디다는 것이다. 기후의 영향 탓인지 현지 근로자들은 피동적이고 진취적인 면이 부족하다. 지시하는 일은 아무런 불만 없이 수행하는 충실한 면은 있으나 능동적으로 자기 일을 찾아서 하는 경우가 적고 교육수준이 낮아 기술 습득을 바라는 것은 무리이다. 그렇지만 예전에 비해 기술 습득 속도가 빨라지고 있으며 지속적인 교육과 현지인 인재들을 채용함으로써 지속적인 기술 습득이 이루어질 것을 기대하고 있다.

대부분 사무직 근로자들은 높은 충성심을 보이지만 반면에 생산직 근로자들은 매우 낮은 충성도를 보이고 있다. 이는 낮은 교육수준과 관련이 있다. 이들의 주요 관심사는 작업환경이나 시설 및 근로자들을 위한 복지시설이 아니고 임금이다. 좋은 인센티브제를 통한 충성심 제고를 시도하여도 이들은 이런 장기적이고 복잡한 제도에 대하여 잘 이해하지 못한다.

이들에게 충성심이란 단어는 매우 낯설다. 또한 오랜 기간 동안 외국의 통치 하에서 생활을 해왔기 때문에 외국 기업으로부터 착취를 당한다고 생각하는 이가 많다. 이러한 이유로 충성심이 낮고 이로 인한 이직이 높은 편이다. 이 문제를 해결하기 위하여 지속적인 교육이 필요하다. 기업에 대한 설명 및 복지를 위하여 어떠한 환경을 조성하고 있는지, 어떤 시설을 갖추고 있는지에 대한 교육이 필요하다.

현지화에 성공한 Y기업의 경우 다른 어느 기업보다 좋은 작업환경과 근로자를 위한 다양한 시설을 갖추고 이를 근로자들에게 홍보하고 교육시킴으로써 직장을 선택하는 기준이 임금뿐만 아니라 기업이 제공하는 환경과 복지시설들의 중요성을 인식시키고 있다.

4. 조직관리

방글라데시 피고용인들 중 대부분의 관리자는 영어를 잘하는 편이다. 이들은 초등교육을 받을 때부터 영어를 배우기 때문에 영어에 있어서는 한국인 직원들보다 낫다고 할 수 있으며 대학교 교육을 받은 사람들 중에는 상당수가 그들 사이에서도 영어를 쓴다.

그러나 문제는 이들의 독특한 억양과 발음이다. 방글라데시는 영국의 식민지였다. 그런 연유로 이들의 영어에는 영국식 발음이 묻어있지만 그것과는 또 다른 그들만의 독특한 억양도 포함되어 있어서 알아듣기 어려울 때가 많다. 그들 또한 한국인들의 독특한 영어 발음을 못 알아들을 때가 있어서 문제를 일으키기도 한다.

한국인 기업에서는 관리자급 및 Officer들과는 영어로 의사소통을 하나 그 외의 일반직 공원들과는 간단한 현지어로 의사소통을 한다. 현장 근로자와는 대부분 기술 전문용어를 사용하기 때문에 별 어려움이 없으나 자세한 부분은 중간관리자를 통해 재전달하는 방식을 사용하기도 한다.

제9장

태 국 : 2001

태 국
2001

제9장 태국 : 2001년[1)]

1. 경제 및 노동환경

면적은 514,115㎢로 한국의 2.3배이다. 동쪽으로는 라오스, 캄보디아, 타이랜드만, 서쪽으로는 미얀마와 인도양, 남쪽으로는 말레이시아와 국경을 접하고 있다. 지형학적으로 북부, 중부평원 혹은 (Chao Phraya 강유역), 동북 지역(혹은 Korat 고원) 및 남부(혹은 남부반도)로 나누어진다

2000년 현재 인구는 62,405,000명이며, 순수 태국계가 81.5%로 주류를 이루고, 중국계 13.1%, 말레이계 2.9%, 기타 2.5%의 순이다. 2000년 실질GDP 성장률은 4.3%였고 1인당 GDP는 US$2,075였다. 물가상승률은 0.8%, 실업률은 4.1%였다. 국제수지는 US$55억 흑자, 외채는 US$838억, 외환보유고는 US$315억이다.

---

1) 박영범 · 김원중(2003c)의 일부 내용을 발췌하여 정리하고, 약간의 내용을 수정하였다.

태국 정부는 1949년 한국 정부를 공식 승인하였으며 이듬해 한국전이 발발하자 미군 다음으로 참전한 것을 계기로 양국간 외교 및 경제 교류를 꾸준히 해 오고 있다. 양국은 투자보장 협정을 체결하여 많은 한국 기업들이 투자 진출하여 있다. 2000년 한국의 태국에 대한 수출은 US$ 20억, 수입은 US$ 16억로서 총 교역량은 US$ 36억였다. 양국의 교역량은 1996년 US$ 39억로서 최고액을 기록하였으나 두 나라 모두 경제위기를 겪으면서 교역량이 급감하였다가 다시 늘어나는 추세이다.

1980년대 태국 경제는 8～10%의 고도성장을 달성하였으며 이와 같은 고도성장의 배경에는 정부의 적극적인 외국인투자 유치정책의 성공에 있다. 1980년대 이전의 외국인투자는 주로 일본 기업에 의해 이루어졌다. 1990년대에 들어 태국의 임금상승이 가속화되면서 외국인투자자들의 관심도가 떨어졌다. 태국이 외국인투자에 의존하여 제조업을 발전시켰지만 경제위기 전 10년간의 외국인투자 유치는 중국이나 동남아시아의 주변 국가에 비해 적다.

외국인투자가 활발한 업종은 전기 및 전자제품, 화학 및 제지 등이다. 2000년을 기준으로 하면 전기 및 전자제품(33.7%)과 화학 및 제지(25.6%)이 차지하는 비중이 50%를 넘는다.

금융위기 전 태국은 완전고용 상황이었다. 1996년 공식적인 실업률은 1%대였다. 많은 태국 근로자들이 해외에 취업하고 있지만 외국인 인력들도 상당 수 태국에 있어 1997년 현재 외국인 근로자 수는 약 1백7십만 명으로 추정되었다. 외국인 근로자의 대부분은 미얀마 출신이었다. 태국 노동시장의 특징 중의 하나는 많은 계절적 근로자의 존재이다.

금융위기 전의 임금, 생산성, 비용 추이를 보면 태국의 저비용에 기초한 제조업의 경쟁력이 쇠퇴하고 있다는 것을 알 수 있다. 즉 태국은 금융 위기 발생 이전에 이미 저비용에 기초한 수출 위주의 산업발전 전략으로서 국제시장에서 경쟁할 수 없는 상황에 이르렀다.

태국은 최저임금이 노동시장에서 차지하는 비중이 높다. 최저임금제도는 실질임금에 영향을 주고 소득분배를 개선하는 역할을 한다. 최저임금은 연례적으로 인상되는데 초기에는 조정 기준이 물가상승률이었다. 1990년 경제성장을 고려하도록 최저임금 조정 기준이 바뀌였고 최저임금은 평균 임금보다 높게 인상되었다. 북부의 최저임금은 방콕의 최저임금이나 평균임금에 비해 상대적으로 높으므로 북부에 투자유치가 부진한 원인 중의 하나이다.

태국의 노조 조직률은 약 3% 수준인데 이는 주변 아시아국가 중 가장 낮은 수치이다. 이와 같이 매우 낮은 조직률의 원인은 매우 복합적인데, 우선 다른 아시아 국가와 마찬가지로 노조활동에 대한 불리한 과거의 정치적 환경을 들 수 있다. 특히 태국 노조의 주요 기반이었던 공기업 노조의 금지는 태국의 노동운동이 쇠퇴하는 데 결정적인 역할을 하였다. 노사관계에 있어 국가의 역할이 크다는 것도 노동운동이 취약한 이유로 들 수 있다. 특히 분쟁조정에 있어 노동사회복지부 장관의 역할이 자율적인 분규해결의 여지를 줄여 왔다. 노사관계법에 의해 노조활동이 법적으로 인정되고 있으나 사용자들이 노조결성을 저지하는 것을 막는 역할을 하지 못하고 있다. 단체교섭의 대상이 법적으로 제한되어 있는 것은 아니지만 국가가 국가 경제의 위해 등을 이유로 개입할 수 있는 여지가 많다는 것도 이유의 하나이다. 지속적인 경제성장으로 일자리가 꾸준히 창출되어 불만이 있는 근로자가 쉽사리 새로운 직장을 찾을 수 있었던 상황이나 저비용에 기초한 수출 위주의 경제구조에서 사용자들의 노조에 대한 거부감이 강한 것도 이유 중의 하나로 지적되고 있다. 끝으로 태국의 문화나 종교적 전통이 대립을 기본으로 하는 노동운동의 성장의 저해 요소라고 지적된다. 불교적 전통에서는 중용이 강조되고 직접적인 대결이나 투쟁은 자제된다. 보다 협력적이고 평화적인 관계가 작업장뿐만 아니라 다른 사회관계에서도 강조된다.

2000년 현재 태국에는 1,084개의 노동조합과 44개의 공기업근로자협회가 있다. 매년 400건 이하의 단체교섭 요구(꼭 노조만이 단체교섭을 요구하는 것은 아님)가 노조나 근로자들에 의해 요구되어진다. 2000년에는 350건(320개 사업체)의 단체교섭 요구가 있었다. 관련된 근로자의 수는 145,321명이었다. 350건의 단체교섭 중 140건이 분규(분규의 정의는 7.1항 참조)로 발전하였는데, 분규는 대부분 조정으로 해결되었으나 3건이 파업, 10건이 직장폐쇄로 발전하였다. 제조업의 분규수가 125건으로 대다수이고, 파업과 직장패쇄도 모두 제조업에서 발생하였다.

2. 고용관리[2)]

가. 채 용

추가적인 인력수요가 발생하였을 때 내부 인력의 승진 및 전보 등을 통해 해결할 수 없으면 외부에서 인력을 충원한다. 많은 기업들이 비숙련 생산직 인력을 충원하는 가장 통상적인 방법은 현재 고용하고 있는 근로자들을 통하는 것이다. 이 경우 충원이 즉각적으로 이루어질 수 있는 장점이 있다. 생산직 충원은 공장 밖에 현수막을 걸거나 공고문을 붙임으로써 이루어지기도 한다.

정부의 직업안정기관을 통해 인력을 충원하고자 하는 경우 구직자의 인적 사항은 직업안정기관을 통해 알 수 있다. 또한 민간 직업알선기관을 이용할 수 있다. 일정 수수료를 지불하면 등록한 사람 중에 필요인력을 충원할 수 있다.

한국과 차이나는 점은 사무관리직의 인력이 필요한 경우 수시로 신문 등에 공고를 내는 것이다. 신문공고시 보수 및 근로조건, 요구되는 직무수행 능력, 경력 등을 구체적으로 제시하여야 한다.

채용은 향후 노사 문제가 발생하느냐를 결정하는 가장 주요한 요소의 하나이므로 특히 신중을 기하여야 한다. 현지 법인의 대표도 면접에 참여하는 것이 바람직하다. 생산직의 경우 다른 회사의 경험이 없는 자를 채용하는 것이 좋다. 법이 정한 수습기간을 잘 활용하여 부적격자를 가려내야 한다.

---

2) 2001년 6월 현지를 방문하여 진출기업의 한국인 관리자들을 면담하였다.

나. 해고

근로자의 성과가 부진한 경우 해고할 수 있다. 그러나 해고 전에 그의 성과를 개선하기 위한 구체적인 노력을 고용주가 하여야 하며 구체적인 노력을 하였다는 객관적인 증거가 있어야 한다.

3. 육성관리

한국에 비해서는 임금조정이 기업이나 개개인의 성과와 연관되어 결정되고 있다. 한국 진출기업의 경우도 임금조정시 국내에 비해 근로자들의 성과나 태도 등이 고려되고 있다.

태국의 외국기업들이 공통적으로 겪는 어려움의 하나는 현지 근로자들의 근태 문제이다. 외국기업의 특성상 평생직장의 개념이 부재하므로 소속감이나 애사심이 결여되어 있다. 근태 문제를 해결하기 위한 가장 일반적인 방법은 만근수당의 도입이다. 만근수당도 결근이 없을 때 일률적으로 지급하기보다는 다음과 같이 차등화하는 것이 보다 효과적이다(간부를 포함한 전체 현지 사원에 대해 만근수당을 도입한 한국계 S사에서 실제 사례).

구분	1개월 무결근	2개월 무결근	3개월 무결근
주임급 미만	400 baht	500baht	600baht
주임급 이상	600 baht	700baht	800baht

주 : 결근 발생시 원점으로 복귀함.

외국계 기업이므로 태국 기업보다 복리후생제도가 나은 것은 사실이나 복리후생제도도 일시에 도입하기보다는 현지인들의 수요나 반응을 고려하여 점진적으로 도입하는 것이 바람직하다. 법인장이 참여하는 복리후생위원회를 운영하도록 하여 현지인들이 원하는 복지제도를 발굴하여 시행하는 것이 좋다.

상여금도 개별 근로자의 성과에 따라 차등을 두는 것이 일반적이다. | 상자 9-1 |은 한국 현지 법인의 상여금 결정방법을 보여주고 있다. 특히 출근율을 중요시하여 전일 출근하는 경우 만근수당이 지급되지만 출근율은 근로자의 평가에도 중요하게 고려되는 요소이다.

태국은 모계 사회로서 여성의 생활력과 업무능력이 높다. 현지인의 부정사고는 노사분쟁으로 변질될 가능성이 크고, 전산이나 경리 등 핵심 지원부서의 경우 여성보다는 남성의 퇴사율이 높다. 이와 같은 점을 고려하여 한국계 S사는 생산, 기술부서를 제외한 지원부서는 가능한 한 여성으로 보직하고 있으며 특히 금전취급부서, 구매부서, 전산직종에 이 원칙을 우선적으로 적용하고 있다.

태국에 대한 투자를 장기적인 관점에서 하였다면 현지인 핵심인력을 양성하는 것이 필수적이다. 우수인력을 채용한 후 집중관리하여 핵심인력으로 발전시켜야 하며 필요한 경우 특진제도를 활용하여 과감한 발탁 인사를 하는 것이 바람직하다.

| 상자 9-1 | 태국 진출기업의 상여금 결정방식의 예

i. 점수에 따른 상여금 지급률

점수는 다음과 같이 5등급으로 구분된다.

등급	점수 범위	구성비	상여금 지급률
A	91 · 100	5%	120%
B	80 · 90	10%	110%
C	60 · 79	70%	100%
D	50 · 59	10%	90%
E	50미만	5%	80%

ii. 입사 시기에 따른 상여금 지급률

2000년 1월 6일 이전 입사자: 100%

2000년 1월 6일 부터 2000년 12월 31일까지 입사자: 50%

2001년 1월 1일 이후 입사자: 20%

iii. 평가자 및 확인자

	평가자	확인자
Operator	Team leader	Supervisor
Team leader	Supervisor	Manager
Supervisor	Factory manager	Operation manager/ Managing director
Staff	Operation manager	Managing director

iv. 보고

A와 E등급을 받은 근로자의 경우 상급자는 그들과의 면담을 통해 평가에 대한 근로자들의 반응과 평가 근거를 인사부서에 1주일 내에 제출하여야 한다.

자료: 박영범 · 김원중(2001c).

4. 조직관리

가. 근무질서 확립

남국인 특유의 이완된 근무 분위기를 쇄신하기 위하여서는 투명하고 공정한 절차에 기준한 상벌제도를 운영하는 것이 바람직하다. 징계의 경우 구두경고→서면경고→ 정직→ 해고의 절차를 거쳐야 한다. 특히 피고용인의 성과가 부진한 경우 해당 피고용인을 해고시킬 수 있다. 그러나 해고 전에 그의 성과를 개선하기 위한 노력, 즉 상담, 적절한 현장지도, 훈련 및 경고 등이 선행되어야 정당한 해고로 인정받을 수 있다.

한국계 S사의 경우 2년 누적으로 2회 지각에 대해 서면경고한 후 3회 지각에 대해 정직 3일, 4회 지각에 대해 해고하고 있다.

나. 현지인 근로자의 의식 개혁

한국 문화와 태국 문화의 차이에서 오는 갈등을 방지하기 위해서는 한국인 관리자와 태국인 근로자의 의식이나 인식의 전환을 위한 조치가 필요하다.

태국에서 현지화에 성공한 기업으로 벤치마킹되고 있는 S사가 현지인 근로자의 의식 개혁을 위해서 실시하는 프로그램은 다음과 같다.

- '우리의 노래' 경연대회를 연 2회 개최하여 한국인과 태국인의 동질감을 조성한다.

– 전 사원에게 자기변화 계획서를 매년 1월 제출하게 하고 12월에 재배포하여 변화의 정도를 스스로 인식하게 한다.
– 농촌 지역 출신이 많은 점을 고려하여 입사 오리엔테이션시 고향의 부모에게 편지를 쓰게 하여 근로자의 가정과 회사의 유대감을 강화한다.
– 저명 초청인사 강연회를 수시로 개최하여 의식 전환을 유도한다.
– 지속적인 캠페인 활동을 전개하여 근로자들간에 일체감을 조성하고 업무개선 노력을 유도한다.
– 현지인 근로자들의 현장개선 활동을 활성화하여 노사 문제에 대한 관심을 저하시키고 업무 개선을 위해 노력하도록 한다. 발표 내용을 등급화하여 시상하고 승진 등에도 반영함으로써 경쟁분위기를 유도한다.
– 다양한 이벤트를 지속적으로 개발하여 일체감을 조성한다. S사의 경우 자원봉사 대축제, 송년의 밤, 한마음체육대회 등을 개최하고 있다.

다. 한국인 관리자 관리

한국인 관리자들이 그들의 원적은 한국이지만 국적은 현 주재국이라는 의식을 가지도록 하는 것이 바람직하다.

태국 문화에 적응하기 위하여서는 태국어 회화가 가능한 것이 필수적이며 필요한 경우 어학 교육도 실시하여야 한다. 업무 추진에 있어서 현지의 관습을 염두에 두어야 한다.

현지 근로자들의 모범이 되기 위하여서는 자기관리 및 자기개발에 적극적이어야 하며, 특히 가족들의 처신에 유의하도록 하여야 한다. 앞에서 언급된 S사의 경우 노무관리는 현장에서 이루어지므로 한국인 관리자들의 노사 의식을 제고시키는 것이 중요하다는 판단에서 현지 사원의 마음관리를 위한 30대 과제를 선정하여 현지인 관리자의 지침서로 활용하고 있다.

한국인 관리자들은 진출기업이 현지화에 성공할 경우 자문에 그 역할이 한정될 것이므로 지나친 월등의식을 지양하고 현지인을 신뢰하고 점진적으로 권한을 이양하려는 자세를 갖는 것이 바람직하다.

제10장

말레이시아

말레이시아

제10장 말레이시아[1)]

1. 경제 및 노동환경

면적은 329,758 ㎢로 말레이반도(131,598 ㎢) 및 동말레이시아 (사라왁/사바, 198,160 ㎢)의 13개 주로 구성되어 있다. 적도 북단에 위치하고 있고, 남쪽으로는 싱가포르와 인도네시아, 북쪽으로는 태국, 동쪽으로는 필리핀에 인접해 있다. 인구는 2000년 현재 2,326만 명이다. 말레이계(58.1%), 중국계(24.3%), 인도계(6.9%), 기타(10.7%)로 이루어진 다종족 국가이다. 평균 수명은 남자 70.2세, 여자 75.0세이다. 인구증가율은 2.0%이며 인구밀도는 70.5명/㎢이다. 국어는 말레이어(Bahasa Malaysia)이며 인종 간 언어 수단은 보통 영어이다. 문맹률은 10.7%이다.

말레이시아는 동아시아 국가 중 외국인 투자액수가 가장 많은 나라의 하나이다. 1990년대 전반기 기준으로 보면 외국인 투자액수가

1) 박영범 · 김원중(2001a)의 일부를 발췌하고 정리하고, 일부 내용을 추가하였다.

개발도상국 중 중국과 멕시코에 이어 세 번째로 많았다. 외국인투자는 국내총생산의 측면에서뿐만 아니라 산업구조를 1차산업 중심에서 제조업 중심으로 변화시키는 데 중요한 역할을 하였다. 말레이시아의 급속한 경제발전은 급속한 산업화에 필요한 인력의 적절한 공급에서 가능하였으며 필요인력 조달은 내국인력뿐만 아니라 외국인력에 의해서도 이루어져 왔다. 농촌인구의 도시 및 수출자유지역으로의 이주는 가장 중요한 인력의 공급원이었다.

제조업이 말레이시아의 고용에서 차지하는 비중이 크다. 1999년 현재 전체 취업자의 21%가 제조업에 취업하고 있다. 금융위기 발생 이전 제조업의 고용은 연평균 9%로 늘어나서 새로운 일자리의 절반 정도가 제조업에서 창출되었다. 그러나 금융위기 발생 이후 제조업에서의 일자리는 다른 부문에 비하여 상대적으로 창출되지 못하고 있다. 1999년의 제조업 취업자는 199만 명으로 1997년의 200만 명과 비슷하다.

말레이시아는 강제중재제도를 채택하고 있으므로 분쟁 발생 시 노사자율로 해결할 수 있는 여지가 적다. 1967년 노사관계법의 제정으로 설립된 노동법원이 노사관계에 있어서 중심적인 위치를 차지하고 있다. 노동법원의 중재 결정이 노사 분쟁 시 통상 마지막으로 의존할 수 있는 파업과 직장폐쇄를 실질적으로 대처하고 있다.

노사관계정책은 경제정책의 하부구조로 집행된다. 외국인투자를 유치하는 데 유리하도록 적절한 가격의 양질의 노동력을 공급하는 데 필요한 환경을 조성하는 것이 정부의 노사관계정책 기조이다. 노조 인정, 단체 교섭의 대상, 파업권에 대한 법적인 규제가 엄격하므로 노사관계에 있어서 노동조합의 영향력은 미미하다. 정부는 노조의 규모와 구조 등을 통제하고 있으며, 중요한 전략산업은 노조가 설립되어도 단체교섭을 실질적으로 금지하고 있다.

노조를 인정하지 않으려는 사용자의 행태는 일반적이고 정부는 이를 어느 정도 묵인하고 있다. 사용자들은 노조 인정을 무기 연기하든지, 노조 지도자를 해고 내지 전보하거나 어용노조를 만드는 등의 전략을 구사하여 노조 결성을 저지하고자 한다. 노조 조직률은 10%미만이며, 연간 파업건수도 10여건 정도이다.

외국인투자기업의 경우 노조 설립의 움직임이 있거나 분쟁의 소지가 있는 경우 공권력이 초기 단계부터 적극 개입하여 해결해 준다. 전자산업의 경우 외국인투자를 유치하기 위해 노조 설립이 불허되었으며 국내외의 압력으로 1998년 노조 설립을 허용하였다. 그러나 실제로는 현재에도 노조 설립이 강력히 규제되고 있다.

2. 고용관리[2)]

가. 채용

추가적인 인력수요가 발생하였을 때 내부 인력의 승진 및 전보 등을 통해 해결할 수 없으면 외부에서 인력을 충원하게 된다. 많은 기업들이 비숙련 생산직 인력을 충원하는 가장 통상적인 방법은 현

2) 2001년 7월 현지를 방문하여 진출기업을 방문하여 조사하였다.

재 고용하고 있는 근로자들을 통하는 것이다. 이 경우 충원이 즉각적으로 이루어질 수 있은 장점이 있다. 생산직 인력의 충원은 공장 밖에 현수막을 걸거나 공고문을 게시함으로써 이루어지기도 한다.

정부의 직업안정기관을 통해 인력을 충원하고자 하는 경우 구직자의 인적 사항은 직업안정기관을 통해 알 수 있다. 이 경우 구직자는 현재 직업을 가지고 있은 사람일 수도, 구직 등록은 하였으나 이미 일자리를 얻은 사람일 수도 있다. 정부의 직업안정기관을 이용하는 경우 수수료는 없다. 2000년의 경우 24,737명이 정부의 직업안정기관을 통해 일자리를 얻었다.

또한 민간 직업알선기관을 이용할 수 있다. 일정 수수료를 지불하면 등록한 사람 중에 필요인력을 충원할 수 있다. 말레이시아의 민간 직업알선기관은 허가제이며, 불법사항이 발견되면 허가가 취소된다. 2000년 171개의 민간 직업알선기관이 허가를 새로이 받았고 2개 기관의 허가가 최소되었다.

사무리직의 충원에 가장 일반적으로 이용되는 방법은 신문 등에 공고를 내는 것이다. 신문공고 시 보수 및 근로조건, 요구되는 직무 수행 능력, 경력 등을 구체적으로 제시하여야 한다. 서구식의 고용관행에 따라 말레이시아 사무관리직은 이직이 잦다.

고위관리직을 채용하고자 하는 경우 헤드헌터를 이용할 수 있다. 이 경우 수수료를 지불하여야 하고 적정한 사람을 채용할 수 있느냐의 여부는 채용을 의뢰한 기관의 자질에 따라 달라지는 단점이 있다. 중견기업 이상의 경우 대학의 채용박람회를 통해 필요인력을 충원하기도 한다.

나. 고용계약의 종료

한국과는 달리 해고 등 고용계약 종료에 관한 법적 절차나 기준이 매우 엄격하여 이를 준수하지 않을 경우 배상금을 물어야 하므로 해고 등을 하려는 경우 법에 저촉되지 않도록 주의하여야 한다. 말레이시아 근로자는 개별적 권리보호에 대해 매우 적극적이며 법에 위반된다고 판단되는 경우 노동국에 고발한다. 2000년(말레이시아 반도만)의 경우 총 11,471건의 고용주에 대한 고발(노동법 위반 11,157건; 정부정책 미준수 136건; 부당노동행위 176건)이 근로자에 의해 이루어졌다.

고용주가 고용계약에 명시된 사전 통보기간을 준수하였다는 것만으로는 고용계약을 종료시킬 수 없다. 고용계약의 종료에 대한 적절한 이유도 제시하여야 한다. 피고용인의 성과가 부진한 경우 해당 피고용인을 해고시킬 수 있다. 그러나 해고 전에 그의 성과를 개선하기 위한 노력, 즉 상담, 적절한 현장지도, 훈련 및 경고 등이 선행되어야 정당한 해고로 인정받을 수 있다.

다. 이직 및 결근

말레이시아인은 이직률이 매우 높으므로 필요인력의 확보에 있어 이 점이 고려되어야 한다. 한국과 마찬가지로 1970년대 이후 급속한 경제발전을 해온 말레이시아 노동시장에서 근로자들은 (최근의 금융위기 때를 제외하고는) 손쉽게 새로운 일자리를 찾을 수 있었다. 특히 사무관리직의 경우 서구식 고용관행에 익숙하여 이직이 잦으므로 우수인력의 확보가 어렵다. 항구적으로 말레이시아에 공장을 운영할 계획이면 현지인 책임자를 체계적으로 양성하는 것이 중요하다. 말레이인보다는 인도인을 현지인 관리자로 양성하는 것이 유리하다는 것이 현지 한국 진출기업의 공통된 견해이다.

비숙련 현지 인력은 주로 말레이인인데 잦은 이직 및 결근과 초과근무 기피 등으로 현지인만으로는 안정적인 공장 운영이 어렵다. 따라서 외국인력에 대한 투자 제조 기업들의 의존도가 크다. 외국인력의 임금비용상의 이점은 크지 않으나 결근이 없고(기숙사에서 숙식하므로) 계약기간 중에는 이직할 수 없다는 것이 진출 기업들이 외국인력을 채용하는 주된 이유이다. 외국인력을 고용하고자 하는 경우 알선 업체를 통하는 것이 일반적이다. 합법적으로 외국인력을 채용하는 경우 외국인력은 취업 업종과 출신 국가가 제한되어 있다는 점이 고려되어야 한다.

3. 육성관리

가. 임금 및 상여금 결정

말레이시아 근로자의 임금구성은 다음과 같다.

- 기본급
- 호봉표에 의한 연례적인 임금인상 : 호봉표에 의한 임금상승은 근속연수가 길수록 임금이 높다는 것을 의미한다.
- 각종 수당 : 법정 수당이 주이며, 우리나라에 비해 임의적 수당이 적다.

- 초과근무수당
- 고정적 상여금(contractual bonus) : 매년 변화하지 않으며 통상 월 기본급의 몇 %로 정해진다. 일반적으로 월 기본급의 100~200% 수준이다.
- 변동적 상여금(contingent bonus): 기업의 성과와 연관되어 있으며 기업과 개인의 성과와 연동되어 상여금의 액수가 정해진다. 고정적 상여금은 노조화된 부분에서, 변동적 상여금은 비노조화된 부분에서 보다 일반적이다.

한국 진출기업의 경우도 임금인상 시 국내에 비해 근로자들의 성과나 태도 등이 고려되고 있다. 중소기업은 호봉표가 없는 곳도 많으며 호봉표가 있는 기업도 개별 근로자들의 성과를 평가하여 임금인상을 차등화하고 있다. 근로자들간의 임금인상률 차이는 상 10~20%, 중 70~80%, 하 10% 정도로 하는 것이 일반적이다.

상여금도 개별 근로자의 성과에 따라 차등을 두는 것이 일반적이다. 특히 출근율을 중요시하여 전일 출근하는 경우 만근수당을 지급한다. 또한 성과 측정에 출근율을 고려한다.

전국에 걸쳐 시행되는 최저임금은 없으며 업종별 최저임금이 있으나 실질적인 영향력은 거의 없으므로 임금인상시 고려할 필요는 없다.

나. 복리후생제도

한국 비해 회사에 의해 제공되는 복리후생제도는 적다. 그러나 공단 지역은 출퇴근버스의 운영이 필수적이다.

대기업의 경우 국내에서와 같은 복지후생제도를 운영하고 있다. S사의 경우 사내식당, 구판장, 건강관리시설을 운영하고 전액 회사가 지원하는 기숙사가 제공된다. 장거리에 거주하는 현지인을 위한 무료 출퇴근버스를 운영한다. 현지인 근로자 및 직계가족에 대해 경조사를 지원하고 생일에는 선물을 지급한다.

식당을 운영하는 경우 다인종 국가인 점을 고려하여 인종별로 차별화되는 식단을 제공하는 것이 바람직하다.

| 표 10-1 | 말레이시아 진출 한국계 S사의 각종 복리후생제도

제 도	내 용
기숙사	· 전액 회사 지원 · 5층 건물 6개동(남: 2동/ 여: 4동) · 휴게실, 샤워실, 세탁실, 간이주방, 편의점, 비디오방, 서점 등 구비
사내식당	· 말레이식, 중국식, 인도식, 한식 제공
구판장	· 사원들의 편의를 위한 각종 전문점 운영 · 편의점, 비디오대여점, 전자제품 대리점, 여행사, 미용실, 세탁실, 의상실, 악세서리점 등
건강관리 시설	· 사내의무실 : 간호사 3인 교대로 24시간 운영 · 운동시설 : 체력단련실, 에어로빅실, 테니스장, 배구장, 스팍타크로 코트, 축구장
경조사 지원	· 종업원 사망: RM 1,000 · 종업원 직계가족 사망: RM 100 · 종업원 병원입원시 선물바구니
선물지급	· 생일을 맞은 자에 대해 선물 지급
출퇴근버스	· 장거리 거주 종업원들을 위해 무료 출퇴근버스 및 밴 운영

4. 조직관리

외국인투자기업의 경우 노조 설립의 움직임이 있거나 분쟁의 소지가 있는 경우 공권력이 초기 단계에서부터 적극 개입하여 해결해 준다. 전자산업의 경우 외국인투자를 유치하기 위해 노조 설립이 불허되었으며 국내외의 압력으로 1998년 노조 설립을 허용하였다. 그러나 실제로는 현재에도 노조 설립이 강력히 규제되고 있다.

노사관계에 대한 정부의 적극적인 개입으로 사용자 우위의 노사관계가 유지되고 있으나 외국인투자기업의 경우 말레이시아 근로자들은 서구식의 권리의식이 철저하므로 관련 법규를 잘 준수하여야 한다.

말레이시아 근로자들은 질서를 잘 준수하며 양순하고 민주적인 장점이 있다. 그러나 권위적이고 체면을 중시하여 대중 앞에서 창피를 당하는 것을 싫어하므로 주의하여야 한다. 특히 신체적인 접촉이나 폭력을 싫어하므로 업무수행 중 불만족스러운 일이 발생하더라도 모욕적인 언사나 폭력을 행사하여서는 아니 된다.

다민족국가인만큼 인종별로 그 성격이나 특성이 다소 차이가 있다. 다민족사회의 특성상 서로 예의를 존중하고 질서를 잘 지키는 반면, 열대성 기후의 영향으로 근면성이 다소 부족하다. 남국인 특유의 이완된 근무 분위기를 쇄신하기 위하여서는 투명하고 공정한 절차에 기준한 상벌제도를 운영하는 것이 바람직하다.

한국계 S사는 "Back to the Basics" 운동을 하고 있는데 벌점에 대해 마일리지제도를 운영하고 있다. 개인의 경우 규정 위반으로 상담서한

(counselling letter)을 받으면 1점, 경고서한(warning letter)을 받으면 2점, 징계위원회에 회부되면 3점의 벌점을 부과하고 있다. 벌점이 있는 경우 연간으로 합산하여 벌점이 3점 미만이면 5%의 상여금이나 연봉을 삭감하고, 3점 이상 5점 이하이면 10%의 상여금 혹은 연봉을 삭감하고, 6점 이상이면 15%의 상여금 혹은 연봉을 삭감하고 있다. 다른 부서와 비교하여 위반건수가 많은 경우 관리자에게도 연대책임을 묻고 있다. 또한 품질관리 기준을 사전에 명확히 하고 품질관리 실적을 부서별로 집계하여 부진한 경우 해당 부서에 경고장을 발부한 후 벌점을 부과하고 있다.

징계의 경우 인사규정의 제반 준수사항에 대한 위반을 경(輕)위반과 중(重)위반으로 구분하여 관리한다. 한국계 S사는 경위반에 대해서는 상담서한(counselling letter)을, 중위반에 대해서는 경고서한(warning letter)이나 징계위원회에 회부하고 있다.

제11장

인도네시아 · 베트남 · 말레이시아 · 필리핀

1996

인도네시아 · 베트남 · 말레이시아 · 필리핀 1996

제11장 인도네시아 · 베트남 · 말레이시아 · 필리핀 : 1996년[1)]

동남아 4개국의 한국 진출기업의 고용관계 관행은 1996년 6월부터 한국 진출기업을 방문하여 현지 기업의 관리자들을 면담하여 실시한 조사를 근거로 작성된 것이다.[2)]

|표 11-1|에서 보듯이 조사된 진출기업 중 한국의 V1사, V2사, I1사, I2사 및 M2사만이 자체의 규모가 크거나 모기업이 대기업군에 속하므로 대기업으로 분류할 수 있었고 나머지는 중소기업이다. I3사, I4 법에 의해 노조 설립이 의무화되어 있는 베트남 진출기업(V2사만 현재 노조가 없으나 곧 결성될 전망임) 및 P4사에는 노조가 결성되어 있으나 노조 활동이 활발하지는 않다.

---

1) 박래영 · 박영범 · 이규용(1998)의 일부 내용을 전제한 것이다.
2) 필리핀의 조사대상 기업의 일부는 필자가 1994년에 방문 조사한 바 있다. 그 당시 한국인 경영층은 2~3년 내의 철수를 예상한다고 답변하였는데 2차 방문에서도 여전히 기업 활동을 하고 있었다. 노동집약적인 업종이지만 이들 기업들도 향후 상당 기간 동안 필리핀에서 생산 활동을 하리라 예상된다. 한국기업이 보다 저렴한 인건비 때문에 보다 발전 단계가 낮은 나라고 해외투자를 확대하는 경향을 보이고 있으나 기존의 투자를 조기 회수하는 것이 어렵다.

인도네시아에서 조사된 진출기업들은 전자제품, 신발, 양식기, 봉제완구 등을 생산하고 있으며, 인건비 절감 등을 이유로 1988~91년 사이에 진출하였다. 전자제품을 생산하는 I1사는 내수시장 확보도 진출 동기의 하나이다. I1사와 I4사는 합자투자 형태로 진출하였으며, I2사와 I3사는 한국 기업이 단독투자한 회사이다. 특히 I3사는 초기에 현지 기업과 합작을 하였으나 현지 기업이 소속되어 있는 그룹의 사정으로 인해 계열 기업을 정리하게 되자 합작회사의 투자지분을 모두 사들여 현재는 단독투자 형태로 되어 있다.

베트남의 조사된 진출기업들은 전자제품(TV등), 신발, 가죽의류, 봉제(장갑) 등을 생산하는 기업으로서 저렴한 인력 확보를 위하여 베트남에는 1993~95년 사이에 진출하였다. 전자제품을 생산하는 V1사는 내수시장의 확보도 목표로 하고 있다. V1사는 현지 회사와 합작투자하였으며 V2는 100% 단독투자 형태이다. V3와 V4는 임가공 형태로 계약을 체결하여 생산을 하고 있다. V3의 경우 순수한 임가공 형태로서 임가공료를 현지 회사에 지불하고 기술지원인력을 파견하여 한국 본사에서 원하는 제품을 생산토록 하여 이를 수출하고 있다. 반면에 V4사는 설비투자비를 모두 한국 본사에서 충당하고 있으며 10년 후에 기계와 설비는 현지의 국영기업에 기부하도록 하고 임가공 계약을 체결하여 생산하고 있다. 이 회사는 본격적으로 가동한 지 2년이 채 되지 않아 투자액을 실질적으로 회수하였다.

| 표 11-1 | 조사된 진출기업의 개요

▌인도네시아

	I 1사	I 2사	I 3사	I 4사
설립 연도	1991	1988	1990	1989
주생산물	전자제품	신발	양식기	봉제완구
출자 비율(%)	87	10	100[1)]	50
종업원수(명)	1,900	5,500	650	600
한국인 종업원수(명)	16	20	2	3
노조 유무	없음	있음	있음	업음
해외진출 동기	시장확대 내수 및 수출	인건비	인건비 인력난	인건비

주 : 1) 초창기에는 한국(70%) 대 일본계 인도네시아 기업(30%)과의 합작회사였으나 1996년 4월에 합작을 해지하고 한국기업이 100% 투자지분을 확보하였음.

▌베트남

	V1사	V2사	V3사	V4사
설립 연도	1995	1994	1993	1993
주생산물	전자제품 (TV등)	신발	가죽의류	봉제(장갑)
출자 비율(%)	70	100	임가공계약	100 (임가공)
종업원수(명)	700	9,500	600	550
한국인 종업원수(명)	14	70	5	3
노조 유무	있음	없음	있음	있음
해외진출 동기	노동력확보 시장개척	가격경쟁력 인건비	인건비 노동력 확보	인건비 노동력 확보

▎말레이시아

	M1사	M2사	M3사	M4사
설립 연도	1990	4990	1990	1990
주생산물	제지	전자렌지	전자렌지 부품	전자렌지 부품
출자 비율(%)	49	100	100	100
종업원수(명)	170	500~550	294	200
한국인 종업원수(명)	4	6	6	7
노조 유무	업음	없음	없음	없음
해외진출 동기	내수	가격경쟁력 확보 GSP혜택	인건비 납품업체와 동반지출	인건비 납품업체와 동반지출
사업장 소재지	Bentong	Klang	Klang	Klang

▎필리핀

	P1사	P2사	P3사	P4사	P4사
설립 연도	1993	1991	1993	1992	1992
주생산물	장난감	의류	신사복정장	의류	자동차 부품, 건설
출자 비율(%)	100	100	100	100	60
종업원수(명)	113	550	496	1,200	109
한국인 종업원수(명)	4	5	6	7	4
노조 유무	없음	없음	없음	있음	없음
해외진출 동기	인건비 노동력 확보	가격경쟁력 수출쿼터 확보	인력난	인건비	인건비
사업장 소재지	Makati	Cavite	Cavite	Laguna	Laguna

조사된 말레이시아 진출기업들은 제지, 자동차부품, 전자렌지, 전자렌지 부품 등을 생산하고 있으며, 모두 1990년도에 지출하였다. M1사는 자본투자 형태로 내수시장을 목표로 진출하였으며, M2사는 현지의 투자유인정책에 따른 수출거점 확보 차원에서 진출하였고, M2사에 부품을 납입하고 있는 M3사와 M4사는 M2사와의 동반진출을 한 경우이다.

필리핀의 조사된 진출기업들은 장난감, 의류 및 자동차 부품 등을 생산하는 노동집약적 산업으로 필리핀에 진출한 시기는 1991~93년 사이이다. 조사된 진출기업 중 P5사만이 필리핀과의 합작투자 형태(한국측 출자 비율이 60%)이며 나머지는 모두 한국측이 100% 출자하였다. 조사된 진출기업 대부분이 인건비 절감을 통한 가격경쟁력 확보 차원에서 투자가 이루어져 필리핀 현지에서는 생산만 하고 판매 및 영업은 한국의 본사가 담당하고 있다. P1사, P2사, P3사는 수출자유지역에 위치하고 있다.

1. 고용 및 노동환경

가. 제품시장

인건비가 한국계 진출기업의 가격경쟁력에 미치는 영향은 조사된 진출기업의 해외투자 동기에 의해 좌우된다.

인도네시아의 진출기업은 국내에서의 인건비 부담 및 인력난 등으로 해외진출을 하였으며 제품의 수출시장 확보도 일부 기업의 진출 이유 중의 하나이다. I1사는 수출 전진기지로서의 목적 외에도 현지의 내수시장 확보를 겨냥하여 진출하였으나 내수 비율이 조사 기준 시점 현재 18%로 다소 저조한 실정이다. 완제품 이외에도 주요 부품을 함께 생산하고 있으며, 공장 가동이 된 지 3년이 지난 1995년 말부터 흑자경영을 하고 있다. I2사는 생산된 제품의 95%를 미국으로 수출하고 있으며(OEM), 5%는 독자적인 상표로 인도네시아 내수 시장에 공급하고 있다. I3사와 I4사는 생산된 제품의 전량을 수출하고 있다. 조사된 진출기업 모두 인건비 비중이 높지 않아 가격경쟁력이 유지되고 있으며, 매출이 급속도로 신장되고 있다.

베트남의 조사된 진출기업은 국내에서의 인건비 부담 및 인력난 등으로 해외이전을 하게 된 노동집약적 업종으로 제품의 경쟁력에 임금 및 노무관리가 매우 중요한 요소가 되고 있다.

조사대상 기업 모두 베트남에 진출한 이후 해마다 매출액이 급격한 성장이 이루어지고 있다. 이는 현지에서 활용 가능한 인력이 풍부하고 한국에 비해 제조원가 대비 인건비 비중이 극히 낮아 제품의 가격경쟁력이 유지되고 있기 때문이다. V2사의 경우 한국에서는 제조원가 대비 인건비가 30% 수준이었으나 현지에서는 8%에 불과하며, V3사의 경우도 한국에서는 50~60% 수준이나 현지에서는 7~8% 수준에 머물고 있다. 원부자재를 한국의 본사에서 수입하여 생산을 하고 생산된 제품은 대부분 수출하고 있다. 조사된 진출기업 중 V1사만이 내수 비중이 30%이고 다른 기업들은 생산된 제품의 전량을 수출하고 있다.

한국의 인건비 상승과 인력난으로 해외에 투자한 필리핀의 P1사,

P2사, P3사, P4사는 필리핀 경제의 호황으로 최근 인건비 상승에 따른 가격경쟁력의 약화를 매우 우려하고 있다.

반면에 내수시장 확보를 위해 진출한 필리핀의 P5사와 말레이시아의 M1사는 상대적으로 인건비 상승이 가격경쟁력에 미치는 요인이 적다. 미국의 GSP 혜택을 받기 위해 진출한 M2사와 동반진출한 M3, M4사도 말레이사의 임금이 주변국인 태국에 비해 빠르게 상승하고 있으나 인건비 상승이 가격경쟁력에 영향을 미칠 정도가 아니라고 보고 있다.

노동조합이 진출기업의 가격경쟁력에 미치는 영향은 미미하다. 인도네시아의 조사된 진출기업 중 I2사와 I3사에 노조가 결성되어 있다. 그러나 노동조합이 비교적 정부 시책에 순응하고 있고 회사에도 협조적이어서 노동조합의 존재로 인한 노사관계는 불안하지 않다. 베트남의 조사된 진출기업 V2사를 제외하고 모두 노동조합이 결성되어 있으며 V2사도 회사의 필요에 의해 노동조합을 결성하도록 할 방침이라고 밝히고 있다. 베트남의 경우 국가에서 노동조합의 결성을 적극 지원하며 노동조합이 사용자와의 대립적 관계를 갖기보다는 협력적이고 한편으로는 노무관리의 창구로서의 역할을 하고 있다. 필리핀의 조사된 진출기업 중 P4만이 노조가 결성되어 있는데, 외부 세력의 침투를 방지할 목적으로 회사의 지원 하에 설립된 노조이므로 회사의 노동법 준수 여부의 감시가 노조의 주요 활동사항이다.

나. 노동시장

말레이시아를 제외하면 생산직의 확보에는 큰 어려움이 없으나 사무관리직 인력의 확보는 조사된 현지 진출 한국 진출기업의 주요 과제이다. 인도네시아의 노동시장은 노동력의 공급이 풍부하여 생산직 인력 확보가 용이하다는 이점이 있다. 반면에 산업화 정도가 낮고 외국기업의 진출이 활발하여 기술직이나 관리직에 대한 수요가 늘고 있어 상대적으로 이들 인력의 확보가 쉽지 않다. I4와 같이 공장이 도심에서 떨어진 곳에 위치한 경우 관리직이나 경력이 있는 숙련공의 확보에 애로점이 크다.

베트남은 낮은 인건비와 풍부한 노동력으로 노동시장이 활용가치가 매우 높아 생산직 인력 확보에는 애로점이 없다. 다만, 산업발전단계가 낮아 기술직이나 관리직의 인력을 확보하기가 곤란하며, 이들의 인건비 수준도 현지의 생산직에 비하면 높은 수준이다.

말레이시아에 진출한 한국계 기업이 직면한 문제 중의 하나가 노동력 확보이다. 말레이시아는 현재 급격한 경제성장으로 인해 거의 완전고용 상태에 놓여 있어 인력난 문제는 이 나라의 중요한 노동시장 정책과제로 대두되고 있다. 또한 현지인들의 이직률이 매우 높아 인력 확보 외에도 필요 인력의 정착률 제고가 과제로 되고 있다. 말레이시아인의 인력 확보가 곤란하므로 조사된 진출기업 중 M3사와 M4는 방글라데시인 등 외국인 노동력을 활용하고 있다.

필리핀 노동시장이 갖는 장점으로는 활용 가능한 인력이 풍부하며 영어가 사업이나 교육에서 통용되고 있기 때문에 의사소통에 어려움이 없다는 점이다. 필리핀에서의 인력 확보 및 노동력 활용에 따른 어려움은 별로 없다. 그러나 최근 들어 임금이 급격히 상승함으로 인해 한국계 기업은 생산규모의 확대와는 관계없이 정규직의 확대를 억제하거나 종업원의 감축을 도모하고 있다.

다. 정부정책

외자계 기업은 내국인 기업에 비해 현지의 노동법이나 각종 규제를 보다 철저히 준수해야 한다. 인도네시아, 베트남, 필리핀의 경우 매년 지역별로 결정되는 최저임금제는 현지 조사된 진출기업의 임금수준 결정에 중요한 기준이 되고 있다. 대부분의 현지 조사된 진출기업들은 해당 지역의 지방위원회에서 결정하는 최저임금 수준을 종업원의 초임금 결정 기준으로 하고 있을 뿐만 아니라 해마다 인상되는 최저임금 인상률을 개별 기업의 임금인상률의 준거로 활용하고 있다.

노동조합에 대한 정부의 정책도 중요하다. 인도네시아 정부가 노조 결성을 권장하고 있으나 근로자들이 자주적으로 결성한 것이 아니라 정부에 의해 조직된 것이다. 베트남은 앞에서도 언급되었듯이 법적으로 노조의 결성을 의무화하고 있으나 사회주의 국가 특성상 근로감독관과 같은 기능을 한다.

필리핀은 외국인 투자기업에서의 노동조합 결성이나 노사분규에 대해 자국 기업에 대한 정책과 차별을 두지 않는다. 즉 불법적인 파업에 대해서는 공권력이 투입되지만 합법적인 절차를 거친 파업에 대해서는 정부가 개입하지 않는다. 쟁의행위에 따른 중재 등의 노력은 현지법에서 정해진 절차대로 이루어지며 외국인 투자기업이라고 해서 별도의 혜택이 부여되지는 않는다. 한국 기업이 주로 입주해 있는 수출자유지역의 경우 해당 지역의 주지사가 노동조합의 결성을 자제하도록 행정지도를 하고 있어 노조가 회사 경영상의 주요 고려 요인이 되지 않는다.

말레이시아는 개발도상국의 입장에서 노조활동을 제약 또는 억제하고 있다. 특히 정부는 전자산업에 대한 외국인 투자유치 및 전자산업의 육성을 위해 동남아 개발도상국 중 유일하게 '전자산별노조'의 불허 정책을 시행하고 있다. 전자산업은 고용인력이 많아 이 부분에서 노조활동이 활발해진 경우 국가 전체의 정치적 현안으로 비화될 가능성과 전자산업에서의 외국인 투자 의존도가 높은 점 등을 이유로 말레이시아 정부는 전자산업에서의 노조활동을 제한하고 있다.

2. 고용관리

종업원의 채용방법으로는 공개채용과 연고채용을 병행하여 실시하고 있는데 생산직은 대체로 연고채용에 의존하고 사무관리직에 대해서는 공개채용을 활용한다. 생산직의 경우, 공장이 입주해 있는 지역주민을 대상으로 내부 종업원 동원해 적절한 인력을 소개받거나 회사 정문이나 인근 지역에 모집공고를 하여 종업원을 확보하고 있다. 생산직의 채용 권한은 대체로 현지인 관리자에게 위임되어 있다. 사무관리직은 직업소개소나 신문공고 등을 통해 모집하며, 선발은 사장이 면담 등을 통해 결정한다. 대기업인 I1사, I2사는 생산직도 공개채용을 통해 모집하고 있다. 베트남의 V2사와 V4사는 정부의 직업안정기관을 이용하여 모집하고 있다. 필리핀의 경우 생산직 신규인력 채용시 경력자보다는 무경력자를 선호한다. 이는 최근 들어 공단 내에 노동조합 설립이 활발해지고 있는 상황에서 경력자의 경우 노동조합 활동 경험이 있거나 혹은 노동조합 설립을 기도할 목적으로 입사할 가능성이 있기 때문이다. 선발된 인력이 곧바로 정식 직원이 되는 것은 아니고 3~6개월의 수습기간을 거쳐 정규 직원의 여부가 결정된다. 만일 이 기간 동안 부적격자로 판정되면 채용을 취소한다. 특히 선발 과정에서 마약과 같은 약물 복용 여부도 주요한 판정 기준이 되고 있다. 사무관리직은 특별한 하자가 없으면 수습기간이 끝나면 대부분 정식 직원으로 된다.

필리핀이나 인도네시아에서는 종업원이 처음 채용된 후 6개월까지 견습기간을 둘 수 있고, 견습기간이 끝나는 시점에서 정규근로자로서의 자격에 적합하지 않을 경우 고용관계를 종료시킬 수 있도록 되어 있다. 견습기간 동안 이들은 임시직의 형태로 근무를 하게 되며, 임금은 정규직의 70% 수준을 받고 있다.

일부 기업에서는 견습기간이 정규직을 향한 수습 과정의 통과의례적인 것이라기보다는 인건비 축소 및 경영환경 변화에 따른 탄력적 고용관리에 해고시켜 일정 부분의 단순업무에 대해서는 항상 견습사원을 활용하는 방법이 사용되고 있다. 예를 들어, P4사는 1,200

명의 전체 종업원 가운데 정규직은 680명이며 나머지 인력은 모두 견습직 인력이다. 회사에서 필요로 하는 업무에 종사하는 종업원을 제외하고는 견습 직원을 채용하여 일정 기간 동안 근무시키고 이 기간이 지나면 재계약을 하지 않고 해고한 후 신규 견습인력을 다시 충원하는 방법을 활용하고 있다. 일단 정규직으로 확정되면 특별한 사유가 없는 한 고용안정이 보장되어 정당한 사유없이 해고하지 못하기 때문이다.

조사된 진출기업 가운데 건설 부문을 가지고 있는 P5사를 제외하고는 임시직을 활용하지 않고 있다. 용역직의 경우 P4사만이 용역업체를 통해 경비직을 채용하고 있다. 베트남을 예외로 하면 현지 조사된 진출기업들은 고용관리의 가장 큰 애로점으로 잦은 결근 및 높은 이직률을 지적하고 있어 종업원의 정착률 제고가 중요한 과제로 되고 있다. 특히 말레이시아의 경우 노동시장이 완전고용 수준에 가깝기 때문에 종업원의 이직에 따른 신규인력의 채용이 쉽지 않다. 베트남의 경우, 생산직의 이직률(V1사 이직자 : 거의 없음, V2사 이직률 : 0.5%, V3사 이직률 : 3～5%, V4사 이직률 : 매우 낮음)이 매우 낮은 것은 생산기능인력을 채용할 때 인근 지역의 거주자로 제한하였고 예비노동력이 풍부하여 직장 구하기가 쉽지 않기 때문이다. 현지 진출기업들은 대부분 잦은 결근에 대해 벌칙규정을 적용하고 있다. 필리핀의 경우, 주로 활용되는 방법이 일시휴직이나 현실적으로 현지인들의 근로의욕이나 직장몰입도가 낮아 이직이나 결근 문제에 대한 적절한 대안이 없는 실정이다. I1사는 무단 결근을 장기간 하거나 근무태도가 불량하면 경고를 하고, 세 번 경고 후 해고를 하는 등 매사가 법규에 따라 조치된다. I2사는 작업시각 10분 전까지 출근이 완료되며 그 이후에 출근하는 자는 결근으로 처리된다. M2사는 종업원이 3일간 무단결근할 경우 해고가 가능하도록 되어 있다. 해고 결정시 현지 채용인으로 구성된 위원회도 두 번 이상 위원회를 개최하여 결정하고 있으며 한국인은 이에 관여하지 않고 있다. M4사의 경우도 3일간 무단결근하면 경고장을 발부하고, 경고를 두 번 받으면 해고가 가능하다. 그러나 현실적으로 해고가 용이한 것은 아니며, 인력 확보가 쉽지 않기 때문에 해고를 시키는 경우는 거의 없다.

현지 근로자들의 이동이 잦고 결근율이 높기 때문에 적절한 인력의 확보 외에도 수요 변화에 따른 원활한 인력조절이 중요하다. I1사는 성수기에는 임시계약직 근로자를 다수 고용하고 있다. P1사와 P4사는 거의 매일 연장근로를 하고 있으며, P5사는 평균적으로 일주일 2~4일 연장근로를 한다. 성수기일 경우 P2사와 P4사는 연장근로 외에 교대제를 실시하여 수요 변화에 탄력적으로 대응하고 있다. 말레이시아의 경우, 조사된 진출기업들은 잔업과 교대제 근로를 통해 생산물 수요의 변동에 따른 인력의 활용을 조절하고 있다. 수요가 많아질 경우, 일차적으로 잔업을 통해 충당하며, 필요한 경우 특정 작업에 대해서는 교대제 근로를 실시하는데 이에 대해서는 근로자들이 대체로 수긍하고 있다. 그러나 현지인의 근로 속성으로 인해 교대제 근로 등을 실시할 때 작업의 연계 등이 제대로 이루어지지 않아 생산성이 낮은 것이 문제점으로 지적된다.

3. 육성관리

가. 평가

현재 상위 직급으로의 체계적인 승진제도는 갖추어져 있지 않으며 한국 인력의 본사로의 철수 등으로 결원이 생기게 될 경우 가능한 한 현지인을 승진시켜 충원하는 것이 일반적이다. 대기업의 경우, 결원이 생길 때 가능한 한 현지인을 승진시켜 충원하는 것이 일반적이다.

나. 보수

최저임금제가 시행되는 나라에서 최저임금이 생산직의 임금수준에 미치는 영향은 절대적이다. 인도네시아의 조사된 진출기업의 임금상승률은 인도네시아의 물가수준과 최저임금 인상률을 고려하여 결정되고 있다. I1사의 임금인상률은 물가상승률과 최저임금 인상률 사이에서 결정되며, I3사와 I4사의 경우 또한 현지의 최저임금 인상률이 높기 때문에 이보다 다소 낮은 인상률을 적용하고 있다. I2사는 최저임금 인상률을 임금인상에 그대로 적용하고 있다.

베트남의 경우, 수습이 끝난 정규직은 최저임금 수준 혹은 이를 약간 상회하는 임금을 받고 있다. 필리핀의 경우 노동강도가 강한 P5사를 제외하면 대부분의 생산직 초임은 대체로 해당 지역의 최저임금을 지급하고 있다. 생산직의 단순기능직을 제외한 경력자인 상위 직급자나 사무관리직은 해당 지역 또는 동등 지역의 임금수준

동향 등을 고려하여 임금수준이 결정되고 있다. 말레이시아의 조사된 진출기업의 초임 수준은 직원 채용시에 결정되며, 대체로 회사의 임금표에 의해 이루어지고 있다.

기본급은 근속연수에 따라 임금수준이 높아지는 근속급을 기본으로 하고 동일한 직급이라 하더라도 성과에 따라 임금수준이 차이가 나도록 하는 능력급적인 요소가 가미되어 있다. 수당의 경우 그 종류는 많지 않으며 일반생산직에게는 잔업수당과 교대근무자에게 적용되는 교대수당을 제외하고는 특별한 수당이 지급되지 않는다. 상여금 지급률은 대략 100~200% 수준이다. 일부 기업에서는 회사의 경영실적에 따라 상여금의 지급률을 매년 달리하고 있다. 조사된 기업의 상당수에서 개별적인 성과를 측정하여 임금을 차등지급하고 있다. I1사는 성과에 따른 실적급제를 적용하여 승급이나 상여금에도 차등을 두고 있다. I2사는 직급별 차이 외에 부서별 · 개인별 성과급제를 실시하고 있다. I3사도 인사고과를 실시하여 승진 · 승급 및 상여금에 반영하고 있다.

V1사는 팀장에 의한 인사고과가 이루어져 임금을 차등화하고 있다. V2사와 V3는 생산을 독려하기 위하여 인센티브 시스템을 운영하고 있다. V4사는 개인별 생산량에 기초한 실적급 체계로 되어 있다. P2사와 P5사의 경우 평가제도를 제대로 갖추고 있는 것은 아니지만 평가를 통해 성과가 좋은 종업원에 대해서는 호봉 승급을 높여 줌으로써 임금상의 보상이 이루어지도록 하고 있다. P5사의 경우 성과가 좋은 종업원에 대해서는 추가적으로 평균 임금인상률보다 최고 10% 높게 차등적으로 임금인상률을 적용하고 있다. M1사의 경우 비교적

체계적인 평가제도를 구비하고 있으며 평가 결과는 임금인상에 반영된다. M3사의 경우도 특별한 평가제도는 없으나 각 개인에 대한 평가를 임금인상에 반영함으로써 차등적인 임금인상이 이루어진다. M2사는 평가를 통해 각 개인별 성과를 측정하고 있으며 평가 결과에 따라 연말에 개인별로 상여금을 차등지급하고 있다.

임금인상률은 사용자에 의해 일방적으로 결정된다. 그러나 베트남의 경우, 사용자가 노조와 긴밀한 협의를 거치는 것이 일반적이다. 결정 권한은 대부분 현지인 대표에게 위임되어 있으나 P2사의 경우에는 임금인상을 본사와 협의하여 결정하며, P5사에서는 처음 2년 동안은 임금인상률을 본사에 보고하고 승인을 받았으나 1995년부터는 그 결과만을 본사에 보고하고 있다.

임금지불 형태를 보면, 일반적으로 생산직은 일급제이고, 사무관리직은 월급제를 적용하고 있다. 대기업의 경우를 예외로 하면 일반적으로 추가적인 복지후생제는 미미하다. 특히 필리핀의 경우, 한국에는 일반화되어 있는 점심식사도 제공되고 있지 않다. I1사는 식당을 두어 중식을 무료로 제공하여 통근버스를 운영하며 교통비도 지급한다. 작업복 및 작업화도 지급하고, 체육시설이나 복지시설도 설치하여 운영하고 있다. I2사, I3, I4사도 중식과 통근버스를 무료로 제공하고 있다. 한국의 모기업이 대기업인 M2사는 기숙사를 운영하고 있으며 통근버스도 갖추고 있다. 또한 직원들의 사기진작을 위해 스포츠 등 6개 위원회를 구성하고 있으며 6명의 과장이 이를 관리하고 있다.

이외에 부서별로 월 2회 회식을 하며, 해마다 5월에는 전 가족 초청 야유회를 갖고 연말에는 송년회를 개최하고 있다. M2사와 동반진출한 M3사와 M4사도 복지제도가 다른 한국계 기업보다 좋다. M3사는 약 200명 정도 수용할 수 있는 기숙사를 운영하고 있으며, 직원들의 사기진작 차원에서 상조회가 운영되고 있다. 또한 점심식사는 회사에서 제공하며, 잔업자의 경우 저녁식사에 대해서는 현금으로 지급하고 있다. 기타 창립기념일에는 체육대회를 개최하고 있고, 연말에는 회사 부담으로 송년회를 갖는다. M4는 1차 진료 의료비는 전액 회사가 지불하고 있고, 주간 식사는 각자 해결하며 야간 작업 시에만 식사수당을 제공하고 있다. 필리핀의 경우 P5사만 종업원의 생일에 주류나 선물을, 결혼식이나 가족 중에 환자가 발생한 경우에는 일정액의 현금을 지급하고 있다.

다. 숙련형성

종업원들에게 요구되는 작업의 성격이 높은 고숙련을 요구하는 것이 아니기 때문에 입직 후 현장훈련을 통한 숙련형성이 보편적인 방법이다. 신규인력이 채용되면 각 공정별로 배치를 한 후 현장훈련을 통해 기능을 습득하도록 하고 있다. 특정 공정에 배치되면 다른 공정으로의 배치전환은 거의 이루어지지 않고 있으며, 직무순환이 이루어지지 않기 때문에 다기능화도 제대로 되지 않고 있다. M1사만이 생산기능직의 직접 작업자를 대상으로 생산라인별 이동을 통해 다기능화를 추구하고 있다.

대기업인 I1사, I2사, V2사 및 한국의 모기업이 대기업인 M2사를 제외하면 체계적인 평가제도를 갖추고 있지 않지만 조사대상 기업은 어떤 형태로든 개별 근로자의 성과에 대해 연례적으로 평가가 실시되고 그 결과가 승진 인사 시 반영된다. 한국의 모기업이 대기업인 V1사는 생산직의 승진제도를 운영하고 있지 않은데, 이는 사회주의 국가의 특성상 종업원들이 계급 구조를 받아들이려고 하지 않기 때문이다.

V1사, V2사, M4사 및 필리핀의 조사된 진출기업 모두 한국 본사에 연수를 보낸 경험이 있거나 현재 연수 중이다. 연수제도에 대해서는 두 가지 상반된 평가가 존재한다. 하나는 비록 연수에 따른 비용 소요가 크지만 연수 결과에 대한 효과가 크기 때문에 파견을 적극적으로 활용한다는 긍정적인 평가이다. 반대로 연수를 받은 근로자들이 귀국한 후에 보다 좋은 회사로 전직을 해버린다든지, 한국에서의 연수 도중 도망을 가버리기도 하는 등 문제점이 많다는 것이다. 일부 기업의 경우 기능 습득이라는 본래의 목적 외에 한국 본사의 인력난 해소를 위한 목적에서 연수가 이루어지고 있다.

조사된 일부 기업을 예외로 하면 종업원을 위한 체계적인 훈련프로그램이 부재하고 교육훈련에 대한 관심도 거의 없다. I1사는 회사에 대한 긍지와 귀속감을 높이고 회사의 현지화를 가속시키기 위해 종업원에 대한 교육훈련을 중시하여 체계적인 교육을 실시하고 있다. 교육훈련으로는 인성교육을 강조하는 신입사원교육, 한국 본사로의 연수나 본사 교육팀이 현지에 파견되어 실시하는 숙련도 제고를 위한 직무교육, 근로의욕 고취 및 노사관계 안정을 위한 정신교육 등이 있다. I2사의 종업원에 대한 교육훈련은 기술습득교육, 공정관리자교육, 언어교육 등이 있으며, 대부분의 교육은 사내가 아닌 외부의 정부 전문기관이나 학원 등에 파견하여 교육을 받도록 하고 있다. 베트남의 V1사와 V2사는 정신교육을 강조하고 있다. 이는 단기간에 대규모의 인원을 채용하였고, 직장생활을 처음 시작 하는 근로자가 많아 조직생활에 대한 적응도를 높이기 위해 직장생활에 대한 규칙지키기, 저축 의식의 고양 등 정신교육이 필요하다.

4. 조직관리

가. 작업조직

조사된 진출기업 중 V1사, M1사는 자본참가 형태로 진출을 하였기 때문에 경영전략과 같은 의사결정은 투자자로 구성된 이사회의 승인을 받도록 되어 있다. 경영 협력관계인 V3사와 V4사는 계약 내용 외의 사항에 대하여서는 한국의 본사가 관여하지 못한다. 그 외 기업들은 본사의 경영방침에 따라 현지에서의 생산이 이루어진다.

임가공 계약 하에 한국인 회사가 참여하고 있는 V3사와 V4사를 제외하면 사장은 모두 한국인으로서 이들은 생산 및 투자전략 등을 제외하고는 현지에서의 문제에 대해 권한을 갖는다. 직원의 채용, 인사노무관리, 임금수준의 결정 등 인사관리상의 모든 권한을 현지 사장이 행사한다. V3사와 V4사의 경우 한국인은 생산만을 책임지고 있으므로 현지인 사장이 인사관리상의 모든 권한을 행사한다.

한국인이 경영을 책임지고 있는 경우, 국내의 한국 기업과 같이 직급을 크게 사무관리직과 생산직으로 구분되어 있고 양 부분은 수

직적 통제구조를 이루고 있다. 일반적인 조직체계를 보면, 한국인 Managing Director가 총괄을 하고, 그 밑에 사무관리 부문과 생산 부문에 각각 한국의 과장 내지는 부장급에 해당되는 매니저가 있다. 종업원수가 많은 경우는 매니저 위에 General Manager가 있다.

사무관리직 부문의 경우 매니저 밑에 한국의 대리급에 해당되는 Assistant Manager, 대졸 직원인 Officer, 그리고 고졸 사원으로 Senior Assistant, Junior Assistant가 있다. 매니저는 대졸 출신으로서 한국인이 맡거나 현지인 경력자를 채용하고 있다.

생산 부문은 매니저 밑에 전문대 졸업자나 경력자인 Supervisor, 그리고 Section Leader 및 Operator로 구성되어 있다. 한국인 근무자는 대부분 생산기술, 품질관리, 생산 등 각 분야별 매니저로 실질적인 생산의 관리 및 감독을 담당하고 있다.

| 표 11－2 | 에서 보듯이 인도네시아의 조사된 진출기업의 현지 한국인 파견자는 1996년 현재 종업원수가 많은 I1사, I2사가 각각 16명, 20명이다. I3사와 I4사는 초창기의 기술지원인력 등을 모두 철수시키고 경영의 현지화를 통해 최소 인력만을 남겨두어 한국파견 인력이 각각 2명과 3명에 불과하다. 베트남의 조사된 진출기업의 현지 한국인 파견자는 해외진출이 이루어진 지 얼마 되지 않은 V1사가 14명이고, 임가공 형태로 계약을 하여 기술지도 등을 위해 파견된 V3사와 V4는 각각 5명, 3명이다. 이에 비해 V2사는 종업원수가 9,500명으로 매우 많을 뿐만 아니라 한국 본사의 방침이 당분간 생산 및 사무관리 부문의 전 분야에서 관리담당을 한국 파견인력으로 충당하기로 하여 70명의 한국 인력이 근무를 하고 있다. 필리핀과 말레

이시아의 조사된 진출기업의 현지 한국인 파견자는 1~7명으로 전체 종업원에 비해 매우 낮은 비율이다. 공장을 처음 설립했을 때는 현재보다 더 많은 한국인 파견인력이 배치되었으나 그 후 단계적으로 감축하고 있는 상태이다. 한국인 인력은 P4사를 제외하고는 대부분 본사에서 일정 기간 파견되어 근무하고 있다.

조사된 진출기업들은 파견인력의 인건비 부담이 커 극소수의 필요인력을 제외하면 모두 현지화할 계획으로 있다. 한국인 근무자는 대부분 관리직이다.

| 표 11-2 | 조사된 진출기업의 한국인 현황

| 인도네시아

기업	전체 종업원수	한국인	담당 업무 현황
I1사	1,900명	16명	사장, 사무관리 및 생산부문의 기술담당 책임자
I2사	5,500명	20명	사장, 관리 및 생산부문의 부서 책임자
I3사	650명	2명	사장, 관리부장
I4사	600명	3명	사장, 공장장, 사무직 여사원

| 베트남

기업	전체 종업원수	한국인	담당 업무 현황
V1사	700명	14명	사장, 영업관리, 생산부문의 관리 및 기술직
V2사	9,500명	70명	사장, 생산 및 사무관리
V3사	600명	5명	지사장, 이사, 공장장, 생산부문의 부장, 과장
V4사	550명	3명	공장장, 부장, 과장

❙ 말레이시아

기업	전체 종업원수	한국인	담당 업무 현황
M1사	170명	4명	사장, 기술 및 엔지니어링부문 책임자
M2사	500~550명	6명	사장, 관리, 생산, 구매, 판매, 품질 · 생산기술, 전산관리자
M3사	294명	6명	사장, 사무관리 및 생산관리자
M4사	200명	7명	사장, 설비 및 기계담당 관리자

❙ 필리핀

기업	전체 종업원수	한국인	담당 업무 현황
P1사	113명	4명	사장, 사무 및 생산관리자
P2사	550명	5명	사장, 생산관리자
P3사	496명	6명	사장, 사무관리자, 기술직 관리자
P4사	1,200명	7명	사장, 상무, 공장장, 생산관리자
P5사	109명	4명	사장, 사무관리자, 건축기사, 생산관리자

생산기술, 품질관리 등 각 분야별 매니저로서 실질적인 생산의 관리 및 감독을 담당하고 있다. 배치전환은 사용자에 의해 일반적으로 이루어지고 있다. 베트남의 경우 사회주의 국가의 특성상 배치전환에 따른 업무강도의 변화를 근로자들이 거부하는 경향이 있어 배치전환 시 근로자들의 수용도를 높이기 위해 노력하고 있다.

경영과 관련하여 일반종업원의 참여적인 역할은 기대하지 않는다. 경영전략 등과 같은 중요한 경영상의 결정은 본사와 투자자의 의사결정에 따라 수행되어지기 때문에 종업원의 의사가 반영될 여지는 없다. 생산활동과 관련하여도 일반작업자는 한국인 감독자의 지시에 의해 수동적으로 작업을 수행하고 있는 것이 일반적이다. TQC 등 주요 생산활동도 이루어지지 않고 있다. 조사된 진출기업 대부분이 제안제도를 두고 있으며 건의된 내용에 대해서는 평가를 통해 임금인상에 반영하고 있다. 그러나 종업원들이 이를 제대로 활용하고 있지는 않은 것으로 보인다. 예외적으로 한국의 모기업이 대기업군에 속한 I1사와 M2사에서만 제안제도가 잘 운영되고 있다. I1사는 우수 제안에 대한 특별 인센티브를 제공하고 있는데 제안건수가 급증하고 있다. M3사는 부서별로 한 달에 1.5건씩 안건을 제출하도록 의무화하고 있으며, 기본적인 여건만 갖추고 있으면 제출된 안에 대해 인센티브를 제공하고 있어 비교적 활발하게 활용하고 있다.

나. 경영전략과 노동조합

아시아에 진출한 한국계 기업의 대부분은 국내에서의 노조활동에 대해 상당히 부정적인 견해를 가지고 있으며, 조사된 진출기업의 경영층의 노조에 대한 인식도 예외는 아니다. 노조 결성 움직임을 적극적으로 저지하려는 노력은 이루어지지 않고 있으나 노조의 결성을 그다지 긍정적으로 보고 있지는 않다.

I1사와 I3사는 별다른 노사갈등 없이 원만한 노사관계가 구축되어 왔는데 이는 I1사의 경우 무노조 전략을 목표로 하고 있으나 노사협의회를 통해 노사관계의 안정을 도모할 뿐만 아니라 노사분규가 발생하지 않도록 종업원 관리를 철저히 하고 있다. 가령 철저한 종업

원관리를 통해 사내의 갈등요인을 사전에 봉쇄하는 한편 복리후생의 확대, 지역의 유관기관과의 연계 등을 통해 회사의 이미지 제고에도 노력을 기울임으로써 종업원들에게 회사의 신뢰도를 높여 노사갈등을 축소하려는 데 힘쓰고 있다. I3사는 그동안 합작 형태로 운영되어 업무 강도가 다른 한국계 기업보다 약하여 노사갈등이 나타나지 않았다. 그러나 단독 투자로 전환한 이후부터는 관리를 보다 엄격하게 할 방침이어서 노사관계 불안이 우려된다. 한편 I2사와 I4사는 비록 현재는 원만한 노사관계를 유지하고 있으나 이전에는 노사분규를 겪은 경험이 있다. I2사의 경우 사소한 문제에서 시작하였으나 집단 시위나 현지 주민이 합세한 경우로 확대되는 등 심한 노사분규를 경험한 바 있다. 종업원수가 많고 거의 모든 부문에서 한국인이 관리하고 있기 때문에 문화적 차이 등으로 인해 현지인과의 사소한 마찰이 종종 발생하고 있다. 이에 회사는 근로자의 정신교육을 강화하고, 경영의 투명성을 높이며, 현지화를 위해 노력하는 등 노사관계의 안정에 노력하고 있다.

베트남의 경우는 국가 정책에 의해 노조결성이 의무화되어 있어 노조가 노무관리자의 역할도 수행한다. 예를 들어, V3사의 경우 부공장장이 노조의 지부장을 맡고 있어 노사의 구분이 다소 모호한 경우도 있다. V2사는 아직 노동조합이 결성되어 있지는 않으나 노무관리 차원에서 노사 대화의 창구 역할을 할 노동조합을 결성하도록 적극 권장하고 있다.

말레이시아는 정부의 정책이 외국계 기업의 노조활동을 억제하고 있으므로 노조에 대해 한국계 기업이 크게 우려하고 있지 않다.

필리핀의 경우도 현재 노조가 기업 경영에 미치는 영향은 미미하나 정부 정책이 외국계 기업과 국내기업의 노조활동에 차별을 두지 않고 현지 외자계 기업에서 노동조합의 설립이나 노동운동이 활성화되어 있는 추세이므로 노사관계의 불안정에 대해 우려하고 있다. 조사대상 기업 중 P4만 노조가 결성되어 있다. P4사의 경우 회사설립 초기 외부 세력에 의한 노조 결성 시도가 회사측에 의해 저지되었으나 필리핀법상 노조 결성에 대한 종업원 찬반투표를 1년 내에 재시행하도록 강제화되어 있으므로 회사 지원 하에 노조가 결성되었다.

한국인이 경영을 책임지는 경우, 인사노무관리는 주로 현지인 매니저가 담당하거나 현지인과 한국인이 함께 담당하도록 하는 등 조사된 진출기업 모두 전담 매니저를 두어 인사노무관리를 하도록 하고 있다. I2사만이 예외적으로 한국인 관리자가 인사노무를 전담하고 있다. 그러나 이 회사도 기업의 현지화를 가속화하기 위하여 현지인 관리자의 자질을 높이는 데 역점을 두기 있기 때문에 조만간에 노무관리 업무는 현지인으로 대체될 것으로 보인다. 대체로 채용이나 교육훈련 등에 관한 부분은 현지인 매니저가 한국인 사장인 General Manager의 지시를 받아 업무를 수행하고 있는 반면에, 생산현장에서 발생하는 고충처리 등에 관해서는 현지인 인사관리 매니저가 전담하고 있다. 임가공 형태로 계약을 한 V3사와 V4의 경우도 기술 자문으로 파견되었지만 인사노무 관련 업무 등에 대해서도 협의를 받고 있다.

인도네시아의 조사된 진출기업 모두는 정례적인 노사협의회를 통하여 종업원들의 의견을 수렴하고 있다. 특히 I1사는 분기별 노사협의회뿐 아니라 현지인 간부회의, 직급별 업무회의 등을 통하여 기업경영과 관련하여 종업원들의 의견을 수렴하기 위하여 노력하고 있다. 베트남의 V1사는 노동조합으로 하여금 일정 부분의 노무관리를 담당하도록 하고 있으며, 조사된 진출기업 중 종업원수가 가장 많은 V2사의 경우 노무과 단독으로는 노무관리의 어려움이 커 노조 결성을 기다리고 있으나 종업원들간의 이해관계의 대립으로 노조가 쉽게 결성되지 못하고 있다. 필리핀과 말레이시아의 고용관리 및 임금수준 결정에 관하여 현지인 관리자를 통해 종업원의 의사를 수렴하여 반영하고 있다. 그러나 이러한 참여도 종업원의 대표기구 등을 통한 집단적 교섭 형태로 이루어지는 경우는 없고 개별적인 차원에서 회사 방침에 대한 의견 표현 형태로 이루어지고 있다. 노조가 설립되어 있는 P4의 경우도 회사의 노동법 준수 여부의 감시가 노조의 주된 활동이다.

종업원의 고충처리는 일반적으로 현장에서의 조직 계통을 통해 이루어지고 있다. 일반적으로 불만사항이 있는 경우 종업원은 이를 현지인 매니저와 상의하고, 현지인 매니저가 처리할 수 없는 사안은 한국인 매니저와 협의하여 처리하고 있다. 그러나 종업원들은 현 직장에 불만이 있으면 대개는 이직을 해 버리기 때문에 고충처리제도의 활용이 그다지 높지 않다.

조사된 진출기업 모두 해외진출 초기인 1, 2차년도에는 언어, 문화적 차이 등으로 갈등이 많았다. 투자 초기에는 현지 종업원들의 근로의욕이 낮고 근무기강이 해이하여 한국인 관리자와 갈등이 심했다. 심한 경우 손찌검까지 하는 경우도 있어 현지인들이 “한국으로 돌아가라”, “업무가 끝난 후 가만두지 않겠다” 등의 폭언도 서슴지 않았다. 일부 기업에서는 사소한 갈등이 심각한 분규로 발전하기도 하였다. 그러나 기간이 어느 정도 지나자 한국인 관리자들도 현지인들의 문화나 생활습관을 이해하고 현지인들도 한국의 기업문화 특성에 적응되어 이러한 문화적 차이에서 기인하는 대립적 관계는 상당부분 해소되었다.

제12장

중 국 :

1994

중 국
1994

제12장 중국 : 1994년[1)]

3개 기업(이하 CH1사, CH2사, CH3사로 칭함)는 각각 봉제, 기계 및 전자기업이다. CH1사는 청바지 제조업체로 생산물량 전량을 일본과 한국으로 수출하고 있다. 1992년에 공장을 가동하기 시작하여 1993년 상반기부터 흑자가 났다. 1993년 매출액은 1백만 미국달러이고, 향후에는 청바지를 중국 내에서도 판매할 계획이다. 1994년 현재 270여 명을 고용하고 있다.

CH2사는 1988년부터 중국 진출을 고려하여 1993년부터 가정용 난방기를 생산하여 중국에 판매하고 있다. 한국에 모기업이 있으나 공장 운영은 독립적으로 하고 있고, 1994년에는 흑자가 날 것을 예상하고 있다. 1994년 현재 중국에서 가장 큰 가정용 난방기 생산업체이고 근로자는 약 80여 명이다.

자동차 오디오 텍(audio deck)을 생산하는 CH3사는 공장을 두 개

---

1) 본 장은 1994년 필자가 중국을 방문하여 한국 진출기업 3개를 현지 조사한 결과를 분석한 Park, Young-Bum(1998)에서 발췌하여 정리하였다.

운영하고 있는데[2] 제1공장은 1990년부터 생산을 시작하였고, 부품을 한국에서 수입하여 조립한 후 다시 역수출하고 있다. 제2공장은 1994년부터 가동하기 시작하였는데 같은 개발구역의 다른 한국 공장에 생산품을 판매하고 있다. 제1공장은 1993년 매출액은 3백만 미국달러로서 흑자를 내고 있다. CH3 역시 한국에 모기업이 있으나 독립적으로 경영을 한다. 그러나 최고경영진은 한국 모기업에서 파견하고 있다. CH3사는 약 1,000여 명의 근로자를 고용하고 있다.

1. 고용관리

채용에는 아무 문제가 없으나 관리직의 이직률이 높은 것이 회사의 지속적인 성장을 방해하고 있다.

주로 비숙련직을 새로운 근로자로 채용하는 CH1사와 CH2사는 신문공고나 현재 재직자의 추천에 의존하여 채용하고 있다. 건강상태나 신체조건이 채용을 할 때 주로 보는 기준이다. CH2는 숙련직을 채용하기 때문에 기존 재직자들이 구직자를 소개하고, 회사는 경찰 기록 등을 조회한 후 채용이 결정되면 숙련도에 따라 임금을 결정한다.

시용 기간이 법으로 정해져 있기 때문에 시용 기간을 거쳐 정규직 여부를 결정한다.

---

2) 각 공장은 각기 다른 회사 이름을 가지고 있으나 경영진은 같고, 같은 시설을 이용하고 있다.

2. 보상관리

승진은 근로자의 성과를 평가한 후 평가 결과와 근속기간에 따라 이루어지고 있고, 하위생산직의 승진 시 가장 중요하게 고려하는 것이 출근율이다. CH3사의 경우 승진에 필요한 최소 근속기준이 있다.

개인별로 성과를 측정하여 연간 임금인상률이나 승진에 반영하고 있다. CH2사와 CH3사는 사무직에 한하여 한국 기업들과 유사한 호봉테이블을 가지고 있어 정기적인 임금인상이 이루어진다.

임금인상은 경영층에 의해 단독으로 결정된다. CH2사에서는 연간 임금인상률이 노사협의회에서 논의되어 경영층이 임금인상률 결정 시 고려한다.

CH3사는 매월 성과를 평가하여 개인별로 인센티브를 지급하고 있다. 그러나 세 회사 모두 성과에 따른 인센티브는 없다. 근로자들에게 제공되는 부가임금은 제한적이다.

현업 훈련을 통해 숙련을 형성하고 있다. 설립 초기에는 한국의 숙련근로자들을 초빙하여 현지 근로자들을 훈련시켰는데, 2, 3년이 경과하면 현지인 숙련근로자들이 현지 비숙련근로자를 훈련시킨다.

CH3사는 현지 근로자를 한국의 모기업에 연수를 시키는데, 연수를 마친 후 귀국하였을 때 승진이 예상되는 근로자만을 연수를 보낸다.

현지에서 제공하는 직업훈련은 그다지 신뢰할 수 없다는 것이 공통된 경험이다.

3. 조직관리

CH2사를 제외하면 생산직과 사무직 간의 전직은 가능하지 않다. CH2사의 경우 생산직의 업무 성과가 좋으면 사무직으로의 전직이 가능하다.

팀 작업은 이루어지지 않고 개인별로 작업이 이루어진다. 작업 현장의 근로자들은 엔지니어가 고안한 작업방식을 수용하여 작업을 하고 생산방식의 설계에는 거의 관여하지 않는다. 품질관리 활동은 CH2사에서 비교적 활발하나 다른 회사에서는 제한적이다. CH1사의 경우 80여 명의 근로자가 월 평균 70여 건의 제안을 하고 있다.

한국인 관리자가 경영에 핵심적인 역할을 하고 있다. 일반적으로 중국 진출 한인기업에서는 조선족이 관리직 역할을 하나 CH3사는 조선인을 활용하고 있지 않다.

CH2사와 CH3사는 노사협의회를 운영하고 있고, 회사가 운영비를 지원한다.

CH1사와 CH3사는 중국의 저렴한 노동력 때문에 중국에 진출하였다. 노조 문제가 이들 회사의 성장에 방해를 주는 요인은 아니다. CH2는 한국에서 노조 문제로 큰 고통을 겪었기 때문에 노사관계에 상당히 신경을 쓴다. 특히 중국 정부가 1996년까지(1994년 현재) 외국인투자기업들은 의무적으로 노조를 설립할 것을 종용하고 있기 때문에 향후에 대해 걱정을 하고 있다.[3)]

---

3) 중국 정부의 이와 같은 방침은 유보되었고, 2008년부터 이 방침이 본격적으로 시행되었다.

제13장

노동분야 기업의 사회적 책임의 확산과 해외진출기업

노동분야 기업의 사회적 책임의 확산과 해외진출기업

제13장 노동분야 기업의 사회적 책임의 확산과 해외진출기업[1)]

1977년 OECD의 OECD Guidelines for Multinational Enterprises가 제정 이후 국제사회에서 세계화에 따라 확산되는 다국적 기업의 사회적 책임을 규정하고 확산하려는 노력이 경주되어 왔다. 특히 미국의 엔론, 월드컴의 회계부정 및 파산사태로 윤리경영에 대한 사회의 인식이 제고되면서 국제표준화기구(ISO)에서는 2009년 실행을 목표로 기업뿐 아니라 정부, 시민단체 등 모든 사회 조직에 적용되는 사회적 책임인 ISO 26000를 추진하는 등 기업의 사회적 책임(Corporate Social Responsibity : CSR)을 규범화하는 경향을 보이고 있다.

본고는 노동분야 CSR의 확산 및 규범화의 국제적 추세를 살펴보고 이와 같은 CSR의 확대가 한국 해외진출기업의 노동분야 관리에

---

1) 본고는 박영범(2008)의 주요 내용을 발췌하여 정리하여 2009년 9월 15일 서울프레스센터에서 열린 Global Compact Network Korea와 한국노총이 공동으로 주최한 "유엔글로벌콤펙드 노동기준과 지속가능한 발전전략에 관한 국제세미나"에서 발표한 내용이다.

주는 함의를 도출하고자 한다.

1. CSR의 국제동향 : 노동분야를 중심으로

세계경제에서 차지하는 다국적 기업의 영향이 증대함에 따라 이를 규제하기 위한 논의는 1970년대 중반부터 본격화되어 OECD, ILO 등에서 결의나 권고 등으로 채택되었다. 특히 다국적 기업의 개발도상국에서의 활동이 문제가 많이 되었는데 21세기에 들어 국제화의 진전에 따라 다국적 기업의 영향력이 더욱 커졌고 이에 따라 OECD 등에서 보다 실효성이 있는 규제 방안 등이 논의되었으나 큰 진전은 없었다. 다만 UN에서도 다국적 기업에 관한 규제 필요성이 제기되어 다국적 기업뿐만 아니라 모든 기업에 적용되는 UN협약(UN Global Compact) 등이 채택된 정도의 진전이 있었다.

국제기구에서 채택된 기업의 활동을 규제하는 선언이나 권고는 강제성이 없다는 특징이 있다. 다국적 기업을 포함한 모든 기업은 그들의 기업 활동에 있어서의 어떠한 규제도 반대한다. 국제화 및 개방화의 진전에 따라 국내에서의 기업 활동도 규제가 축소되는 것이 일반적인 상황에서 기업 활동에 대한 규제를 법적으로 강제하는 것은 현실적으로 어렵기 때문이다. 국제기구의 권고나 규정은 강제성이 없다는 점이 그 실효성 측면에서는 약점이다.

그러나 노동분야를 포함한 기업의 사회적 책임(Corporate Social Responsibity)이 강조되는 추세 속에서 기업의 사회적 책임 노력과 실천사항을 측정하고 평가하는 범국제적인 체계가 점차 형성되어가고 있는 점을 주목하여야 한다. 특히 2005년을 기점으로 UN의 Global Compact에 가입하는 기업이 늘어났다. 2005년 3월 엘살바로드에서 사회적 책임의 국제표준을 제정하기 위한 ISO 26000 개발 1차 실무자회의가 개최되었기 때문이다. UN Global Compact가 지속가능 발전을 촉진하는 수단으로 ISO 26000을 지지하였고 그 이후 ISO와 UN Global Compact는 양해각서를 제출하였다.

| 그림 13-1 | UN Global Compact 가입 경향(2007. 8. 31)

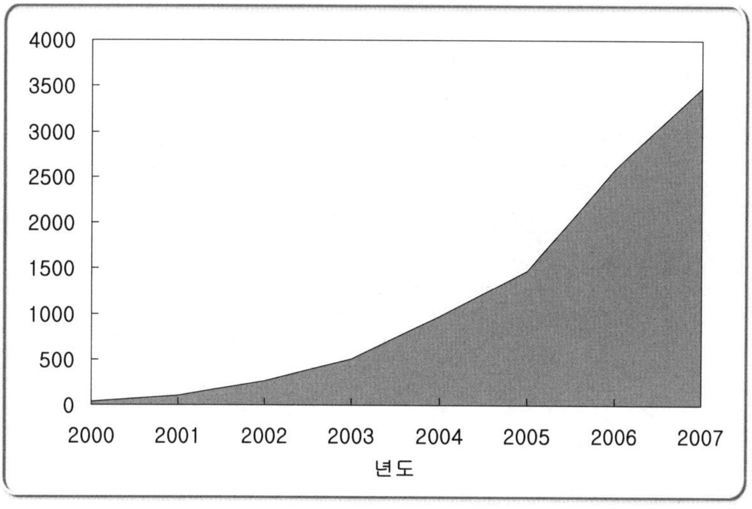

| 자료 : 김종열(2007)의 그림 1에서 재인용.

한편 국제화 및 정보화 시대의 다국적 기업들은 스스로를 규제하고 국제사회에서 요구하는 틀에 자신들의 기업 활동을 부합시키려는 노력을 하고 있다. 예를 들어, 협력회사의 아동노동 착취 문제로

큰 위기에 봉착하였던 나이키(Nike)는 이익을 창출하는 지속가능한 기업 성장을 모토로 하고 기업의 사회적 책임을 전통적인 기업 활동과 통합하려는 방향으로 기업 활동의 운영 기조를 바꾸었다.

기업의 인사노무관리 활동의 규제와 관련된 국제기구에서의 논의 및 권고, 노동분야의 사회적 책임과 관련된 비영리 국제기구의 주요 활동은 아래와 같다.

가. 근로에 있어서 기본원칙과 권리에 관한 ILO 선언[2)]

근로자들의 권리를 보호하기 위한 여러 국제기구에서의 논의 및 권고 내지 결의 내용을 보면 대체적으로(그 이전에 채택된 여러 국제기구에서의 결의나 권고를 포함하여) 1998년에 ILO 제 86차 총회에서 채택된 「노동에서의 기본원칙과 권리에 관한 ILO 선언」(ILO Declaration on Fundamental Principles and Rights at Work)에 규정된 핵심협약을 그 내용으로 하고 있다.

ILO 핵심협약에 포함한 근로자의 4대 노동권은 다음과 같다.

- 결사의 자유 및 단체교섭권 보장
- 모든 형태의 강제노동 철폐
- 아동노동의 효과적 철폐
- 고용과 직업상 차별철폐

---

2) 국제기구에서의 다국적 기업 활동에 관한 규제와 관련된 결의의 내용에 대한 번역은 김인재(2005)에서 발췌하여 요약하였다.

나. OECD 다국적 기업 가이드라인

다국적 기업의 활동에 대한 규제와 관련된 국제기구의 논의가 구체적으로 현실화된 첫 번째 경우인 OECD의 다국적 기업의 활동에 대한 가이드라인은 1976년 다국적 기업들이 지나치게 강해지고 있다는 우려가 있은 후 채택되었다. 그 중 특히 우려가 된 점은 개발도상국에 소재한 OECD국가들의 다국적 기업 행태였다.

가이드라인은 이를 준수하기로 한 국가에 기반을 둔 기업들에 대한 좋은 기업 행태(good corporate behavior)를 위한 권고의 성격을 가지고 있다. 이를 준수하기로 한 국가들은 30개의 OECD회원국과 아르헨티나, 브라질, 칠레이다. 한국도 2000년 12월에 수락하였다.

그러나 가이드라인이 구속력이 없기 때문에 그 실효성에 의문이 제기되어 왔는데, OECD 다자간 투자협정(MAI)의 채택이 실패로 돌아가 OECD와 정부들에 대한 신뢰성이 저하되자 가이드라인의 '부활(re-awakening)' 국면이 전개되었다. OECD는 1998년 가이드라인에 대한 검토를 시작하여 2000년 6월 30개의 OECD국가들과 아르헨티나, 브라질, 칠레는 보다 효과 있는 이행 절차를 갖춘 새로운 가이드라인을 채택하였다.

다국적 기업 가이드라인은 '고용 및 노사관계'의 장(제4장)에서 "다국적 기업은 법령과 노사관계 및 고용에 관한 일반적인 관행의 기본틀 안에서 아래의 사항을 이행하여야 한다"고 규정하고 있다.

－① 기업은 노동조합 또는 근로자대표에 의해 대표되는 근로자

의 권리를 존중하여야 하고, 고용조건에 관하여 이들 대표와 개별적으로 또는 사용자단체를 통해 협상에 임하여야 한다. ② 기업은 아동노동을 실효성 있게 금지시켜야 한다. ③ 기업은 모든 형태의 강제근로를 근절시켜야 한다. ④ 기업은 근로자의 인종, 피부색, 성별, 종교, 정치적 신조, 국적, 사회적 신분 등을 이유로 고용 또는 직무에 있어서 근로자를 차별하여서는 아니 된다.

- ① 기업은 효과적인 단체협약의 진행을 지원하는 데 필요한 편의를 근로자대표에게 제공하여야 한다. ② 기업은 고용조건에 대한 효과적인 협상을 위하여 필요한 정보를 근로자대표에게 제공하여야 한다. ③ 기업은 상호 관심사항에 대하여 근로자들 또는 근로자대표 간의 협력・협의를 촉진하여야 한다.
- 기업은 근로자 및 그 대표들로 하여금 개별 사업장의 성과나 필요한 경우 당해 기업 전체의 성과에 대해 사실적이고 공정한 견해를 가질 수 있도록 이들에게 정보를 제공하여야 한다.
- ① 기업은 진출국의 상응한 사용자가 준수하는 기준보다 불리하지 않은 고용 및 노사관계 기준을 준수하여야 한다. ② 기업은 직업상 건강과 작업중의 안전을 보장하기 위한 적절한 조치를 취하여야 한다.
- 기업은 가능한 한 최대로 현지의 인력을 채용하고, 근로자대표 및 적절한 경우 관련 정부 당국과 협력하여 숙련도를 향상시키기 위한 훈련을 제공하여야 한다.
- 기업은 근로자들의 생계에 중대한 영향을 미치게 될 정리해고

를 수반하는 사업장의 폐쇄를 검토할 경우에 그 내용을 근로자대표와 관계 정부 당국에 합리적으로 통보해야 하며, 발생할 수 있는 부정적인 영향을 최대한 줄이기 위해 근로자대표 및 적절한 정부 당국과 협력하여야 한다. 경영진은 최종 결정을 내리기 전에 그 통보를 하여야 한다. 그 결정에 따른 영향을 완화하기 위한 실질적인 협력을 제공하기 위하여 다른 방법을 이용할 수도 있다.

- 기업은 고용조건에 대해 근로자대표와 성실한 협상을 진행중이거나 근로자들이 단결권을 행사하고 있는 동안에는, 그러한 협상에 부당하게 영향을 행사하거나 단결권의 행사를 방해할 목적으로 작업부서의 전부 또는 일부를 당해 국가로부터 이전하겠다고 위협하거나 근로자들을 당해 기업의 일정 사업장에서 다른 나라로 전근시키겠다고 위협해서는 아니 된다.
- 기업은 권한을 부여받은 근로자대표와 단체교섭이나 노사관계 문제에 대해 협상할 수 있어야 하고, 당사자들에게 상호 관심사항에 결정 권한을 가진 경영진대표와 협의하도록 허용하여야 한다.

다. 다국적 기업과 사회정책에 관한 ILO 삼자선언

1960년대와 1970년대에 걸쳐 다국적 기업들의 활동에 대한 논란이 커지자 ILO 제204차 이사회(1977. 11. 16)는 「다국적 기업과 사회정책에 관한 ILO 삼자선언」(ILO Tripartite Declaration Concerning

Multinational Enterprises and Social Policy. 이하 〈ILO 다국적기업 선언〉이라 함)을 채택하였다. 이 선언은 2000년 11월 제279차 ILO 이사회에서 개정되었다.

〈ILO 다국적기업 선언〉 1년 전에 채택된 「OECD다국적기업 가이드라인」을 한 단계 발전시킨 것으로서, 보편성과 노사정 3자 접근방법을 가장 큰 특징으로 하고 있다. 총 59개 항으로 구성된 이 선언은 다국적 기업, 정부, 노사단체들에 대한 자발적 행동강령이자 지침의 성격을 띠고 있으며, 서문, 총칙, 고용(고용촉진, 균등한 기회 및 대우, 고용안정), 직업훈련, 근로 · 생활조건(임금 및 근로조건, 최저연령, 안전 · 보건), 노사관계(결사의 자유, 단체교섭, 노사협의, 고충처리, 노사분쟁해결) 분야를 망라하고 있다.

이 선언은 또한 법적 구속력은 없지만, ILO의 협약과 권고들의 기본원칙을 정부 이외에 기업 등과 같은 다른 사회분야에도 적용할 수 있다는 데 그 의의가 있다. 이 선언은 「OECD 다국적기업 가이드라인」의 고용 · 노사관계 규정과 상호보완적인 관계에 있다고 할 수 있다.

라. UN 세계협약(Global Compact)

UN 세계협약(The United Nations Global Compact, 이하 '세계협약')은 1999년 1월 세계경제포럼(스위스 다보스)에서 코피 아난 UN 사무총장에 의하여 제안되어 2000년 7월에 채택된 대표적인 기업의 행동규범이다. 이 협약은 인권, 노동기준, 환경, 부패방지의 4개

분야에서 기업들이 이행하여야 할 10개의 원칙으로 구성되어 있으며, 기업 및 경영계의 시민정신(citizenship)에 호소한다는 특징을 갖고 있다. 이 10개 원칙은 각각 세계인권선언(1948년), ILO 근로자 인권선언(1998년), 리우 환경개발선언 및 UN 반부패협약에 기초하고 있다.

UN 세계협약은 강제적이나 규제적 성격이 아닌 자발적 성격을 가진다. 그러나 세계협약에 동의(참여)한 기업은 그 내용을 실천하여야 하며, 연차보고서나 자사 홈페이지를 통해 세계협약의 이행상황을 대외적으로 공개하여야 한다. 다만, 협약의 준수에 대한 구체적 행동이 기업의 자율에 맡겨져 있으며 행동 결과를 평가・측정하는 수단이 없기 때문에 어떻게 실효성을 확보할 것인가가 과제로 되어 있다.

2007년 8월 현재 세계적으로 3,484여 개 기업들이 UN 세계협약에 참여하고 있으며, 그 숫자는 계속 늘어나고 있다고 한다.[3] 한국에서 2007년 9월 Globla Compact 협회가 설립되어 약 100여 개의 기업이 가입되어 있다. 기업들의 참여를 촉진하기 위하여 인권분야는 인권고등판무관실(HCHR), 노동분야는 국제노동기구(ILO), 환경분야는 UN 환경계획(UNEP)이 각각 네트워크를 형성하여 그 업무를 분담하고 있다. UN과 기업의 파트너십 형성을 주된 목표로 하고 있으며, 노동단체 및 NGO는 강하게 개입하지 않고 있다.

세계협약의 10개 원칙 중 노동기준 분야의 내용은 다음과 같다.

3) 한국경총, 『기업의 사회적 책임이란 무엇인가』, 2004, 73면 참조.

- 기업은 결사의 자유와 실효성 있는 단체교섭권의 승인을 지지하여야 한다.
- 기업은 모든 형태의 강제노동의 배제를 지지하여야 한다.
- 기업은 아동노동의 실효성 있는 폐지를 지지하여야 한다.
- 기업은 고용과 직무에 있어서 차별의 배제를 지지하여야 한다.

마. UN 인권위원회의 인권에 관한 다국적 기업 책임 규범

UN 경제사회이사회 산하 인권위원회 소위원회는 국제적인 경영자단체와 ILO 등의 국제기구 등의 의견을 청취하여 2003년 8월 26일 「인권에 관한 다국적기업과 기타 기업의 책임에 관한 규범」(Norms on the responsibilities of transnational corporations and other business enterprises with regard to human rights)을 채택하였다.

UN 규범은 기업이 준수할 법적인 의무는 없지만 해당 국가의 정부를 통하여 지켜지도록 하고 있다. 또한 UN의 인권위원회가 감시하여 위반 기업이 있은 경우에는 위반 여부를 문제 삼을 수 있다.

근로자의 권리에 관한 조항에는 다음이 포함되어 있다.

- 기업은 관련 국제문서, 국내법, 국제인권법 및 국제인도법에서 금지하고 있는 강제적인 또는 의무적인 노동을 사용하지 아니한다.
- 기업은 관련 국제문서, 국내법, 국제인권법 및 국제인도법에서 금지하고 있는 경제적 착취로부터 보호되는 아동의 권리를 존중한다.

－기업은 관련 국제문서, 국내법, 국제인권법 및 국제인도법에서 규정하고 있는 안전하고 건강한 근로환경을 제공한다.

－기업은 근로자와 그 가족이 적절한 생활수준을 확보할 수 있는 보수를 근로자에게 제공한다. 당해 보수는 근로자와 그 가족의 적정한 생활조건의 필요성을 적정하게 고려하여 점진적으로 향상되도록 한다.

－기업은 국내법과 ILO의 관련 협약들에 규정되어 있는 바와 같이, 근로자가 자신들의 고용상의 이익 보호 기타 단체교섭의 목적을 위하여 차별, 사전승인 또는 간섭을 받지 않고 스스로가 선택한 조직을 설립하고 오직 당해 조직의 규약에 의해서만 이에 가입하는 권리를 보호함으로써 결사의 자유 및 단체교섭권의 실효적 승인을 보장한다.

바. Fair Labor Association[4)]

Fair Labor Association(FLA)은 국제노동기준을 산업현장에서 실천시킴으로써 작업장 조건을 전세계적으로 개선시킬 목적으로 기업, NGO, 학교 등이 결합하여 결성한 비영리 조직이다.

FLA의 기준(Code of Conduct)을 적용하고자 하는 기업과 해외의 협력 공장들이 이 FLA 기준을 잘 준수하도록 지원하고 이 기준을 충족하는 경우 인증을 하여 주고 FLA 활동의 결과를 연례보고서 형태로 발간하여 일반 대중에게 공개한다

---

4) 박영범・김훈(2005)의 일부 내용을 전제. www.fairlabor.org 참조.

FLA에 참여하고 있는 다국적 기업은 현재 16개로서 AdidasSalomon, Asics, Eddie Bauer, Gear for Sports, Gildan Activewear, Liz Claiborne, New Era Cap, Nordstorm, Nike, Outdoor Cap. Patagonia, Phillips · Van Heusen, Puma, Reebok, Nike, Top of the World, Zephyr Graf · X를 포함하고 있다.

미국의 대학들은 자신들의 로고가 담긴 스포츠 의류의 생산이 적절한 작업환경에서 생산되고 있는지를 감시하기 위해 1997년부터 FLA에 참여하여 왔다. 17개의 대학에서 시작하여 현재 하버드 등 191개 대학이 참여하고 있다.

전 세계의 많은 NGO와 노동조합 들이 참여하고 있는데, 이들이 생산공장이 FLA 기준을 준수하고 있는지를 점검하는 역할을 주로 맡는다. 참여하고 있는 NGO 및 노동조합은 Cambodian Labour Organization, Centre for Labor Research and Union Consultation(CILAS, 멕시코), Baidaire(파키스탄), Community Awareness Research Education (CARE, 인도), Consumer Federation America, COVERCO(과테말라), Federation of Free Workers(필리핀), GMIES(엘살바도르), International Labor Rights Fund(미국) 등이다.

FLA 기준은 9개로 구성되어 있다.

- 강제노동(Forced Labor) 금지: 어떠한 형태의 강제노동도 금지된다. 죄수, 채무자, 밀입국 이주근로자를 이용하여서는 아니된다.
- 유아노동(Child Labor) 금지 : 만 15세 미만의 유소년 노동(해당

국의 법이 허용하는 경우 14세)은 원칙적으로 금지된다. 의무교육 대상 연령이 15세보다 높은 경우 의무교육 연령보다 낮은 근로자를 고용하여서는 아니된다.

－희롱(Harassment) 혹은 착취(Abuse) 금지

－비차별(Discrimination)

－보건・안전(Health & Safety) : 회사는 근로자가 기본적인 보건・안전을 확보할 수 있는 노동환경을 조성하여야 한다. 산업재해를 방지할 수 있는 조치를 취하여야 한다.

－단체교섭(Freedom of Association & the Right to Collective Bargaining) 보장

－처벌(Disciplinary Practices) : 신체적인 징벌, 정신적 및 육체적 강요를를 하여서는 아니된다.

－임금 및 부가임금(Wages and Benefits) : 임금은 법으로 정해진 기준이나 해당 산업 기준에 부합되고, 근로자의 기본적인 필요를 취할 수 있는 정도로 충분하여야 한다.

－근로시간(Working Hours) : 법정근로시간 또는 주당 48시간과 주 12시간의 연장근로 중 어느 한 기준보다 장기간근로를 시킬 수 없다. 그와 같은 법적 기준이 없는 나라의 경우 통상적인 정상근로시간과 주 12시간의 연장근로 이상을 근로시킬 수 없다. 또한 적어도 1주에 1일의 휴일을 부여하여야 한다.

－잔업수당(Overtime Compensation): 잔업을 시키는 경우 법에 정한 잔업수당을 지급하여야 한다. 그와 같은 법적 기준이 없는 나라는 적어도 정상근로시간에 지급한 시간당 임금만큼을 지급

하여야 한다.

사. Social Accountability International(SAI)[5]

SAI는 사회적으로 책임 있는 기준을 발전시키고 실행함으로써 작업장과 지역사회를 개선시키는 것을 목적으로 하는 비영리 민간기구(NGO)이다.

SAI의 주요 활동은 사회적 책임에 부합하는 기준 개발 및 기준에 근거한 생산시설 인증 , 비용・수익분석 연구, 검사자(Auditor)에 대한 인증. 훈련 및 기술적 지원 및 다국적 기업의 협력 하청공장의 사회적 책임 제고에 대한 지원 등을 포함한다.

SAI는 1997년부터 SA 8000(Social Accountability 8000)란 인증제도를 시행하였는데 ILO와 UN 협약에 기준하여 작업장이 사회적 책임에 부합되는 노동환경을 갖추고 있는지의 여부를 측정하여 평가하고 인증하여 주는 것이다.

SAI의 인증을 받은 시설은 45개 나라의 50개 산업에 분포하여 있다. 주로 중남미, 베트남, 중국에서 활동이 활발하다.

SAI는 기업뿐 아니라 NGO, 노동조합 등과 적극 협력하고 있다. 협력관계에 있는 NGO는 Amnesty International, C.A.R.E 등이다. 또한 노동조합과도 협력관계를 유지하고 있다. 자문단의 구성원은 National Child Labor Committee(미국), Union Network International (스위스), Abrinq Foundation for Children's Rights(브라질), International

5) 박영범・김훈(2005)의 일부 내용을 전제. www.sa・infl.org 참조

Textile, Garment & Leather Workers Federation(벨기에), Institute of Contemporary Observation(중국), Amnesty International (미국), Maquila Solidarity Network(캐나다) 등이다. NGO 및 국제노동단체와의 협력관계는 SAI의 활동에 매우 중요한데, 기업의 생산시설의 점검 및 검사에 이들 네크워크가 활용되기 때문이다.

SA 8000은 ILO 협약 및 UN의 인권선언(Universal Declaration of Human Reights) 및 어린이권리협약(Convention on Rights of the Child)에 근거하여 만들어졌는데 다음의 9가지 요건으로 구성되어 있다.

- 유아노동(Child Labour/Young Worker) : 만 15세 미만의 유소년 노동(예외적으로 14세 미만도 적용되는 분야가 있음)은 원칙적으로 금지된다. 의무교육 대상에 해당되는 근로자에게 학교수업시간에 업무를 하도록 해서는 아니된다. 또한 만 18세 이하의 근로자는 1일 10시간을 초과해서는 아니된다.
- 강제노동(Forced Labour) : 본인의 의사와 관계없이 이루어지는 강제노동은 금지된다. 또한 취업을 조건으로 근로자에게 보증금을 요구하여서는 아니되고, 신분증 · 여권 등을 강제로 보관하여서는 아니된다.
- 보건 · 안전(Health & Safety) : 회사는 근로자가 기본적인 보건 · 안전을 확보할 수 있는 노동환경을 조성하여야 한다. 산업재해를 방지할 수 있는 조치를 취하여야 한다. 정규적으로 산업안전 · 보건 관련 훈련을 실시하여야 한다. 청결한 화장실과 음료수를 제공하여야 한다.
- 단체교섭(Freedom of Association & the Right to Collective

Bargaining) : 근로자의 자유로운 의사에 의한 단결권과 단체교섭권을 보장하여야 한다. 법이 노동3권을 금지하는 경우 이에 상응하는 단체의 결성과 단체협의를 활성화시키는 조치를 취하여야 한다.

– 차별(Discrimination) : 인종, 국적, 종교, 성별, 사상 등을 이유로 근로자의 고용, 보상, 교육, 승진 등에 있어서 차별이 이루어져서는 안된다. 성희롱이 있어서는 아니된다.

– 처벌(Disciplinary Practices) : 신체적인 징벌, 정신적 및 육체적 강요를 하여서는 아니된다.

– 근로시간(Working Hours) : 법정근로시간 또는 주당 48시간 중보다 적은 쪽을 기준으로 하며, 연장근로는 주12시간을 초과할 수 없다.

– 보상(Compensation/Wages) : 임금은 법으로 정해진 기준이나 해당 산업 기준에 부합되고 근로자와 가족의 기본적인 필요를 취할 수 있는 정도로 충분하여야 한다. 처벌을 이유로 임금을 삭감할 수 없다.

– 관리시스템(Management System) : SA 8000 인증을 받고 유지하기 위해서는 단순히 준수가 아닌 전체 관리제도 속에 SA 8000을 통합하는 방식으로 관리제도를 운영하여야 한다.

기업이 SA 8000을 활용할 수 있는 방법은 두 가지인데, 하나는 생산시설만을 가지고 있는 기업을 위한 것이고, 다른 하나는 생산시설이 없거나 생산시설과 함께 판매도 하는 기업(즉, 협력 하청 공장을 가지고 있는)을 위한 것이다.

생산시설만을 가지고 있는 경우 SAI에 의해 공인된 검사기관에 의해 SA 8000 인증 절차를 거쳐 인증을 받는 것이다.

생산시설이 없거나 생산시설과 함께 판매시설도 가지고 있는 기업을 위한 프로그램은 SA 8000 Corporate Involvement Program(CIP)인데 두 단계로 이루어진다. 첫 번째 단계인 탐색단계인 SA 8000 Explorer에서는 시험적으로 SA 8000을 검증할 수 있다. 두 번째 단계인 SA 8000 Signatory 단계에서는 협력 하청공장의 일부 혹은 전부에 대해 점진적으로 인증 절차를 실행하고 SAI가 인정한 공청회를 통해 관계당사자에게 진행 정도를 알린다.

SA 8000 인증은 1997년에 시작되었고, SA 8000CPI는 1998년에 시작되었다.

아. ISO 26000

국제표준화기구(ISO)는 전 세계에 통용될 수 있는 사회적 책임의 지침을 제시하기 위한 국제표준을 2010년 완료를 목표로 제정 중에 있다.

국제표준화기구(ISO)는 2005년 3월 제1차 실무회의에서 이해관계자를 소비자, 정부, 산업, 노동, 비정부기구, 기타로 분류하기로 결정했다. 즉 ISO는 기업의 사회적 책임(Corporate Social Responsibity)을 사회적 책임으로 확대하여 Social Responsibility(SR)로 재규정하고 CSR이 추구하는 목표가 기업의 일방적 실행에 의해 달성될 수 없다고 보고 있다.

ISO 26000은 ISO에 의해 개발되고 있지만 인증 형식으로는 가기가 쉽지 않을 전망이다. 현재 통용되고 있는 다른 분야의 인증시스템에 대한 소비자들의 불신 때문이다. ISO Committee on Consumer Policy는 기업에 의해 제시되는 정보의 검증은 일반적인 감사나 검증, 인증 회사에 의해 이루어져서는 아니 되며 NGO 및 다른 이해관계자가 참여하는 새로운 형태의 조직에 의해 수행되어야 한다고 주장하고 있다.

노동분야는 인권 및 노동관행 부분에 분류되어 있는데 ISO SR 초안에 나타난 항목은 다음과 같다(이장원, 2007)

- 국내법과 규약 준수 및 노동자의 권리에 대한 국제규약 고려
- 단체협약 준수
- 기준 연령 이하의 아동고용 금지
- 위험한 작업에 18세 이하 청소년 고용 금지
- 여성노동자를 위한 아동보호시설
- 인종, 성, 종교, 피부색, 정치적 신념, 민족, 사회적 신분에 따른 차별을 금지하는 내부 정책 및 규정
- 협력회사(Supply Chain)의 인권 침해에 공모하지 않음.
- 노동자의 권익과 단체협약 권리보호를 위한 단체 결사의 자유와 노조 설립 및 가입 권리
- 강제노동 및 담보 노동 금지
- 조직의 인권보호 존중과 책임

노동계는 CSR이 기업의 지배구조나 분식회계 등 본질적인 문제에 대해 면죄부를 주는 방편으로 악용될 수 있다는 것에 대해 회의의 시각을 보내고 있는데 이 점을 고려하여 노동기본권 고려시 세계인권선언, 노동권의 기본원칙과 권리에 대한 ILO선언, ILO협약 29조, 87조, 98조, 100조, 105조, 111조, 138조, 182조, UN Global Compact, OECD 다국적기업 가이드라인, 국제인권장전을 반드시 참조하도록 규정되어 있다.

자. Global Reporting Initiatives[6)]

GRI는 국제적으로 표준화된 지속가능 보고서를 개발하고 보급하는 것을 목표로 하는 비정부기구이다. 직원은 25명 정도이나 수천명의 개인 및 기관들이 가이드라인(Reporting Framework)의 개발 및 발전 과정에 참여하는 네트워크가 GRI의 강점의 하나이다. 2007년 현재 50여 개국의 470개 기관이 기관주주(organizational stakeholder)로서 참여하고 있으며 전 세계적으로 1,000여 개의 기관이 지속가능 보고서를 GRI 가이드라인으로 작성하고 있다.

1997년 미국 보스톤 소재 NGO인 CERES에 의해 시작되어 1999년 UN산하 환경전문기구인 UNEP가 글로벌 파트너로 참여하여 지속가능보고서 가이드라인의 초안을 제시하고 20개의 기관이 최초의 지속가능보고서를 발간하였다. 2002년에 CERES로부터 GRI가 분리 독립되었으며 2006년 현재 활용되고 있는 G3 가이드라인이 제시되

---

6) 보다 자세한 논의는 www.globalreporting.org 참조.

었다.

노동지표는 고용(Employment), 노사관계(Labor/Management Relations), 보건와 직업안전(Occupational Health and Safety), 훈련과 교육(Training and Education), 다양성과 동등기회(Diversity and Equal Opportunity)로 구분된 14개 세부지표로 구성되어 있다.

－고용은

LA1(고용형태, 계약형태 및 지역에 따른 근로자 구성)

LA2(연령, 성, 지역에 따른 근로자 수 및 이직률)

LA3(주요 사업부문별로 정규직(full・time employees)에게는 부여하나 임시직이나 파트타임 근로자에게 부여하지 않는 혜택)으로 구성됨.

－노사관계는

LA4(단체협약의 적용을 받은 근로자의 비율),

LA5(주요한 조직 변화시 통보하여야 하는 사전 기간 및 단체협약에 규정되어 있는지의 여부)로 구성됨.

－보건 및 산업안전은

LA6(보건 및 산업안전 관련 활동을 감시하고 자문하는 노사공동위원회에 의해 대표되는 근로자의 비율),

LA7(지역에 따른 재해율, 재해로 인한 근로손실일수, 결근일수, 중대재해자 수),

LA8(직원, 직원 가족 및 지역사회 주민을 지원하기 위한 위험방지 프로그램, 교육, 훈련 등),

LA9(노조와의 단협에 포함된 보건 및 산업안전 조항)을 포함함.

－훈련 및 교육은

LA10(근로자 형태별로 연간 1인당 훈련시간),

LA11(근로자의 계속고용을 지원하기 위한 숙련형성 및 생애교육프로그램 및 퇴직시 지원프로그램),

LA12(정규적으로 성과 및 경력개발 검토를 받는 근로자의 비율)으로 구성됨.

－다양성 및 동등 기회는

LA13(이사회 구성 및 성, 연령, 마이너러티 및 다른 다양성 지표에 의해 분류된 근로자),

LA14(근로자 형태별 여성 대비 남성의 기본임금 비율)로 구성됨.

2. CRS 확산 추세가 한국 기업에 주는 시사점

노동분야 CSR의 내용을 보면 다국적 기업의 CSR이 강조되는 추세는 특히 한국 해외진출기업에 상당한 영향을 미칠 것으로 전망된다.

OECD 다국적기업 가이드라인, UN Global Compact, FLA, SA8000, ISO26000 등 모든 CSR의 지표에 포함되는 기준들은 공통적으로 강제노동을 철폐하고, 최저 노동연령 등 법에 정한 근로기준을 보장하여야 주여야 한다는 것이다. 특히 근로자들의 단결권과 단체교섭권의 보장이 기업이 어느 정도 사회적 책임을 완수하는 것을 측정하는 주요 지표의 하나이다.

| 표 13-1 | 노동분야 CSR의 주요 내용

OECD 다국적기업 가이드라인	· 결사의 자유 및 단체교섭권 보장 ; · 모든 형태의 강제노동 철폐 ; · 아동노동의 효과적 철폐 ; · 고용과 직업상 차별철폐 ; · 단체교섭 지원 및 정보 제공 의무 ; · 법에 정한 근로기준 준수 ; · 현지 근로자 고용 및 훈련 제공 ; · 정리해고시 적절한 조치 의무
다국적기업과 사회정책에 관한 ILO 삼자선언	· 고용촉진, 균등한 기회 및 대우, 고용안정 ; · 적절한 직업훈련 제공 ; · 법에 정한 임금 및 근로조건 준수 ; · 근로자 채용시 최저연령 준수 ; · 적절한 안전·보건기준 준수 및 근로자대표와 협의 ; · 결사의 자유 및 단체교섭 보장 ; · 노사협의, 고충처리, 노사분쟁해결 구축
UN세계협약 (Global Compact)	· 결사의 자유 및 단체교섭권 보장 ; · 모든 형태의 강제노동 철폐 ; · 아동노동의 효과적 철폐 ; · 고용과 직무상 차별철폐
UN 인권위원회의 인권에 관한 다국적기업 책임 규범	· 기업은 강제적인 또는 의무적인 노동을 사용하지 아니한다 ; · 기업은 경제적 착취로부터 보호되는 아동의 권리를 존중한다 ; · 기업은 안전하고 건강한 근로환경을 제공한다 ; · 기업은 근로자와 그 가족이 적절한 생활수준을 확보할 수 있는 보수를 근로자에게 제공하며 점진적으로 향상되도록 한다 ; · 기업은 결사의 자유 및 단체교섭권의 실효적 승인을 보장한다 ;

Fair Labor Association	· 강제노동 금지 ; · 아동노동 금지 ; · 희롱(Harassment) 혹은 착취(Abuse) 금지 ; · 비차별(Discrimination) ; · 기본적인 보건 · 안전을 확보할 수 있는 노동환경을 조성 ; · 단결권과 단체교섭권 보장 ; · 신체적인 징벌, 정신적 및 육체적 강요 금지 ; · 법정 기준 이상의 적정수준 임금 및 부가임금(Wages and Benefits) 보장 ; · 잔업에 대한 제한 ; · 잔업수당 지급
SA8000: Social Accountability International (SAI)	· 아동노동 금지 ; · 강제노동 금지 ; · 적절한 보건 · 안전조치 의무 ; · 단결권과 단체교섭권 보장 ; · 차별 금지 ; · 신체적인 징벌, 정신적 및 육체적 강요 금지 ; · 잔업에 대한 제한근로시간 ; · 법에 정한 이상의 적정수준 임금 보장
ISO26000	· 국내법과 규약 준수 및 노동자의 권리에 대한 국제규약 고려 ; · 단체협약 준수 ; · 기준 연령 이하의 아동고용 금지 ; · 위험한 작업에 18세 이하 청소년 고용 금지 ; · 여성노동자를 위한 아동보호시설 ; · 인종, 성, 종교, 피부색, 정치적 신념, 민족, 사회적 신분에 따른 차별을 금지하는 내부 정책 및 규정 ; · 협력회사(Supply Chain)의 인권침해에 공모하지 않음 ; · 결사의 자유와 노조 설립 및 가입 권리 보장 ; · 강제노동 및 담보 노동 금지 ; · 조직의 인권보호 존중과 책임

Global Reporting Initiatives	· 고용: 고용형태, 계약형태 및 지역에 따른 근로자구성, 연령, 성, 지역에 따른 근로자 수 및 이직률, 주요 사업부문별로 정규직(full time employees)에게는 부여하나 임시직이나 파트타임 근로자에게 부여하지 않는 혜택) ; · 노사관계: 단체협약의 적용을 받은 근로자의 비율, 주요한 조직변화 시 통보하여야 하는 사전 기간 및 단체협약에 규정되어 있는지의 여부 ; · 보건 및 산업안전: 보건 및 산업안전 관련 활동을 감시하고 자문하는 노사공동위원회에 의해 대표되는 근로자의 비율, 지역에 따른 재해율, 재해로 인한 근로손실일수, 결근일수, 중대재해자수, 직원, 직원 가족 및 지역사회 주민을 지원하기 위한 위험방지 프로그램, 교육, 훈련 등, 노조와의 단협에 포함된 보건 및 산업안전 조항 · 훈련 및 교육: 근로자 형태별로 연간 1인당 훈련시간, 근로자의 계속고용을 지원하기 위한 숙련형성 및 생애교육 프로그램 및 퇴직 시 지원프로그램, 정규적으로 성과 및 경력개발 검토를 받는 근로자의 비율 ; · 다양성 및 동등기회: 이사회 구성 및 성, 연령, 마이너리티 및 다른 다양성 지표에 의해 분류된 근로자, 근로자 형태별 여성 대비 남성의 기본임금 비율

국내에서 주로 활동하는 기업의 경우 한국 노조활동이 활발하고 한국의 근로감독 및 산업보건 행정이 선진국 수준임을 고려하면 (무노조 경영을 지향하는) 일부 대기업을 제외하면 노동과 관련된 현재 국제적으로 논의되는 수준에서의 CSR의 준수는 별 문제가 없다. 그러나 노정 간의 갈등이 여전한 한국의 노사관계 현실에서 노동운동이 노동분야 CSR을 한국적 의미로 재해석하여 쟁점화할 가능성은 있다.

그러나 해외투자 한국 기업들은 사정이 다르다. 해외투자가 본격화된 1980년대 말부터 해외투자 한국 기업들의 부실한 노무관리 및

노조 불인정이 국제 이슈(issue)화 되었고 현재에도 아직 개선될 점이 많기 때문이다(| 표 13-2 | 참조).

| 표 13-2 | 필리핀 진출 기업에서 현지인 근로자들의 인권 및 의사소통 관련 불만 요소

▍인권과 관련된 불만요소

- 다른 사람 앞에서 큰소리로 야단침. 수치심이나 치욕주기
- 일과 상관없이 자존심 손상
- 신체적·정신적 가혹행위와 학대
- 성희롱을 포함한 성적 학대
- 과다한 근무시간

▍의사소통과 관련된 불만요소

- 한국 직원과 현지인의 불분명한 언어소통으로 인해 생긴 문제에 대한 책임 전가
- 언어소통으로 생긴 문제를 직급으로 해결하려고 할 때
- 알아들을 수 없는 한국말로 험담 및 욕설

▍자료 : 박영범 · 우석훈(2004b).

모든 많은 노동단체나 NGO들은 한국 해외진출기업, 특히 저임금의 중국, 동남아시아, 남미 등에 투자한 노동집약적 중소제조업체들의 현지 근로자에 대한 비인격적 대우, 노조결성 방해 등을 이유로 ILO 등 국제기구에 제소하여 한국 대외 이미지에 상당히 부정적인 영향을 미쳤다(| 상자 13-1 | 참조). 한국 노동단체들도 해외진출기업의 노무관리에 대한 개선방안을 수립할 것을 정부에 촉구하고 있다.

| 상자 13-1 | 결사의 자유를 침해하였다는 이유로 ILO에 제소당한 엘살바도르 진출 D사의 사례

한국 진출기업이 18개밖에 되지 않는 엘살바도르에서 1개의 중소기업에서의 노동조합의 결성을 둘러싼 노사갈등으로 한국의 해외진출 기업의 이미지를 상당히 훼손시킨 대표적인 사례이다.

1999년 11월 20일, 38명의 D사 근로자들이 노조를 결성하고 1999년 11월 22일, 노조설립신고에 필요한 일체의 서류를 노동부에 제출하자, 회사는 당일부터 해고를 시작하여 12월 3일까지 조합간부를 포함한 56명의 근로자 해고하였다. D사에서는 대체인력을 모집, 해고근로자들 중 일부는 흩어져 가정으로 돌아가거나 다른 봉제공장에 취직하였다.

그러나 핵심 조합간부 및 설립자 30명은 집단 활동을 개시하고 노동부에 고발하였다. 노동부는 해고된 30명의 근로자에 대한 즉시 원직 복귀, 해고기간 동안 100% 임금지급, 향후 이에 대한 보복이나 차별이 없을 것, 근로자들에게 지급된 해고수당은 근로자들의 소유로 함, D사에 대하여 GMIES가 독립적으로 감시할 것을 결정하였다.

- 노조가 이길 수 있었던 것은 미국 및 캐나다 학생단체들의 전폭적 지원이 있었기 때문이다. 실제로 펜실베니아대학에서 연좌농성이 있은 다음날 근로자와 D사 간의 첫 번째 협상이 이루어졌다.

그러나 정부가 노조설립과 관련하여 노조설립의 요건을 충족시키지 못하였다고 판정하자 정부측에서 노동조합의 설립을 의도적으로 회피함으로써 결사의 자유를 침해하였다고 ILO에 제소하였다. ILO는 정부측의 입장을 지지하였다.

한국 해외진출기업의 노무관리 문제는 국가간 외교 문제로까지 비화된다. 스리랑카에 투자한 상당수 한국 기업들이 도산 직전에 퇴직금을 지급하지 않고 야반도주하여 퇴직금 지급을 둘러싸고 한국에 대해 외교적인 해결을 요청하였으나 우리 정부로서도 뚜렷한 대책이 없어 방치한 사례가 있고 최근에는 경영환경이 극도로 악화된 중국에서 이와 유사한 사례가 발생하였다.

국내에서 우리 기업의 CSR에 대한 대응은 아직도 초기 단계이나 공공기관 및 대기업을 중심으로 적지 않은 기업들이 신속하게 대응하고 있다. 그러나 해외에 진출한 한국 기업들의 CSR에 대한 논의는 아직 본격화되고 있지 못하다. 글로벌 기업이라고 할 수 있는 일부 대기업들이 해외 부분을 포함하는 CSR에 대해 진지하게 고민하는 징후는 보이나 아직은 국내에서의 CSR에 대해 역량을 집중하고 있는 상황이다.

Global 기업으로 성장한 대기업을 중심으로 협력회사를 대상으로 이와 같은 사업을 자체적으로 추진할 필요가 있다. FLA 기준이나 ISO26000의 CSR 기준에 협력회사 관련 사항이 포함되어 있는 것에서 알 수 있듯이 Global 기업은 자신들뿐 아니라 협력회사의 CSR 준수에 대해서도 일정 부분 책임져야 한다는 것이 최근의 추세이다. 특히 한국 대기업들은 해외진출할 때 협력회사들과 동반진출하는 것이 일반적임을 고려하면[7)] Global 대기업은 협력회사의 CSR 준수 여

7) 현대자동차의 경우 중국 등 5개국에 진출하여 있는 6개 해외공장이 2007년 220개의 협력회사가 동반진출하였고 2008년에는 254개사가 동반진출할 계획임.

부를 모니터링하고 지원하는 체제를 구축할 필요가 있다.

정부 차원의 대책도 필요하다. 이미 해외에 투자한 한국기업의 부실한 노무관리가 국제적으로 문제가 되고 있음에도 불구하고 관련 대책이라고는 노동부를 중심으로 1년에 2, 3개국을 선정하여 해당 국가의 노동상황 정보를 수집하여 발간하고 현지에 가서 세미나를 한 번 개최하는 정도이다. 일본이 해외직업훈련협회를 설치하여 해외에 진출하는 일본 기업의 노무관리를 포함한 인적자원개발을 지원하고 국제노동재단을 통해 해외투자국들의 노동계, 일본경단련 국제협력센터를 통해 해외투자국들의 경영계 지도자들 및 실무자들을 초청하여 일본의 노무관리 관행 등에 대한 연수를 시키고 있는 것과는 대조된다.

다국적 기업의 인력관리에 대해 국제 사회에서 어떠한 형태이든지 규제를 하려고 하는 움직임이 있고 나이키(Nike) 등 1990년대 협력 하청공장에서의 노동권 및 인권침해 문제로 비난을 받았던 다국적기업들이 사회적 책임의 차원에서 협력 하청공장의 노동권 및 적정 근로조건 보장을 위해 자율적인 지침을 제정하고 실천하기 위해 다각적인 노력을 하고 있는 것을 고려할 때 한국도 정부 차원의 지원체계를 구축하여야 한다.

| 참고문헌 |

- 김인재, 『노동분야 기업의 사회적 책임의 국제적 추세』, (미발간 자료), 2005.
- 국제노동협력원, 『중국 진출기업 노무관리 안내서』, 2007.
- 마콜 커뮤니케이션 컨설팅, 『사내 커뮤니케이션 진단모델』, (미발간 내부자료), 2010.
- 박래영 · 박영범 · 이규용, 『동남아진출 한국기업의 고용관계 사례연구』, 한국노동연구원, 1998.
- 박영범, 『기업의 사회적 책임(Corporate Social Responsibility: CSR)의 확산추세가 한국 해외투자기업에 주는 함의에 대한 연구』, (산업연구원 미발간 용역보고서), 2008.
- 박영범 · 김훈, 『해외진출기업의 인력관리 및 활용 지원방안』, (한국노사관계학회 노동부 용역보고서), 2005.
- 박영범 · 우석훈, 『몽골의 노무관리 법제 및 관행 조사 연구』, (노동부 용역보고서), 2004a.
- ______, 『필리핀의 노무관리 법제 및 관행 조사 연구』, 노동부, 2004b.
- _____, 『인도의 노무관리 법제 및 관행 조사 연구』, (노동부 용역보고서), 2003b.

- 박영범 · 김원중, 『스리랑카의 노무관리 법제 및 관행 조사 연구』, (노동부 용역보고서), 2003a .
- _____, 『말레이시아의 노무관리 법제 및 관행 조사 연구』, (노동부 용역보고서), 2001a.
- _____, 『방글라데시의 노무관리 법제 및 관행 조사 연구』, (노동부 용역보고서) 2001b.
- _____, 『태국의 노무관리 법제 및 관행 조사 연구』, (노동부 용역보고서), 2001c.
- 박영범 · 정명호 · 김소영, 『베트남의 노무관리 법제 및 관행 조사 연구』, (포스코경영연구소 용역보고서), 2007.
- 박영범 · 차종석 · 김소영, 『인도네시아의 노무관리 법제 및 관행 조사 연구』, (포스코경영연구소 용역보고서), 2008.
- 박영범 외, 『인도 오리사주의 노무관리 법제 및 관행 조사 연구』, (포스코경영연구소 용역보고서), 2006.
- 신인령 · 이철수 등, 『과테말라의 노무관리 법제 및 관행 조사 연구』, (노동부 용역보고서), 2002a.
- _____, 『멕시코의 노무관리 법제 및 관행 조사 연구』, (노동부 용역보고서), 2002b.
- _____, 『엘살바도르의 노무관리 법제 및 관행 조사 연구』, (노동부 용역보고서), 2002c.
- _____, 『온드라스의 노무관리 법제 및 관행 조사 연구』, (노동부 용역보고서), 2002d.

- 이장원 편, 『기업의 사회적 책임과 노동 · 2007 CSR 노동포럼 논문집』, 한국노동연구원.
- 하갑래, 『중국에서의 노무관리, 국제노동재단』, (미발간 자료), 1999.
- 한국경총, 『기업의 사회적 책임이란 무엇인가』, 2004.
- 한국수출입은행 동북아팀, 『최근 중국의 노무환경 변화와 대처방안』, 2007.
- 한국수출입은행, "해외수출기업의 해외투자 설문결과 분석과 시사점", 『수은해외경제』 2007년 9월호.
- Park, Young-bum, "Industrial Relations and Human Resource Management Practicies in Korean Firms in Asia", 1998 (mimeo).
- www.fairlabor.org
- www.globalreporting.org
- www.kotra.or.kr
- www.sa · infl.org

박영범

1956년 서울에서 출생한 저자는 서울 고등학교를 졸업한 후 한국외국어대학에서 영어학과 경제학을 복수전공하고 미국 코넬대학에서 경제학 석사와 박사를 취득하였다.

1986년 박사학위 취득 후 국책연구기관인 산업연구원, 한국노동연구원에서 연구 활동 후 1997년 한성대학교 경제학과로 옮겨 현재까지 재직 중이다.

'전환기, 한국노동시장의 길을 묻다.', 2009(한성대 출판부)

'Globalization and Employment Relations in the Korean Automotive Industry', Globalization and Employment Relations in the Auto Assmebly Industry: A Study of Seven Countries, Bulletin of Comparative Labour Relations, 2008 (공저) 등 100여 편의 논문 및 저서가 있으며, 주로 노동

시장, 노사관계, 공공부분 등과 관련된 연구 활동을 하였다.

한국노동경제학회 부회장, 한국노사관계학회 부회장, 고문 및 학회지 편집위원장, 한국규제학회 이사, 한국자동차산업학회 이사, 공기업학회 이사 등을 역임하였다.

노사정위원회 공익위원(2008년까지), 서울노동위원회 심판담당 공익위원(2009년까지), 노동부 자체평가위원회 위원장 등 노동 분야의 정부정책에 대해 활발한 자문활동을 하고 있다. 노동부 외에도 행정자치부, 교육인적자원부, 서울특별시의 정책자문위원을 역임하였다.

산업연구원 재직 시 감사원 공기업경영분석팀에 파견 근무한 것을 계기로 공공분야에 대한 연구 및 자문활동을 하고 있으며 기획재정부가 주관하는 공기업 및 공공기관 경영평가에 10여 차례 참여하였고 현재(2010년)에도 공공기관 기관장 경영이행실적 평가에 참여하고 있다.

국제노동기구(ILO), 경제협력개발기구(OECD), 세계은행(World Bank) 등 국제기구와 많은 공동연구를 수행하였다.

1998년 공기업 감사활동에 기여한 공로로 감사원장 표창, 2008년에 노사정대화 체제 구축에 기여한 공로로 대통령 표창을 받았다.

해외진출기업의 고용관계

1판 1쇄 인쇄 2010년 12월 20일
1판 2쇄 인쇄 2011년 3월 21일
1판 3쇄 인쇄 2011년 5월 29일

저 자 박영범
발 행 인 정주택
발행한곳 한성대학교 출판부

우편주소 서울특별시 성북구 삼선동 2가 389번지
대표전화 (02) 760 / 4174
팩시밀리 (02) 760 / 5969

편집제작 대자커뮤니케이션 | 대표(02) 2269-6724

ISBN 978-89-89101-85-7 93330 정가 20,000원